明本固根

楼宇烈

明本固根

两岸国学名家十五讲

王颂 主编

人民出版社

序

楼宇烈

有这样一则逸闻。三十年代，北大哲学系的几位先生一起聊天，谈到气节，大家一致认为孟子概括的那三句话最为全面，即“富贵不能淫、威武不能屈、贫贱不能移”。胡适先生听了笑一笑，说三句还不够，还要加上一句，“时髦不能追”。我认为这句话非常有见地。

中国文化要走向世界、在世界上发挥更大的影响力，首先要确立自己的主体性。什么是主体性，就是自我认同性、自觉性、自我一贯性。要在保持主体性，坚持自己传统的前提下，兼收并蓄，吸收外来文化的好的东西。今天这样，明天那样，尽追时髦，尽赶风潮，那恐怕连自己都要面目皆非了，何谈影响别人？所以说做人要争取做到以上四点，弘扬优秀传统文化也要坚持以上四点。

两岸国学中心邀请了海峡两岸包括我在内的一批专家学者来讲国学，向两岸人民特别是年轻人介绍国学的精髓。王颂贤契负责演讲稿的整理和编辑，稿子结集后他又来邀我作序。他拟了一个题目，叫作“寻根立本”。

根本这个词用得不错。《论语》讲：“君子务本，本立而道生。”（《论语·学而》）我们现在日常生活中也使用“根本”这个词。不过古人常用的是“本根”。《庄子·知北游》说：“然若亡而存，油然不形而神，万物畜而不知，此之谓本根。”中国古代的很多哲学范畴也是以“本”为“本体”，由本生发。如“本末”，王弼讲“举本统末”就是纲举目张的意思，甚至讲“崇本息末”。又如“本用”，后来演变为“体用”。所以，本就是根，根就是本，本根可以理解为名词，是传统这个本体；根本可以理解为形容词，是我们当下所发明的传统之用。有了“本根”，就算抓到了传统文化的根本。所以我建议，不妨改为“明本固根”。中国文化的“根”就在那里，关键是要把其发明出来，昭示给世人，还要维护与坚守，将之传承给后世。

我们的文化传统，伟大而可爱，特别而普遍。我们当然不可能全盘复制古人，但应该有意识地、适当地予以维护、坚持。范围有大有小，因时因地，可以变通，但主旨不能改变。

什么是有大有小，我举例说明一下。我几十年来带领学生研究、演练昆曲，常常对学生讲，中国戏曲的特点是其表演性，舞台是一个抽象的、模拟的空间，不是对现实生活的如实呈现，这背后有丰富的美学思想，不宜随意改变。现在为了适应更多观众的审美需求，改成实景，我们也不必反对，但在小众的范围内，我们还是要一板一眼地坚持传统的形式，让后人知道原来的面貌是什么样子的。这个就是变通。有些传统在小众的范围内坚持就好，不太可能全面推广，但即便是小范围，能坚持就好。另一方面，我们传承的传统文化的经典、思想，则不能限定在小众的范围内。学习、研究的目的是为了转化为生活，只有中国人的生活方式都具有传统特色了，外国人一看就看出不同了，中国文化才真正实现复兴了。这就是从小范围走向大范围。我们现在做传统文化的普及工作，就是为了向大众传播我们的传统文化、让大众坚持我们的传统文化。

我们的文化传统，有我们独特的源头，有我们独立的体系。西方人的思维，凡事都要追个源头，而且还喜欢追溯共同的源头。牛顿物理学寻找第一推动力，最后归结到上帝那里去了；达尔文进化论探求进化的源头，最后把人类的祖先归到虫子那里去了。这都是类似的思维模式。事物为什么不是从源头起就是多元的呢？有什么理由可以用第一种思维模式彻底否定第二种的合理性和可能性呢？这给我们一个启示，文明是多元的，从根本上就是多元的。

我们提倡人类文明走向天下大同、美美与共，但前提是各美其美、美人之美。懂得了文明的多元性，我们就要更加珍惜我们的传统，坚守传统的精神，彰明、固守我们文明的本根。

两岸国学中心所做的工作很有意义，我很高兴看到各位学者的演讲稿结集并由人民出版社出版。在向参与工作的各方表示致意的同时，我简单地谈几点我的看法，聊作序言，与各位读者分享，也祝愿两岸国学中心越办越好。

2019 年岁末

目录

楼宇烈

楼宇烈，1934 年生人。著名哲学家、佛学家，国学泰斗。曾任国务院学位委员会学科评议组成员，国家古籍整理出版规划小组成员，中国宗教学会副会长，北京大学哲学系副主任、东方哲学教研室主任等职，现任北京大学哲学系暨国学研究院教授、博导，北京大学宗教文化研究院名誉院长，北京大学学术委员会委员。主要著作有《王弼集校释》《佛学与近代中国哲学》《中国的品格》《中国文化的根本精神》等。

中国文化的人文特质

各位朋友大家好！非常高兴参与两岸国学中心举办的“两岸国学大讲堂”，来谈谈我对传统文化的一点心得。今天我讲的题目是“中国文化的人文特质”。我们讲某个东西有某个特质的话，它一定是跟其他的东西相比较才开始显现出来的。中国文化的特质是人文的特质，是在跟其他的西方文化、东方文化比较而言才凸显出来的。

什么是人文

首先对“人文”的概念稍微作一个厘清，人文不是现在一般的学科分类的人文，不是学科的意思。学科分类有自然科学、社会科学、人文学科等划分，我谈的“人文”不是这个意义上的，不是简单意义上的“人文”的概念，是有更加深刻的含义在里面。在中国文化里面，“人文”概念最初出现在《周易·贲卦·彖传》，孔颖达《周易正义》卷三讲道："刚柔交错，天文也；文明以止，人文也。观乎天文，以察时变；观乎人文，以化成天下。"我们看到"人文"与"天文"是相对的，"天文"就是天所呈现的样子和状态。天文的"文"与人文的"文"最初的意思是纹饰的意思，就是装饰、纹路、纹理的意思。比如说我们看到一块木头，它上面有很多的纹路，有的纹路很漂亮，有的纹路很特殊。一块玉上面也有纹路。纹路是一种装饰。天文是指天怎样装饰，人文就指人怎样装饰。天是刚柔交错，或者是阴阳变化。一会儿晴空万里，过一会儿雷电交加，就是天文。人文就是人的装饰，人的装饰应该怎样装饰呢？文明以止，天的装饰是刚柔交错，人的装饰是文明以止。这就涉及"文明"这个词。什么叫"文明以止"？"以"是所以的"以"，就是人是通过文明来停留于此，呈现这个样子。这个文明就是我们现在常讲的"文明"，社会主义核心价值观里面也有"文明"这个概念。

什么是文明

文明究竟是什么样的意思呢？有的看法讲，有礼貌、举止恰当，这就是文明。这是比较肤浅的"文明"的含义。还有一种解释是把文明看作生产方式的进展，人类的生产方式一步一步地发展，人类最初是游牧，后来进入农耕，再后来进入工业，所以我们才有游牧文明、农耕文明、工业文明等说法。这是根据人类控制物质世界的进度来讲的文明概念。

我们从中国传统文化来讲文明的概念，就是"以文来明"，通过人的自我装饰开始使赤裸裸地呈现的样式发生了变化，人类脱离了动物界以后的变化叫文明。在动物界里面，动物可以赤裸裸地就走出来了，没关系，它就是这样的。人类如果还像动物那样赤裸裸地出来，在今天就会被视为野蛮了，所以人类还是最起码地要穿一件衣服才能出来。通过这种自我装饰，使自己跟动物区别开来。以文来明，通过装饰来呈现，就是文明。再也不像动物那样，光着身子就出来了。

不过这还是外在的形式，更有一个内在的。因为只有人有那种更大的能力，懂得什么能做什么不能做，懂得人与人之间应该相互尊重，相互帮助，这才叫人。所以有了文明以后，我们住上房子而不是钻进山洞，还有从内心来讲人与人之间有一种相互尊敬，有一种相互爱护，这就叫人。通过这样一种内外装饰来呈现的，跟动物不一样的东西，就是文明，以文来明。这个是非常重要的，是人类自我的认识，自觉地跟动物区别开来，所以文明才一步一步地前进。

中国文明成熟的标志是礼仪文化

在中国，文明成熟的标志就是礼仪文化的出现。通过礼仪的教育，让人们自己懂得每个人的言行举止和规范，每个人应该具有什么样的品质。比如说我们传统文化的五伦关系，就讲人与人之间的关系。作为动物来讲是可以乱伦的，但是作为人就不能乱伦，必须要遵循父子有亲、君臣有义、夫妇有别、长幼有序、朋友有信的道理这才叫人。所以我们的礼乐教化，或者是礼教，核心就是人的自我认识、自我规范，我们用自己的言行举止来规范内心相互之间的尊重。“文明以止”，就是这样来让每个人懂得做人的道理和规矩，这才显现出来人文，“文明以止，人文也”。

我们整个智慧，就要关乎这种人文，关注人文来教化天下，使得整个社会都进入一个文明的社会。所以人文的特质就是人的自觉、自律。如果举个例子的话，就是孔子提出的“仁”的学说。什么叫“仁”？有很多的解答。我们最熟悉的说法是“仁者爱人”。仁就要求我们人与人之间相互尊重和爱护，也就是我们常讲的恻隐之心，人要有同情心、爱护心，但是人的最根本的利益是什么？还不是这个。

跟大家讲一个故事，记载在《孔子家语》卷二里，讲的是有一天孔子在休息，他的弟子子路进来了，孔子问他两个问题，什么叫智，什么叫仁。子路说“智者使人知己，仁者使人爱己”，仁者被人爱，讲仁的人一定会受到别人的爱戴、尊敬。孔子说说得不错，你是一个读过书的人，“可谓士矣”，讲话有一定的道理。子路出去，另外一个弟子子贡进来了，孔子还是问他这个问题，子贡说“智者知人，仁者爱人”，孔子也很赞赏。子贡出去了，孔子最喜爱的弟子颜回进来了，他说“智者自知，仁者自爱”，孔子高度评价“可谓士君子矣”，站到君子的层面，这是中国传统文化中道德品质比较高的一个人，所以读书人中间具有比较高的道德品质的人，才是君子。我们看这三个回答，一个是被人爱，一个是爱人，第三个是自爱，三个回答都不一样。

这个故事让我们思考为什么孔子那么赞赏“仁者自爱”这个说法。我们回到《论语》里面，《论语》里面颜回问孔子，什么叫仁？孔子怎样回答的？“克己复礼为仁”，管住自己，让自己的言行举止统统符合规矩就叫作仁。颜回说您能仔细再帮我讲讲吗？孔子说“非礼勿视，非礼勿听，非礼勿言，非礼勿动”。视，就是看东西；听，听东西；言，说话；动，行为。凡是不符合礼的东西，都不能做。这个回答里面说明了人的核心是管住自己、克己。人有自觉、自律的行为才叫人，所以我们老讲爱人不行，首先自己管好自己，这才是做人的根本。

我们的人文精神就是讲“文明以止”，就是按照礼教的要求，来管住自己的视、听、言、动。这是中国文化的人文特质的根本核心。

中国人本思想的世界性影响

中国文化是一种人文的信仰，对于西方文化是有很重大的影响的，我们要知道这一点。原因就在于西方文化自公元以后，它进入了一种“以神为本”的文化，认为我们的世界是由神创造的。神的世界是在现实生活世界之外的一个世界，神的世界有主神，唯一的至高无上的神，就是上帝。我们在世界万物当中，人类的命运也是等着上帝来拯救，因为我们人类来到这个世界的时候是违背了上帝的意志，是带有原罪的，所以来到这个世界我们要赎罪，我们赎罪要靠上帝拯救，拯救的时候把灵魂拯救到天堂里面去，一切都要听从神的意志。这种情况一直延续到15世纪。

这种文化的弊病太大，人的主动性、能动性体现不出来，所以社会进步越来越慢了，在欧洲15世纪就开始了要回到传统文化，寻找突破这样一种文化束缚的出口，这就是我们很熟悉的“文艺复兴”。那么文艺复兴就是回到古希腊、古罗马时代，回到那个时代的文化去，打破从公元前后开始已经连续了15个世纪的服从神的意志的文化。文艺复兴时期，很多思想家都在努力地寻找这个出口。

到了16世纪，欧洲发生了宗教改革，宗教内部产生了一种新的力量，也就是产生了新教，基督新教。这个时候在传统的基督宗教——天主教里面就出现了一大批的传教士。因为神父失去了欧洲的“市场”，没有地方去推销了，于是他们来到东方，到中国来传递上帝的福音。正因为来到中国，他们才发现中国的文化与西方的文化不一样。中国人不靠上帝，中国人强调自我的提升。在《尚书·蔡仲之命》里面有一句话，可以说也是很好地表达了中国文化特质的一种说法，“皇天无亲，惟德是辅”。也就是说人的命运的决定权是在自己手里，自己手里就是自己德行的问题，自我超越的问题。所以中国文化那么亲圣、亲贤，就是要成为一种贤人、圣人。道德品质提升，人的自我觉悟提高，天时、地利、人和，做人、做事不会乱来。所以主动权掌握在人自己手里。这些传教士就把这些中国思想带回欧洲，可以说影响到了欧洲很多思想家，特别是17、18世纪的启蒙运动思想家。17、18世纪的启蒙运动思想家，对中国文化推崇备至。比如伏尔泰等启蒙运动的重要思想家，都高度赞扬中国“以人为本”的思想，所以启蒙运动思想家高举这面大旗，就是人文主义大旗。

这个意义非常巨大，因为人文主义批判和冲破欧洲十五六个世纪以来的“以神为本”的文化模式，强调人的理性的重要性，把宗教的神的审判权、上帝的审判权，转变为一切按照理性来。欧洲启蒙运动思想家的人文精神在很大程度上是受到了中国文化的“以人为本”的人文精神、人文特质的影响。当然这里面也结合有古希腊、古罗马等的传统文化因素。现在很多中国人认为人本主义思想是从欧洲传来的，是欧洲启蒙运动以后传到中国来的，其实是错的。人本主义是中国文化的土特产。我们一定要了解这个历史，这个历史不是瞎编的。我们看欧洲的历史，从文艺复兴一直到启蒙运动，很多著作中都可以清楚地看到欧洲的人本主义是受到中国文化的人文特质的影响。人文主义在欧洲凸显，从上帝的脚下站起来了，不再完全回归神的殿堂了，人的理性得到充分发展，也取得了巨大的成就，这就是现在的科技。现在一切科技成果都是人类理性的产物，这是毫无疑问的，可以肯定的。

但是在欧洲传统文化中间，人们的思维方式产生了一个很大的偏差，西方文化是比较容易走两个极端的，非此即彼。当人类从神的脚下站起来以后，就开始认为人是了不得的，原来是上帝主宰一切，现在是人类主宰一切。人可以随意地去改变环境，所以随着科技的发展，人类在这方面的信心越来越足，底气越来越大，就喊出这样一个口号，“征服自然，改造自然”，人定胜天。于是，在欧洲出现了两个问题：一个是“科技万能”，一个是“人类中心主义”。这也是目前在西方、在中国有很多的思想家反思和批判的问题，批判科技万能，批判人类中心主义。所以千万不要把中国的人文特质和西方的人类中心主义混为一谈，这两个根本不并立。

西方随着人类中心主义思潮和科技万能的蔓延，人定胜天的结果又走向了另一个反面。什么反面？就是发生在20世纪的两次世界大战。这两天欧洲正在举行纪念活动，纪念第一次世界大战结束一百周年。两次世界大战引起了很多欧洲思想家的反思，人类为什么会发生这么残酷的相互残杀的行为呢？相信会有更多的反思，但是这里有一个共同的认识，就是一切战争的目的都是为了争夺资源和财富。人类为了资源和财富不惜相互残杀，说明了什么呢？人又让物，让资源、财富牵着鼻子走了，人从原来异化成神的奴隶的情况，又变成了物的奴隶，人的自主性又丢失了。所以在两次世界大战以后，西方的思想家又重新提出来高举人本主义的大旗。人本就是维护人的主体性。原来成为神的附属品，拜伏在神的脚下不好，那么现在拜伏在物的脚下就好吗？人的主体性不就又丢失了吗？只要有物我就高兴了，我就满足了，成了物的奴隶，所以这时候他们提出了“新人本主义”，这不是原来的人本主义，原来的人本主义是让人从神的脚下站起来，现在的人本主义是让人从物的脚下站起来。我们要恢复真正的人本主义，高举新人本主义，它的核心资源还是要到东方传统人文主义中去寻找。

圣人效法天地，我们效法圣人

从两种文化的比较中，我们可以更好地理解中国文化。中国文化强调人的自觉、人的自律，不是靠外面某一个力量来控制你。“为仁由己”，“克己复礼为仁”，要自己管理好自己才是真正的人。这个“仁”跟“人”同字，

“仁者，人也”。中国不是盲目地崇拜造物者，中国文化里面没有造物者的理念，万物就是自然而然生存的，最简单的就是“天地合气，万物自生”，不是有意识、有目的地来制造这个物、那个物。自然界不同的气结合在一起，达到合的状态，就产生了这样的物和那样的物。人同样是天地之合气所产生的，所以人要保持人的独立主体性，不去盲目地服从神。

中国人崇拜的是圣人，但不崇拜造物者。中国文化里面也有很多的圣人、神，这些圣人和神，很多情况下是从人类中间脱颖而出的，供人们敬仰、效仿学习的。我们以圣贤为榜样，效仿他们，是因为他们的德性好，德性能够跟天地相合，跟天地一样。如果大家有机会到孔庙去看看，对孔子的赞扬是什么？“德配天地！”在中国文化中，德性最高的表现就是能跟天地一样。

天地具有最高尚的品格，所以中国人很多的品格也是从天地万物中间学过来的。天地最广大，天地生万物但从来不去主宰万物，这就是老子讲的一句话“生而不有，为而不恃，长而不宰”，是说不去当万物的主宰。天地就让万物做主，按照自己的秉性去自由自在地发展，所以作为一个圣人也应该如此。学习圣人也该学习这个。圣人以万物作为自己学习的榜样，圣人把天地的精神落实到自己的生活中间去，成为人们的榜样。

比如说《老子》里面讲到“上善若水”。要做一个品格高尚的人，就要学习水，水是最高的善，上善就像水一样。水为什么拥有那样的道德品格？因为水永远是往下流的，非常谦虚，滋润万物，而万物受到水的滋润，茁壮地成长。但是水从来不求回报，这是一种无私的精神。水又是最柔弱的，但它可以滴穿最坚硬的石头，因为水具有坚强的、坚持不懈的精神，如果滴两滴就不滴了，今天滴一滴，明天滴一滴，那什么时候才能滴穿石头？因为它老是在这上面滴，坚持不懈，专一滴下去才可以穿石。做人应该学习这样的精神，哪怕一根竹子也是值得我们学习的。宋代诗人徐庭筠在《咏竹》中说:“未出土时先有节，便凌云去也无心。”我们到竹林里面去挖开土看看，底下全是竹节，还没冒出来的根部已经充满了节，这说明什么？当你默默无闻还埋在土底下的时候，你也是有骨气的，气节气节，有这种骨气，就不能乱来，就会坚持做人的原则和品格。竹子长得很高都要够到云彩了，还是虚心的。所以竹子是我们学习的榜样。我们要向竹子那样做人，要有竹子那样的品格。我们看到乌鸦反哺，就告诉孩子要懂得反哺，要感恩。你看乌鸦都懂得这样做，老乌鸦在小乌鸦小的时候找东西喂它，现在乌鸦老了飞不动了，小乌鸦便去找东西喂老乌鸦。动物都懂得这样做，人更应该这样做。所以中国人所有的品德和德性都是从万物里面学来的，万物这么做是出于本能，而人是自觉的，差异就在这里，这就是人和动物的差异。

上薄拜神教，下防拜物教

我们并不去崇拜一个造物主、一个救世主，所谓“上薄拜神教，下防拜物教”，为了维持人的德性的自觉，必须防止外界的干扰，最大的干扰就是物质的引诱。所以在中国的人文传统里边，非常强调要防止物质欲望对人的侵蚀。要主动地去支配物，不能让物牵着鼻子走，这是自古以来就有的。先秦著名哲学家荀子有一个说法，“君子役物，小人役于物”。把君子和小人对比，君子有道德品质的，小人缺乏这个东西。什么是“役”？衙役的“役”，役是支配的意思。所以君子支配物，掌控物，小人是被物掌控的，千万不要做小人，要做君子。中国文化非常重视“义利之辨”。“利”字当头，还是“义”字当头？要见利思义，不能见利忘义，这就很重要，显示出一个人的可贵。见利忘义就是小人，见利思义就是君子，不能为了利而忘了做人的原则。

我们讲圣贤，圣贤的标准里面有一条“富有天下，而无怨财”（《荀子·哀公》）。什么叫怨财？如果财产来路不明，是抢来的、骗来的，就是怨财。[①]“富有天下，而无怨财”，就是一切都是正当的，是“义”字当头获得的利，“义”也是人文的特质之一。人要做独立的人，既不能成为神的奴隶，也不能成为物质的奴隶。强调“义利之辨”，可以防止物对人的侵蚀，防止人变成物的奴隶，也可以说是防止人的自我异化。人有可能失去主体性，异化成神；也可能失去主体性，异化成物的奴隶。而人文的特质，就是防止这两种异化，既不做神的奴隶，也不做物的奴隶，保持人的主体性，管住人的能动性。

人的特性就体现在能动性上面，人的能动性在万物中间是最大的，可以超越整个大自然界的规定，人的特性就是只有想不到没有做不到。人想到了就可以去做到，这是人的特性，也是人与其他物不一样的地方，即人的能动性巨大。但问题在于，作为一个人是否应该想到便要去做到？当做到时也应该想想是否损害了别人，如果想到会损害别人，会损害子孙后代，那么就应该不做，“君子有所为有所不为”。对今天来讲，对个人来讲，这件事儿虽然很好，但是影响到子孙后代和别人，就不应该去做。这就是人的自律，这也是中国文化的特质。人的欲望无限膨胀，就会穷尽自然资源。虽然我们的自然资源十分丰富，但还是会穷尽。荀子早就提出，不能让人的欲望去穷尽万物，也不能让万物来驱使欲望。人如果没有自我约束，很快就会穷尽自然资源，让万物都为之服务，结果就是自身被万物侵蚀，失去了人的主体性、独立性。人的能动性的发挥一定要受到限制，这个限制不是外加的，而是人自觉认识的自我约束力，这就是所谓人文的特质。

---

① 与楼宇烈主撰《荀子新注》解释有异。——编者

中国佛教也凸显人文的特质

中国文化在方方面面都是这样的，中国传统文化的主体是儒、释、道三家，即儒家思想、佛家思想和道家思想，三家都教导我们要自觉，要自律，要自我提升，要自我超越，在这点上是完全一致的。现在有时候会有些误解，认为信佛就是靠佛来救度我们，拯救我们，靠佛赐给我们福、寿，惠及子孙后代，其实这是对佛教的一种误解。佛教同样是具有人文特质的宗教，不是靠佛来救度我们的，更不是佛创造了这个世界。

首先，佛教认为世界万物是怎么来的？缘起而生。缘起理论认为万物是一个整体，有了这些物才会产生那些物，这些物消失那些物也就没有了。佛教反对神造世界，反对神创造万物。佛教的产生就是针对印度的主流文化婆罗门教的。婆罗门教认为世界是由神创造的，天地万物皆由神造，人的命运也是由神来决定的。可见佛教跟印度主体文化相对立，不仅否定了神造世界，而且否定了神决定人的命运，强调人的命运由自己决定，由自己所造的业，结出报的果。一切都有因果，也可以说人就是自作自受。在这样的情况下，一定要靠自己的觉悟才能够超越。

不过，佛教在发展过程中也受到印度主流文化的不断影响，公元以后，佛教也出现了由佛来改造自己的命运、来获得拯救的思潮，也就是说佛具有了救世主的形象。但是佛永远不是造物主，如果那样讲就不是佛教了。救世主形象的出现，是因为在后来的现实生活中，人们希望了解生死、烦恼是怎么来的，怎样才能解除，希望佛可以帮助他。这可以说自然而然地受到了印度主流文化的影响，慢慢地就失去了佛教的人文特质和人的主体独立性的特质。

但是佛教传到中国，与中国传统文化结合以后又不一样。虽然中国佛教也受到印度后期佛教变化的影响，但中国人开始觉悟到这一点。唐中期以后，禅宗的出现就让中国的佛教又回归到印度释迦牟尼创造佛教时的人文的精神和特质，因为禅宗的核心观念就是佛在心中。“明心见性”“见性成佛”，关键在于能不能觉悟人生。觉悟了就是佛，不能觉悟就是凡夫。凡夫和佛没有根本的差异，唯一的差异就是佛是觉悟了的而人还没有觉悟。禅宗反复强调净土，净土就在心上，不能向外求，要向内求。可以说中国的禅宗让佛教回归到了释迦牟尼当年创立佛教时的状态，把佛教的人文特质重新发明出来。中国的佛教经典《坛经》明确说，“佛法在世间，不离世间觉。离世觅菩提，恰如求兔角”，离开人世间寻求觉悟那是不现实的，就如同寻求兔子的角一样，是不可能找到的。中国近代有一位佛教大师太虚大师，倡言“人生佛教”，他讲自己的领悟，有首脍炙人口的诗，也是体现这样一种精神和人文特性。他说，“仰止唯佛陀”，最敬仰的就是佛陀，因为信佛，把菩萨当成自己最高的、唯一的信仰。“完成在人格”，达到这个目的，就要完善人格。“人圆佛即成”，人做到圆满也就实现成佛了。“是名真现实”。这说明中国的佛教，特别是以禅宗为标志的中国佛教，体现了中国传统的人文特质，相信人的自我圆满、自我超越。佛教在我们的生活中间，也就是在人格的自我圆满中实现。

对于禅宗来讲，处处有禅，时时有禅，事事有禅。在生活中，无论什么时候，什么地方，做什么事都是在修这个禅，它并未离开这个禅。其实佛教没那么玄，没那么复杂，就是告诉我们应该怎样做。佛教常常讲“以戒为师”，这个戒是什么戒？信佛就必须遵守一些规则。给佛教下一个定义，在寺庙可以看到这样一句话，“诸恶莫作，众善奉行，自净其意，是诸佛教”，这句话很简单，所有坏的事情不要去做，好的事情要做，自己不断净化自己的心，这就是佛教。佛教就是在现实的生活中间，不是对神的崇拜，更不是对物质的崇拜。佛教要自净其意，把自己的心灵打扫干净，去掉贪嗔痴，把这个去掉了才能自净其意，佛教认为人之所以有烦恼、有痛苦，就是因为贪嗔痴没去掉，造成很多恶业。人不断地净化心灵，就能够成佛。所以中国的佛教也凸显了人文的特质。

中国文化与宗教的关系

我们只相信人自己，而宗教相信要靠神或者佛来保佑自己，这是最大的问题。很多人说中国人没有宗教信仰，这个说法并不准确。什么叫宗教，宗教具有什么特质？从西方传过来的宗教，必须要有一个造物主。一讲宗教，就是具有造物主、救世主的文化。在中国文化中，没有这样一种造物主、救世主的角色。中国文化的精神，是强调自我提升、自我超越。

刚才我们讲，中国佛教也具有人文的特质，但是佛在某些时候还是有救世主的形象，它还是宗教。而儒家不同，儒家没有造物主。儒家的特点是人文特质，以人为本，人应该自觉自律。不过儒家里面有没有宗教的特色？也有。宗教是外在的，设想构建了一个上帝的世界、神的世界。神的目的是什么？是让人要懂得感恩，不能忘本，做什么事情都应该有敬畏心。本质就是感恩、报德、敬畏。西方文化构建了一个上帝的世界，让大家听从上帝的意志，感恩上帝。上帝创造世界，才有人，才能让我们生存，所以必须感恩，不能忘掉这个本，做什么事情都要有敬畏心，要敬畏上帝。

儒家文化里面有没有这个？当然有。儒家首先是以敬为主，除了刚才讲到的尊敬，人应该相互尊敬，也包括敬畏。《论语·季氏》有“三畏”，即“畏天命，畏大人，畏圣人之言”。可见中国是有宗教的，是表现形式有所不同的宗教。西方人在遇到高兴的、痛苦的、顺利的、不顺利的事情时，有一句口头语“Oh，My God”（我的上帝）。中国人碰到这种情况，也有一句口头语“哎呀，老天爷，天啊”。中国人敬畏天，敬畏祖先，中国人不能忘掉根本，根本就是天地。天地是万物组成的，祖先是我们这一族类的。另外还不能忘记君师，不能忘记国家和老师。通过国家和老师的教育，才让我们懂得做人的道理，天地是生存，祖先是类族，君师让我们觉悟和管理自己。中国人的信仰，就是天地君亲师。这个问题在近代学界没有深入地探讨。

戊戌变法的领导者康有为先生在变法失败后去了欧洲，考察了十一个国家，写成《欧洲十一国游记》，反思中国改革为什么没有成功。他认为其中有一个原因，就是中国信仰比较自由。一个人既可以信佛，也可以信儒，也可以信道，人群当中也是这样，有信仰这个的，有信仰那个的，很难统一在一起。形容那个时期中国人的状态，就是一盘散沙。所以中国急需有一个相对统一的信仰将大家聚集在一起。在欧洲，基督宗教文化把大家聚在一起，有一个凝聚力，做事就容易达到一致。在考察中国的传统文化以后，康有为提出一个设想，以儒家作为一个统一的信仰体系，即“以孔教为国教”，这个说法在当时不太被大家接受。从欧洲传过来的文化告诉我们，近代社会的发展，就是人从宗教的束缚下挣扎出来的发展，现在反过来用宗教来束缚人，岂不是与时代潮流相悖？而且在当时的欧洲，对宗教和科学进行定义，认为宗教束缚了科学的发展，科学是在摆脱了宗教以后凭着人的理性发展出来的。当时的中国人，不能接受用宗教这样的体系和传统来把中国人的思想重新凝聚起来的想法，所以康有为的主张没人赞同。但是他提出一个重要的观点，即孔教与基督教不一样，基督教以神为本，而孔教以人为本。他提出不同宗教的特点是不同的，不能以一种宗教的样式去规范一切宗教，这很有意义。不同文化可以呈现不同的样式，呈现的价值也不同，但是根本意义、根本精神是相同的。其根本意义在于，宗教精神的构建是为了不要忘本，要感恩，而儒教的构建也是为了不要忘本，让我们能够感恩，能够敬仰。

从这个话题进行思考，现在不断争论儒教，不能简单地说它就是一种宗教，因为它不是单纯的宗教，它是一种持续了数千年的文化传统。传统的东西当中包含很丰富的东西，不能用我们现在的标准去界定、分类，所以不能简单地说儒家就是宗教，但是也不能说儒家里面没有宗教文化的内涵，这是不客观的，它是有宗教文化色彩的。我们可以借鉴启蒙运动时期法国重要思想家孟德斯鸠的看法，他在16、17世纪认为我们的礼教里面第一个重要的内容就是宗教信仰。这是从外部来观察得出的结论，就是说礼教里面具有宗教文化的内涵，而且是放在第一位的，是最根本性的。有信仰，才有受其影响的言行举止，才有相应的一些理念。这些外部观察有参考借鉴价值。不能把现代文化层面的价值和传统文化层面的价值简单地进行对应。传统文化中没有现代的学科分类，没有科学、宗教这样的区分。不能进行这样简单的比附、对应。

中国文化影响世界先要实现自我的转化

我们的信仰里面带有人文特质的敬仰，我们的德性是从天地万物之中学来的，我们最高的品格就是跟天地一样高。我们讲做人要诚信，诚信这样一种德性也是从天地学来的，因为天地会产生德性，今年有春夏秋冬，明年还是春夏秋冬，后年还是春夏秋冬，不会变的。《易经》说："观天之神道，而四时不忒"，观天之神道，一件事情没有差错。又云："圣人以神道设教，天下服也"，圣人要讲诚信，要像天一样四时不忒，天下信服。《中庸》讲："诚者，天之道"，天道就是诚；"诚之者，人之道"，按照诚去做就是人道。《孟子》也说："诚者，天之道；思诚者，人之道"，思考诚是人道。天人合一怎么合一？就是在德性上面合一，天道是诚，人道也是诚。中国文化的特征是天人合一，天人合一的特征在根本上就是天人合德，如此才能广大无私，是天道，也是人道。

要学习人道，中国文化的人文特质确实可以让人类保持自己的独立性、主体性，保持人类不断自我反省、自我认识、自觉自律的能力，才能不断提升自己。这跟物不一样，人类文明的发展依靠的是人的自觉自律的不断提升，而不是人去掌控自然资源，无限度地享受物质的发展。这是对文明的一种根本认识。文明不是生产手段、生产方式怎样发展，不是对物质的占有、享受越来越多，而是自觉自律的提升，这才是文明的发展，这才是人文的特质。

在当今社会，中国文化应该发挥其影响力。刚才讲过两次，一是西方欧洲从中世纪走向近代，受到中国文化的一定影响；二是两次世界大战以后，人们越来越反省自己如何异化成物的奴隶，以中国文化为代表的东方文化也受到西方的关注。我们现在很多中国人都不太清楚，但在西方已有很多反应，包括科学领域的变化，包括对科学的反思。比如现在中国的传统医学，在世界上受到广泛关注，有很多人认同。中国的家庭结构、家庭理念、教育理念，在西方也是越来越被认同和接受。在西方原来的观点中，生命是上帝一个一个制造出来的，没有血缘、家庭、组织的观念。以前在西方的生活中，父母把子女养到 18 岁就完成了上帝交给的任务，亲朋的观念不是很明确。现在这样的看法也在发生变化。最近有一个电视报道，在欧洲奥地利，有百分之五十的民众认同跟老人父母住在一起。有一个例子，是一个儿子自己成家了，还有三个孩子，后来他父亲去世了，母亲一个人，他就把母亲接到家里来，教育孩子要尊敬和孝敬祖母。

中国文化以人为本，讲究人情味儿。清代有一位思想家讲家理和家法的关系。我们现在看电视上孩子不怎么听话，做了错事要家法伺候。还应该要有家理，法是让人遵守的，理是化人，是让人变化的，法使人畏，触犯了法要受到处罚，理使人亲。要自觉地遵守法，人与人的关系就变得很亲密，而不是那么冷漠。

了解了中国文化的特质以后，再看今天的社会，人们变成物的奴隶，一切听从物的指挥。人的自觉性又在哪里？我们必须做好准备，中国文化要走向世界必须首先要转化自己。中国人要有共识，自觉地去维护这样一个主体，落实到生活中间，为世界人民做出榜样。这样才能够让大家更好地看到中国文化的精神和力量，才能享受这种文化给人类带来的福祉。要做到中华文化在世界共享，担子很重，责任很重，要把示范的作用做好，要身教和言传，并且身体力行地去做，展示给世界人民看。让世界人民真正体会到中国传统文化的人文特质，是让我们维持人的主体性、尊严性的。

有人说现在的人没有尊严，什么东西都交给机器，让机器管理我们的身体。我们应该自己管理好自己的身体，而不是让机器管理我们的身体。而且现在不光是生理上的管控，还让人去跟机器人比赛，机器人可以把十个人的脑袋变成一个机器人的脑袋，甚至是一千个、一万个人的脑袋都可以装过来。人是一个族类，只有一个脑袋。人跟机器人比，这是最愚蠢的，失去了人的主体性、尊严性。机器人是人发明的，但是把人的脑袋装到机器人头上跟人比较，就是自我异化。

今天我们对中国文化的人文特质要有一个清楚的了解，不要去变成一种类似于西方的人类中心主义、科技文明万能的文化。也不要变成一种放任的自由，想怎样就怎样。人文的特点恰恰就是人的自我觉悟、自我管理，能够跟他人和谐相处，能够跟万物和谐相处。跟万物的和谐相处，跟他人的和谐相处是人的自觉，不能去穷尽资源、浪费资源，要抑制人类这种无限膨胀的欲望。《大学》云："有诸己而后求诸人，无诸己而后非诸人。"自己做到才能要求别人做到，自己都做不到还要求别人怎样做，是不可能的。所以要跟人搞好关系，必须反省自己，自己不这么做，才能要求别人也不这样做，你自己拼命这样做，还怎么要求别人不这么做？所以“有诸己而后求诸人，无诸己而后非诸人”。

中国文化强调人的自我反省，不能自我膨胀得不得了，狂妄得不得了，也不能是自己想怎样就怎样，要知足常乐。中国的文化传统的主流，儒释道三教，都具备鲜明的人的自我约束和自我管理的精神，这样一种文化，首先从自己做起。中国传统文化的人文特质，说起来很简单，但实践起来并不那么简单，要从自己做起，在实践中不断体会，才能真正地把握其特质。

成中英

成中英（Chung–Ying Cheng），1935 年生人。著名美籍华人学者、哲学家，“第三代新儒家”的代表人物之一。美国夏威夷大学哲学系终身教授，英文《中国哲学季刊》的创立者和主编，“国际中国哲学学会”“国际易经学会”“国际儒学联合会”等国际性学术组织的创立者与首倡者。研究领域为中西哲学比较研究、儒家哲学及本体诠释学。长年致力于在西方世界介绍中国哲学，为中国哲学走向世界作出了巨大贡献。

孔子的仁学与易学

今天我们来谈谈国学。国学这个概念有相当大的伸缩幅度，大家对国学的认识也在逐渐发展和演化。现在说的国学，有其新内涵，不仅包含传统文化，也包含我们对传统文化的时代性和未来发展的认识。

首先，必须谈到国学的根源性问题，根源性就是不能忘本。国学是中国传统文化的核心，它有一个根源。根源的内涵是什么？如何开始？同时也有其现代性，关系到我们今天仍然最关心的问题，最重要的生命体验，是我们文化的精髓。所以它有现代性，能够回应现在的环境，面对现在的问题，这是国学具有生命力的必要条件。

其次，国学有其整体性，它的内容包含很广。它是一个整体，每一部分都是息息相关的，我们对自己的传统要有一个深刻了解，它有整体性，包含多元，但是多元之间也有差别，传统中的经史子集是有差别的，在经的方面，也存在经的各种功能的差别，对这一点要有充分认识。国学反映出人在世界上，尤其是反映出中华民族在生活环境中，所体现出来的一些天地的道理、生命的道理、人的道理。

最后，必须要认识到国学具有一种知识性，它可以作为对世界认识的基础，在这个基础上面可以发展其他知识。同时它具有一些系统性的结构，能够和现在的知识体系结合起来，能够和科学，和前沿的社会科学、自然科学知识结合起来，和像超智能、量子科学方面的一些认识和环境科学的观点结合起来。从这个角度看国学，过去的主导思想认为核心是易学，我认为应该是易学与仁学。这一点非常重要，因为过去讲到国学，首先没有彰显出国学哲学层面的含义，这个哲学层面有一个有关天地的认识，有关人存在于天地之间的认识，就是人的价值的认识。事实上可以说，易学带动仁学，同时仁学预示、包含、指向一种根源之学，即易学。今天讲国学必须要有新的认识，过去讲国学没有讲其根源，没有讲到它和我们在人的行为上的一种动态关系。在这里一定要把它彰显出来。

从易学到儒家中的仁学，以及道家的道学，然后再发展引申出诸子百家，从诸子百家再经过一段时间的发展，开始整个展开为融合其他传统的一种能量，因此发展出所谓的中国大乘佛学，这点非常重要。今天面对西方文化、西方传统，面对现代科学，中国的传统国学具有一种包含、融合和开展现代科学学术和世界文化的重要意义，是一种整体的学问。

在这里要说明一点，必须把孔子自身的仁学发展作为起点。孔子兼仁学与礼学为一体，显示了两者之间的关系，同时也充实了儒学体系，使孔子之学成为仁的学问，有了一个理想境界。那么国学传统文化跟儒学、道学是什么关系呢？

儒学这个概念很早就有了，这个概念本来就具有一种原始意义，儒来自“需”字，即“人之需”也。“需”是人所需要的东西，是人们所等待的东西，是生命的一种营养，所以它具有一种普遍性，一种本质性，一种根本的价值意义。这与《易经》第五卦“需卦”有关系，“需卦”是上水下地，上面是水，下面是地，天上的水下到地上就是雨水，这是生命之所需，是农业发展，乃至整个人类生存的根本。在此意义上，“儒”这个字出现应该很早，是一个合成字，它的含义实际上在孔子之前就有。

根本上，这讲的是天人相通，是人类发展中的一个重要阶段。人作为儒，能够像张载所说“为天地立心，为生民立命，为往圣继绝学，为万世开太平”，能够充实生命、发展生命，能够展开活力。孔子能够找到这个认识，他很有体验，因为孔子有这种体验，儒学就具有一种贯通中国历史文化的精神，故儒学成为中国文化的主流绝不是偶然的，它具有深厚的观察天地、体验天地之道和仁的关系的精神。

儒者的存在，有一种生命的必然性和发展性，是刚健自强的，“刚健而不陷”，能够爱众，能够爱护民众，能够施惠于人民、教化人民，这样的人才是真正的儒者。生活的需要有大和小，经过很多学者的先行研究，传统中的儒的概念可能是从生活的细节来讲，但是儒者还有其理想面，就是最后要做到什么才是最好的、最高明的儒者，所以孔子在《论语》里面特别提出小人儒和君子儒的区别。《论语·雍也》云：“女为君子儒，无为小人儒。”认为人们应该做君子儒，不要做小人儒，君子、小人的差别，就是有没有教化人民、润泽人民生命的功能，能够做到就是君子儒。假设只在细节上做一些小的功能，当然也是有利益的，但还是属于小者。小者跟大者的差别，就是《孟子》所说“先立乎其大者，则其小者弗能夺也”，立其大者，小者就不能够违反，但是因为小者不重视大者，小体不重视大体，就会产生很多偏离，产生很多不好的结果，遂产生私欲、贪婪。这点很重要，立其大者，小者就不会违，这是孟子继承了孔子的思想。

在这个意义上讲，人要成为一个天地之人，必须要发挥儒家的这种精神，儒学的“大体”精神、天地精神。所以孔子在《论语》里面强调，儒者必须要以仁为己任，仁就是关心他人、润泽他人、教化他人，能够把自己作为一个实现仁的价值的方式，或者甚至于可以说一个工具、方法。这点是很重要的一个认识。因此可以说，儒包含有两个方面：一方面是在儒这个概念的基础上，产生人类发展和共同生活这样一种文明，达到一种技术发展的状态。另一方面，它能够在新的个体当中，持续地去体会、磨炼自我，去实现个人逐步完善完美的一个理想。以此可看出群体跟个体的关系，也看出以儒学为基础的，以孔子治学为基础的中华文明的传统文化，它具有一种内在的潜力，经历史之久而不乱，从不会消失，是生生不已的。

在这里为什么提出孔子作为一个模范呢？因为之前的传统，包括易学，并没有整合好这些概念，所以最后要加强讲一下仁学。那么儒学和孔学又是什么关系呢？我说的国学显然包含这些层面，也不止包含这些。我采取的基本立场是，国学在现代已经建立起一个比较系统的概念，包含了中国文化的一些优秀层面，包含了一些精粹的价值，能够形成一个整体。我主要在凸显国学，它不是空洞的，是一个实际的价值体系，这个价值体系仍然要从孔子的言行里面来取得了解。

可以说，现在讲孔子就是孔学，有机构叫孔学堂。孔子所追求的是人类求知、求德并且发展道德德性的过程，同时也是在实践对整个社会以及当时政治环境的一种社会影响。孔子本身作为一个人的人格养成发展，作为一个美好的行为模范，就具有一种对国学的重大启发性。在这个意义上讲，可以把国学变成一套哲学。另一方面，也可以把国学看成实践之学，要求个人的实践，不只是空洞的名词，这点是要强调的。因此，孔子的生活就具有一种特殊性，孔子的生命是不断在融合传统文化的精华，这使中国成为一个文化整体发展推进，可以说孔子把过去的文化文明都表达出来了，《论语·述而》记载，他是“述而不作，信而好古”。

孔子对历史文明的这种爱好，主要体现在掌握人类文明的源头和发展成就，以及如何继承下来。“好古”不是说考证的好古、收藏的好古，而是要有一种整合历史、传承历史、传承文化的精神。“述而不作”是先要掌握外在的事物，先把外面的事物掌握清楚，不是只做空洞的创作、创新，这个创新来自对已有知识的整合，有这个基础，然后再发展，孔子是掌握上面几千年的文明，开拓下面几千年的文明。孔子找到了文明内在的规律性、规则性，启发出中庸之道、大学之道。孔子一方面掌握了中国文化的开始点，另一方面掌握了中国文化发展的道路，即“道”。《中庸》云：“道也者，不可须臾离也，可离非道也。”

文明的发展具有一定的内在价值，需要人去发挥、实践、理解、整合、挖掘和修养，不可以在任何时候离开。孔子有一种强烈的关注的合力，同时又有一种持续的追求、培育。这是孔子的一种行为，在“述而不作”当中的一种创造，在“信而好古”中的一种综合，这就是国学中心的重要精神。

在这个过程当中，孔子所体现的是什么？孔子体现为一种身心合一、知行合一，自己去履行，自己去做，然后发挥、吸收环境当中的一些认知和了解，来启发一种新回应，重新来回应这个环境，甚至于创造一种新环境，来解决生活的问题，具有强烈的现实关注性。我们现在只是从书面上抽象地了解孔子，只是从历史上了解孔子，这是不够的。所以对国学应该有一个生动活泼的了解。另一方面，对经典要了解，对儒家创始者孔子的生命要有了解。

要了解孔子的生命历程，一方面他对历史文化有所关注，另一方面他有对自己生命的体验和实践，然后他又进行规划、整合，编纂成为经典。对经典的规划和整合是非常重要的，文化的发展必须要通过一个长久固定的方式传承下去。孔子的贡献就是整合过去的各种信念、价值观、制度和实践，使它具有一种整合的表达，这就是经典。经典化就是典范化，通过诉诸形式表达出来，成为可以传承的文明的象征和符号。过去对经典非常看重，有“五经”“六经”“十三经”“二十一经”等各种提法。经典本身的内在意义是什么？经典之所以成为经典，一方面在于后来的人去掌握其包含的原始意义，另一方面还要通过自己的体验把它发挥出来，发挥和理解是通过自己的学问的功夫，是个人的一种身心体验，一种修养，是修习来做到的。在这个意义上讲，个人的自身教化是靠经典开始的，也是完成于对经典的新认识。从大学之道可以看出，从格物、致知、诚意、正心、修身，然后到齐家、治国、平天下，都是一贯的，都是有内外之道的。

对孔子来说，有三个特殊的并行传统。第一，孔子整合经典，形成“六经”，即《诗》《书》《礼》《乐》《易》《春秋》，这是有重大意义的，整合经典，成为文字，成为体系。同时又进行归纳，通过对历史的重新编排，尤其在易学方面，形成一套超乎历史的普遍宇宙论的认识。在《春秋》方面，建立对历史行为的评价所包含的道德要求。可以看出来，经典的含义不只是描述的，也是规范的、开拓的。

第二，就是实践。孔子对经典的实践有另外一个系统，即“礼、乐、射、御、书、数”，旨在把经典变成一套实用的，可以用在社会、人生当中的道理和方式，甚至一些技术，如“射、御、书、数”之类。“书、数”要求对历史有所掌握，而且能够用在现在。“数”就是对天地之道的规律性有所认识，用于现在。“射、御”，讲的是掌握一种生活的实用工具，用来保护自己和国家的安全。“御”，就是驾车、骑马，可以在战争中保存自己，能够为国家尽力，这是一套实践的实用系统。“礼、乐、射、御、书、数”和《诗》《书》《礼》《乐》《易》《春秋》，这两个体系存在理论与实践的差别。过去没有说清楚，建立经典本身是把经典看成是实用的。一个是通过诠释来了解经典，一个是通过实用来实现经典的含义。

第三，易学体系的重要性。从孔子对生命的一些体验中，可以看到孔子在思考人的存在，进而形成对宇宙现象的认识，这就是易学。易学的体系很重要，但是比较深奥，是形而上学，但形而上不是坏事。通过形而上的体系，对《易经》进行重新组织和诠释，产生所谓孔子的《易传》。在《易传》里面可以看到孔子最后所展现出的天地跟人之间的一种道理、一种关系，甚至可以说是一种天人合一的精神，其中既有理论性，又有实践性。以上就是孔子所启发出来的三个体系。

从这三个体系来讲，再回到“五经”上面。《礼》和《乐》是社会组织的基本精神，是社会伦理的需要，如果国学中有一部分用现代的话来讲的话，就是我们说的社会伦理和行为规范，厘清人与人之间的关系，遵守能够符合人存在的一些行为规范。这个行为规范能够促进社会秩序的和谐，又能够实现人的群体性的合作方式，同时也能够带动人自身的成长。从基本的《仪礼》到政制的《周礼》，再到从生活体验出来的生命发展的理论精神，如“和为贵”的精神，则见之于《礼记》，这就是“三礼”。

《诗》和《书》也是一样重要的，《诗》是一种个人表达，即“诗言志”，表达的是人的情感，因为生命的内涵有一种情感的内容，《诗》可以表达人的志向，表达人的感情，表达人的思想。这个思想是一种真实、真诚的思想，是对人的生命的直接表达，这个表达反映出人跟自然的关系、人跟人的关系，一种人对自身的要求，或者是一种状态和体验，这对启发人再发展，或者来实现人类的本质价值是很重要的。《书》是历史上传承下来的文明和经典，怎样去实现，这是一个重要事情。

最后两个很重要，但是大家谈得比较少，所以我特别强调《易》跟《春秋》的关系，刚才已经谈到易学，它本身是孔子所重视的变革、变化思想。其中所观察的天地之道，是变动不居的，如何在这个变动不居当中看到不变的规则性，如何掌握变与不变的关系，并把这种关系所包含的能量、活力展现出来，这是很重要的。其中提到阴阳之道，《系辞》云，“一阴一阳之谓道”，这个道从天地之道来说的话，就是阴阳互补、阴阳互动，由此产生一个整体效果，因为它来自整体，发挥整体的效果，需要一种相互运动。在这个意义上讲，孔子最后形成一套天地宇宙观，我叫作本体宇宙观。事实上，这个宇宙观是中国人的基本信仰，中国人所有的信念都指向一个天地宇宙的认识。

西方是把上帝作为一个基础，当然上帝是拟人化的，这是把个人的主体主观性投入一种客观，以此控制个人的行为，形成宗教。而易学是直接去认识宇宙，在认识宇宙中形成人的感受，形成对宇宙生命发展的认识，代表人与自然环境相互融合的发展，参与到环境之中。可以看出这里有很多很好的影响，代表现在说的生态主义、环境主义。中国人很重视生态，很重视生态的美感。这不但影响到中国人从农业上讲的对环境的开发和适应；从艺术来讲，也带给中国一种美好的诗的艺术、画的艺术和应用的艺术，表现出人跟自然的一种对话、互动。

可见对易学本身的认识是很重要的。易学不只是单纯的符号、原始的符号，用来占卜以掌握未来，另外它也是通过符号来掌握其意义。我已经说了《春秋》的这一点，对外在宇宙的认识，对人在宇宙中的存在的认识，以及其价值和意义的认识。人们可以对历史人物，对任何人的行为产生价值的判断，产生历史的责任，这是非常重要的一种认识。

总结来说，国学主要是以儒学作为基础，而儒学能够追溯到一个原始点，就是易学，易学实际上包含了仁学。从易学里面看到，孔子思想分成两个阶段，其中可以看到仁学的展开，以及易学的整体化。这里要强调孔子思想是前后两期，早期可以说是以《论语》来说的仁学，仁学是对人的关心，能够做到“己所不欲，勿施于人”，叫作仁学，是基于人来体现出对生命的整体性关怀。能够关心他人，能够与天地合而为一，能够与生命合而为一的精神，在易学中表达得很好，所谓“天人合德”。在孔子的后期，他的思想进一步为仁学找到了基础，这就是易学。

那么这个理论怎么来的？这涉及对孔子本身的认识，孔子早期的奋斗到达一个高度，做了鲁国的中都宰，他就面临一个时代的变化，意见丛生，要解决很多问题。在此情况下，孔子反思社会的发展，生命的发展，变化之道的精神在什么地方。所得到的结论就是宇宙、社会、人生的发展是生生不息的，环境是变化的，人们必须要经过考验来克服环境的问题、困难，来产生新的生命状态，所以人必须要自强不息、刚健自强，随时随地面对困难，解决问题。这就是易学的精神。

帛书《易传·要》篇云：“观其德义。”易学不只是占卜之用，它是为了进一步发挥人的德性，发挥人的德的能量。这是不断更新自己的内在生命力。孔子55岁离开鲁国，周游列国14年之后回到鲁国。中间这一段时间处于困苦的状态，这是他易学发展的基础。易学能够促进仁学的发展，仁学对人的生命生存有帮助，可以更好地去认识到生命的价值所在。总归来说，仁学、易学是孔子儒学的基础，是中国传统文化的精华，也是国学的基本价值所在。

在这里要强调的是什么？国学一定要强调现代性、时代性，一定要面对现在的问题，真正用国学达到生命的目的，达到我们机体存在的发展可能性。所以必须要整合国学中的内在学问，来进行一种深层的认识，这种深层认识可以把它简单作为“本体自用性”这个概念。什么叫“本体自用性”？首先要求其本，任何学问都有本，中国哲学的发展，有其本体性、本根性。张再林教授也提到，但是大家没有说清楚，所以中国哲学史往往就是没有头。没有头就是断头，是一个断头的哲学史。其实中国哲学是有它开始的，而且开始也是哲学。

可以说，国学的精神是中国哲学，中国哲学的开始在易学，易学有个开始点。这个开始点是什么？它是一个根本，这个开始点影响了中国后来的发展，今天还在影响我们，还是我们存在的力量。今天谈回归初心，习近平主席谈到“不忘初心”，要讲传统文化，这是一个重要的灼见、慧见，是中华民族要振兴文化的基本原始点，不能够忘掉，不能不回归。“本”的重要性就在于此，没有“本”就没有持续的力量，不可以持续、系统发展。

“本”是一种生生不息的源泉，这个源泉很重要，但是大家找不到源泉是什么。我认为“本”就是对易学的认识。易学认识到宇宙的变化，以及人对宇宙变化的了解和回应，通过人的自我发展，来引领这个环境，所以人要更警惕自己，更好地去充实自己、发挥自己。这里面不只是要求自己在道德上发展，也包含了知识的发展。要更好地去了解为什么天气要变化，在哪种情况下变化，现在的生态环境为什么在变化，为什么有飓风，要研究这个道理。

在中国的“本”上面，在从“本”到“体”方面，包含了一种科学精神。但是过去没有谈到这个地方，还是需要认识清楚。关于易学的发展，我们现在掌握了很多出土资料，知道伏羲画卦不是空谈。伏羲代表中国农业开始发展的初期，史前文化的时代，伏羲氏不是空洞的，从伏羲氏到神农氏、轩辕氏(或称帝鸿氏）都不是空洞的，黄帝也不是虚拟的，经过考察，这是真实的历史，所以必须要认识到“本”的问题。我们要很清楚在历史上面的“本”，西方人认为中国没有“本”，进而欺负你。其实不然，中国的“本”作为技术在发挥作用，国学在任何时候都发挥作用，因为科学的基础就是哲学，文化自信的中心思想就是哲学自信。国家、民族没有哲学，算什么民族？又怎么能够发挥作用？而“体”其实是我们的制度，行为就是基于对本质的认识所产生的生活规划。知识要重新整合，整合“本”和“体”的关系，重新来认识我们的环境，认识天地宇宙，认识其他传统文化的发展、人类的发展，这就是“体”，然后发挥用和行的作用。

最后归纳一下，从这个认识来讲，国学在仁学和易学的整合下，具有一种宇宙生生不息的内涵，具有能够创化的创新能力，同时也展开出知识的客观性，掌握道德的主观主体性，能够产生仁学，能够产生社会的关怀，能够“正德”“利用厚生”“开物成务”“化成天下”。

在这个意义上讲，国学发展的重要性是非常清楚的。两岸本来就是一家，两岸都是同一个祖先，同一个历史根源出来的，有共同的文化结构。今天，这个本体性的两岸的文化如果能加强交流，必然使中华文化得到更好的发展，促进人类的发展，这在今天这个时代尤为重要。同时在这个发展当中，因为认识到易学和儒学以及仁学的关系，我们也重视科学，重视未来，重视跟世界的互动，能够进行科技创新，促进经济的繁荣，那么中华民族的振兴是必然的结果。

金春峰

金春峰，1935 年生人。著名哲学史家。主要研究方向为先秦文化与哲学、周易哲学、汉代哲学、宋明理学史。主要著作有《汉代思想史》《周官之成书及其反映的文化与时代新考》《冯友兰哲学生命历程》等。

玄学与哲学

我今天讲的是玄学跟哲学的关系。国学的范围很广，包括儒释道三家，其中玄学是主导，玄学的核心是哲学，如果不了解哲学，不了解儒家的哲学，对玄学的了解可就停留在一个比较浅易的层次，所以一定要深入到哲学这个层次。刚才我的朋友成中英教授，已经从整体、系统的角度进行了解释，后面讲了形而上的哲学。我这里再讲一点儿具体的东西。

名与实

第一个是讲先秦。先秦是从名和实的关系来看这个问题。春秋战国处于社会大转型时期，这个时期最突出的问题是什么？近代以来的“五四”也是一个社会转型的时期，40 年前的改革开放也是一个社会转型的时期，同样在这个社会转型的时期，最突出的问题是什么？在思想观念上面就是名和实的问题。名和实，有新名有旧名，或者说同一个名字，大家的理解很不一样。

证明这个名和实在当时就是特别突出的问题，孔子那个时代就是这样的。《论语·学而》说："学而时习之，不亦说乎？有朋自远方来，不亦乐乎？人不知而不愠，不亦君子乎？"这里面有三个名词，学习、朋友和君子，这三个名词看起来很平常，但是在孔子的时代，他对这三个名词都赋予了新的意义，对三个名词做了一次价值重估。所谓价值重估，就是对过去事物的合理性和根据，进行一次诚信的评估，用新的价值来诠释。

譬如说"朋友"这个词，以前就有，以前的朋友都是局限在宗法家族这个范围里面。《论语·为政》云："或谓孔子曰：'子奚不为政？'子曰：'《书》云："孝乎惟孝，友于兄弟，施于有政。"是亦为政，奚其为为政？'"这个"友"是叔伯兄弟的一种称呼、关系，不是一般的朋友的意思。孔子讲朋友的时候，把它提得很高，《论语》里面讲君臣、父子，没有讲夫妇，讲了一点兄弟，其中讲朋友比较突出。为什么要讲朋友呢，朋友为什么变得重要？因为这个时候，人已经从宗法家族的世袭制走出来，变成一个国际的人。在孔子那个时代，国际、天下是比较小的，不像今天有美国、新加坡、日本、韩国的朋友，真正是国际性的朋友。孔子那个时代朋友也是国际性的，"有朋自远方来"，为什么特别加一个"自远方来"，这是说他不是家族里面的人，是家族以外的人，也不是路过的人，是其他国家的人，我们是一个国际大家庭，属于国际的朋友关系，这个远方有特别的意义。所以孔子非常高兴，孔子的师生关系，孔子下面的那些学生之间的关系都是朋友关系。东汉时，郑玄给朋友下定义，"同师曰朋，同志曰友"，所谓朋友，不光要同师，还要有共同志向。这个定义跟孔子的理解就不一样了，可见名与实问题的重要性。

孔子对以前存在的礼、孝、仁、义等概念，进行了一次新的价值评估，赋予这些名词新的意义。这些新的意义总体说来，其实就是人本主义和人文主义。人本主义和人文主义在孔子以前的中国文化中是没有的。在孔子以前，仁、义、礼、智这些名词都有，友也有，但它是神本的，是上天制定后赐予我们的，或者是周公这些圣王制定的，不是人自己产生出来的。孔子认为这些东西都是人自己为自己建立的，这些名词的内涵是从人性里面展现出来的，只有这么做，我们才能成其为一个人，一个真正的人。

孔子讲了一些内容，比如说讲到礼仪，三年之丧这个礼。《论语·阳货》云："子生三年，然后免于父母之怀。夫三年之丧，天下之通丧也，予也有三年之爱于其父母乎！"孔子的解释是，父母亲死了以后，我们要服丧三年，这不是因为他们是我的父母，我一定要这样做，也不是因为其他原因，就是因为父母对我有三年的养育之恩。孔子从恩这个角度，讲的是报恩，这是一种普遍的关系，不局限于亲人这个范围，他们不是我的亲生父母，但是把我养大了，我一样服三年之丧。我为他们服三年之丧来报恩，不是为了功利，也不是因为我不服三年之丧的话，祖宗父母会在地下给我处罚，赐祸于我，不是这样的。只是说不这样做的话，我心里不安，不是为了别的，就是心里不安，心安不安就是人的特点，人文主义的特点，这个礼就讲这一类的礼，孔子都赋予新的意义。

孔子讲仁学，"仁"是孔子思想的核心，以前就有"仁"这个名词，但是孔子把它提出来，"仁者爱人"，又说"己欲立而立人，己欲达而达人，能近取譬，可谓仁之方也矣"。这个"近"值得研究，就是你要爱你自己，以及隔壁的人。学生就问什么叫邻人，他不是我的隔壁邻居，那我怎么爱他？孔子回答的就是，你在路上碰见需要帮助的人，就是你的邻人，孔子叫"近"。老师的"近"是学生，医生的"近"是病人，公务员的"近"就是他服务的对象老百姓。在这个关系里面，要"己欲立而立人"，就是说化成你做老师的一种职责、本分，也只有化成了你的本分，同时也让学生成为人。所以这不是从封建宗族关系来讲的，是从一个普遍的人来进行定义，人就是一个普遍的人，孔子把这个人挺立起来了。《论语·公冶长》云："子贡曰：'夫子之文章，可得而闻也；夫子之言性与天道，不可得而闻也。'"孔子不讲"性与天道"，但是孔子讲了一句话，"性相近，习相远"，性是差不多的，但是最后造就各种各样的人，人格不一样，这是怎么来的，孔子说是学习，习包括环境，人性的形成要看自己选择的道路，就看自己善不善于学习。

整个的人生就是一个学习的过程。《论语·为政》云："吾十有五而志于学，三十而立，四十而不惑，五十而知天命，六十而耳顺，七十而从心所欲，不逾矩。"孔子说人生的每一个阶段都不一样，都能得到提高。但是通过什么东西来提高呢？不是靠上天，是靠自己学习，自己总结自己的路，走一段总结一段，然后选择自己的路，一生就这样走过来了，到70岁时，达到了一个最高的境界，这个境界就是自己完成的。这个就是孔子讲的"学而时习之"，这里学习的意义，不是一般讲的那个学习。

孔子基本上就是在转型时期进行了一次价值重估，给社会、个人，给中国人树立了一个新的价值标准，今天我们成为中国人，就是因为孔子给我们指了一条道路。我们应该这样做，因为这样做才是一个真正的人，生活才有意义，这是孔子的伟大贡献。

还有常名与共相的问题。《道德经》第一章说："道，可道，非常道；名，可名，非常名。"现在注《老子》的书对此有各种各样的解释，我有一个新的解释。老子把"名"分成两种，一种是"可名"，另一种叫"常名"，这两种是对立的。这个"可名"的"可"有三个含义，一是价值的含义，好的名就是"可"，不是人可欲做的事的那个"可"。二是"可名"带有法律的意思，皇帝批奏折批一个字"可"，就有法定的意义，签一个契约双方认可签字，这个叫“可名”，这是一种刑名法律。三是荀子讲的散名，牛、马、猪这些名，老子说这些名都是可以变的，时时刻刻在变化。有一种常名是不变的，具有永恒性。它自己就是自己，不随时间而变化，不随时空而变化。老子追求常名，提出有一种不同于具体里面来的名，是自己独立存在的一个名，是其他的一些价值的根源，是一个最高最好的价值。老子追求的那个价值，近似于柏拉图的共相论。那么老子提出“常名”以后，孟子就讲常道，所谓“五常”，实际上就是君臣、父子、夫妇、兄弟、朋友。五德之“仁义礼智信”也是常德，所谓常德就是不随时空而变化，只要有人，有人际关系，这个“五常”就存在。

今天没有君臣这一伦，但有上下级，有上级有下级，有领导有被领导，上下级的关系要有“义”的原则，这个“义”就是双方自愿，关系才能成立，一方不自愿，比如说你是君，我是臣，但是你请我给你干事帮忙，我愿意给你做臣，那我就真心地服侍你，如果我觉得你不对，那我就走，辞职不干，现在上下级的关系要坚持“义”的原则。可见，只要有人类，有人际关系，孟子提出来的“五常”就存在，不会消失。先秦时期，孟子、荀子有名的方面，他们虽然讲人性论，但是两人对“性”下的定义不一样，“性”的内涵不一样。同样一个“性”字，内容不一样，也是属于名和实这个方面。

目的论

第二，讲一下目的性。玄学是随着时间发展的，到第二个阶段汉代的时候就不一样了，其中的哲学思想就是目的论。

玄学有五本经书，《老子》《庄子》《周易》《列子》《文子》。目的论是董仲舒在《春秋繁露》里面讲的，讲天生万物。其云：“天覆育万物，既化而生之，有养而成之，事功无已，终而复始，凡举归之以奉人。”都是为人服务的。也有一些比较简单的目的，“天地之性人为贵”，人是目的。人贵在什么地方？就在于他有伦理道德，有文化，有意志，跟动物不同，贵就贵在这里。这种目的论的思想在董仲舒所处的汉代，非常有进步意义。

先秦时期人的贵都是从人性来讲。如荀子讲人是什么，是一种进化论的讲法，从燧人氏钻木取火讲起，然后进化到草木有生命，从草木再进展到飞禽走兽，人是最高的一个阶段，这个阶段就是有智慧、有义，荀子讲人之贵是贵在这个地方，人有智慧，最聪明，能够自己进化，把这个社会团结起来。但荀子的思想是进化论，一个自然论的思想，并不是真正人文主义的思想。关于哲学，罗素是站在人学和自然科学的中间讲话，可以偏向人学，也可以偏向自然科学。荀子就是自然科学的讲话，采取自然科学和理性的这种讲话，人就跟动物在一个平面上面，真正说起来并没有什么高贵可言。人一定要往人性方面靠近，往天那个方向靠近，就会比较高贵。像我们今天吃得很好，穿得很好，玩得很好。但人不会满足，一定要追求一种精神生活，一种文化意识。有了精神生活、文化艺术，可能还不满足，天天看电影也不满足，一定要有一点神秘的东西。人追求一种神秘的东西，这是人的秉性，汉代认为人就是这样的。

汉代以后，就是宋明理学，我们今天还生活在宋明理学的时代。因为今天也讲天理良心，你做错了事，人家就问你有没有天理良心，你的良心被狗吃掉了，这个天理良心就是宋明理学奠定的。把天理良心真正弄到人的内心，然后由人自己发展出来。

人之为人，就是因为有天理良心。“天理”的“理”字在历史上早就有了，“天理”两字也早就有了，但是真正把它引到哲学，作为哲学的基础，是程颢。程颢说：“吾学虽有所受，天理二字却是自家体贴出来。”（《二程集》

“传闻杂记”条）意思是说学问虽然有老师周敦颐给我启发，但是“天理”这两个字是自己琢磨出来的。天理不是物理客观规律、对立统一规律，是自己内心内省体贴出来的东西，即道德，天理的对象和内容是道德。程颢有两篇代表作《定性书》和《仁说》，就是讲道德，讲道德实践的。程颐接着发挥，讲“性即理”，性是什么，是孟子讲的善性，是《中庸》讲的“天命之谓性”的善性，不是牛马动物的性。理是什么，就是仁义道德。程颐接着又讲，我们看不到抽象的性，但是可以看到心，《遗书》中说“性之有形者谓之心”，这是心学。

那么以后叫作理是“得于天而具于心”，到朱熹时一定要通过心才能展现、发展出来，给予行动实践的能力。基本上说不仅二程，或者王阳明、陆象山，讲的基本上都是这个思想。陆象山讲“心即理”，这个理就是道德，不是一般的理。王阳明说“人人皆有良知”，良知是什么，是天理，知就是天理。你要问他怎么种地，怎么丰收，这一套良知并不知道，不在良知的范围里面。这是理学的基本点。但朱熹讲“理一分殊”，认为每个人天生的道德品质是一样的，但表现出来不一样，有圣人，有贤人，有各种差别。这个差别是气禀导致的，有气质之性。《正蒙·诚明》说：“形而后有气质之性。”

人出生后，关于仁义道德之天理，有些表现得很完全，有些只表现出一点。只表现一点点，就不能推展开来，能够把这些东西扩展，处理每一件事，就是用这个仁义道德作为标准去处理。朱熹讲“人人有一太极，物物有一太极”，“太极”是什么？就是“万善全好的良德”，是“理之极致”，是“众理的总和”。“众理”归结起来就是“仁义礼智”四理，四理归结起来就是“仁”之一理。“人人有一个太极”意思就是，每个人生来有这个太初道德之理。朱熹的“太极”是从周敦颐的《太极图说》来的，周敦颐讲的“太极”是用《中庸》来解释的，《中庸》讲“诚者，天之道。诚之者，人之道”，“太极”就是“诚”，“诚”是真善美的统一体。真实无妄就是真；“至诚无息”就是善；“诚则明”的“明”带有光辉的意思，就是一种美。“人人有一太极”就是说每个人都是真善美的统一体，生来就有真善美，只要后天努力就可以回到太极，把自己塑造成真善美的人，关键要“存天理，去人欲”，不要让人欲压倒天理。

玄学是非常有生命力的生命之学。它的生命在于什么地方？在每一个地方。因为文化形式的变化，学者可以创造性地把孔子的思想现代化。我们今天也面临这么一个任务，就是要把玄学和哲学现代化。在现代以来，有两种方法，一种是以牟宗三先生为代表的心学，另一种是以冯友兰先生为代表的“新理学”。冯先生是一个理性主义的人，他的“新理学”把社会分成一些类型，就是一些共相和类型。要转变的话，整个类型都要转变，所以他的哲学体系，有点理性化，一切都是从理性发展出来的，近似于科学理念了。所以有很多的问题，也不能解释人的尊严，人的高贵。牟先生的讲法，是往宗教方向去靠的。他们建立起神学、哲学，到现在还在讲，还在用。

而我们这一代的学者，还没有写出一个我们自己的玄学哲学，至少我没有看到。我们一定要写一本新的中国哲学史，吸收牟先生和冯先生的一些成果，同时用现代的新思想，用马克思主义把它吸收进来，这个新的中国哲学史写出来了，我们的玄学哲学才能说进到一个新的阶段。

安乐哲

安乐哲（Roger T. Ames），1947 年生人。知名汉学家、中西比较哲学界的领军人物。曾任美国夏威夷大学哲学系教授、美国夏威夷大学中国研究中心主任，现任北京大学哲学系人文讲席教授、博古睿学者，被誉为“中国文化的传播者、阐释者”。代表作有《孔子哲学思微》《汉哲学思维的文化探源》等。

儒学的神圣性

1970 年到 1972 年，我在台湾大学念过书，1983 年到 1984 年，我在台大做客座教授，所以在那边有很多非常密切的朋友与同学。现在我又在北大做教授，因此两岸的熟人都很多。今天晚上我看到这么多的年轻人，就讲真实的想法：我们现在的世界需要儒学。

何以见得？我第一次来中国大陆是三十多年以前的事，1985 年我到了上海，上海最高的大楼是和平大饭店，有二十几层，而现在的上海已经有 1500 个摩天大楼；那个时候男的女的穿的衣服都是一样，没有差别，那是另外一个中国——三十多年以前的中国，一个年轻的中国。这几十年间改变的速度这么快，不简单。这其中最重要的是什么？我们要了解，一个时代在政治、经济的改变这么大时，文化的改变又如何。我今天就是要谈我们现在所需要的文化改革的情况。

可以说我们现在的时代是最好的时代，也是最糟糕的时代。最好的时代是什么意思？我可以说，世界饥饿已不是一个问题。我们现在如果谈科学、科技的成就的话，这个问题已经解决了。如果需要的话，我们明天可以开始用现在的科学技术来面对这个世界饥饿问题，假设有解决的办法，那么饥饿将不成为问题。我们现在的问题是什么？不是知识不够，知识早就足够了。问题在哪儿？智慧还不够。解决问题需要的是决心，需要改变我们的行为。而最糟糕的事情是什么？现在人类面对的问题很复杂，比如环境破坏、收入不平衡、食品与水短缺等。这个问题有四个特点：第一个特点是没有把全人类的命运联系在一起。不管你是非洲人、美国人、中国人，全人类的共同命运是什么？第二个特点是出现的问题与人类有密切关系，如果没有我们的话，就没有这个情况。第三个特点是有机性，如果要解决某个问题的话，我们必须要解决其他所有问题，只解决一个问题是不够的。第四个特点是人类现在必须面对的问题与其说是问题，不如说是一个困境。

困境与问题有什么区别？问题可以即刻解决，困境则需要我们在行为上、在价值上及在意志上有所改变。所以为了解开困境的话，我们必须改变我们的生活及行为。美国 20 世纪 80 年代有一个哲学家叫 James Carse，这个人给我们提供了一个非常好的想法，他谈的是有限游戏与无限游戏。所谓有限游戏很普遍地存在于我们人类的生活中。比如生意、运动、教育、外交关系等，这些都是人类的有限游戏。有限游戏在一个有限的时间及规定范围内进行，有一个开始，有一个结束，有赢有输，所以这个有限游戏的模式非常普遍，且是一些人之间单独进行的游戏。比如你和我打牌、下棋，决一胜负，这便是有限游戏。无限游戏则不一样。我跟我的孙女，为了面对一个越来越复杂的世界而加强我们的联系。我们没有什么开始，也没有什么结束，当然，我们的目标是一贯的，比如为了繁荣的生活，为了活下去。

我们人类现在所面对的困境，中国没有办法把这个传统文化的问题解决，美国也没有办法。可是如果加强彼此之间的联系，用我们的力量来解决衣食饱暖的问题，我们可以解决。所以我们现在必须从有限游戏的模式转到无限游戏的模式。有限游戏，跟个人主义有密切的关系，是为了我个人，那个无限游戏则不同，既立己又立人，既达己又达人的一个模式，从中可以更深地了解我们的互相关系。我打个比方，一个老师和一个学生的关系，假如他是个好的老师，那么学生理论上讲便会越来越优秀。师生关系是双赢的，反之则是双输的。所以儒学对我们现在世界的最大贡献可能是什么？是个人主义以外的第二选择。

这个夏天在北大召开了世界哲学大会，一共有 7500 个哲学家参会。会议题目是"学以成人"，这是非常中国化的一个题目。所谓"人"，不是一个东西，而是一个事件。"做人"跟"成人"不一样。个人主义的概念是"做人"，而儒学培养自己是为了齐家、治国、平天下，"成人"是根本。如果用英语来表现这二者之间的区别的话，我们可以说，西方人"做人"的概念是 Human being，我们人类是一个历尽沧桑的本质永远不变的东西。可是如果看中国"成人"的概念的话，是 Human becoming。"人"不是 what you are，而是 what you do，是一个根据上下文呈现的，用"行动"或许更恰当。

我最近写了一本书叫《儒学角色伦理学——一套特色伦理学词汇》，重点是这一套特色伦理学词汇。这些词汇为什么重要？中国传统儒学有两个障碍，一个障碍是我们这些老外理解儒学的障碍，另外一个障碍是中国人自己的一个障碍吧。把儒学介绍到外国去的是传教士，他们有一个使命，要帮助中国人认识他们的唯一的上帝，所以他们把中国儒学翻译成英文的时候，是把中国儒学翻成中国人的宗教。他们把中国传统思想、中国的儒学基督教化。他们把儒学的"天"这个概念翻译成一个大写的 HEAVEN，他们把"义"——"仁义"的"义"翻译成 Righteousness。

Righteousness 的本意是按照上帝要你做的事去做。平常我们不用这个词，这个词有很强的宗教性。我们的传教士把中国的道翻译成 the WAY，一个大写的 WAY；把“仁”翻译成 Benevolence，这个词的宗教性也很强。所以我们外国人所了解的儒学，不是中国的儒学，而是基督教的。在美国的高校，如果在斯坦福大学，要攻读儒学博士，你不能去哲学系，而要到宗教系，如果在哈佛大学攻读儒学博士，你则要到亚洲系去。在美国高校的图书馆，要找到中国的《易经》《论语》《中庸》《庄子》，这些不摆放在哲学类的书架上，而摆放在宗教类的书架上。又比如在美国的书店里，中国哲学类的图书不是归在哲学类里而是摆在东方宗教的架上。所以外国的儒学不是中国的儒学。

欧洲语言之中没有一个很恰当的与“天”对应的词汇。100 多年以前，语言学家索绪尔提出了一个理论，认为语言的规则和结构（langue）与叙述（Parole）本身不同，我觉得这个理论有助于西方人理解和诠释“天”。当中国人谈“天”的时候，我们可以用英文了解他们有什么意思，当西方人谈 God 谈上帝这个概念，我们也可以用中文清清楚楚地了解他们在说什么，所以我们没有彼此不能了解的情况。“天”不是 Heaven，“义”不是 Righteousness，一个外国人一听到 the WAY，他会想到《圣经》里的一句话，“I am the way the truth and the life”，耶稣他说“我是道，我是真理，我是生命”。一句话，如果我们用中国自己的语言去表达他们的传统，比如去看甲骨文的字形，那么“道”这个字，便不是 the WAY，不是一个外在的上帝的道，而是人的道，那个道是“人能弘道”的“道”，而不是上帝那边的道，是我们的道，是每一个时代要延续的道，所以这个道跟上帝的道是两回事，不一样的。

儒学文化传统的特点是在什么地方？如果谈古代的埃及跟现在的埃及这个国家，古代埃及跟现在的埃及有什么关系？它们的文化传统断裂了。

古代的希腊——西方哲学的源头，跟现在希腊这个国家的关系也很少了，它们的文化也已经断裂了。古代罗马跟现在的意大利这个国家关系也很浅薄。然而中国的文化传统，从夏、商、周，一个时代一个时代地传下去的传统，是人能弘道，而不是上帝给我们的一个牵强的、已经存在的一个道。

除此之外，了解儒学传统不只是老外的问题，也是中国人自己的问题。伯克利大学说我们现在如果做文化的比较——即西方、中国文化比较的话，有一个非常不对称的情况，这个不对称的情况是什么？我们一直用西方的理论、西方的概念来了解中国。这个不只是西方人的问题，也是中国人的问题。不管我们看英文杂志，或是中国杂志，看英文写的书，还是中文写的书，问题是一样的，即用西方的理论来了解中国。19 世纪以来，这个情况就一直存在。

东亚，从日本开始，韩国、中国、越南，都把西方的教育制度体系一股脑地带到中国来。不久前北大 120 周年校庆，然而北大教育体系的存在不是 120 年，而是 5000 年流传下来的传统，“大学”这个在西方教育体系影响下诞生的概念仅有 120 年的历史。

我是搞哲学的。哲学本不属于中文的范畴。狭义的哲学概念即形而上学，这个不是中文本来的词汇。本体论，这个更不是。上述所有的词汇，本是西方的概念结构。所以，现在用中文讲哲学，虽然用的是自己的语言，可是其中的概念与价值，不管是什么时刻，这些所谓的“社会学”“伦理学”是西方教育制度所培育出来的词汇。所以我今天谈儒学宗教的概念，就是为了举一个例子说明有这个障碍。那么我们该怎么了解中国传统文化？我们最杰出的、最优秀的汉学家，不管是中国人还是外国人都有一样的想法。

葛兰言是法国 20 世纪最著名的汉学家之一，他将此说得非常简单。中华智慧不需要上帝的理念。如果从哲学的角度来看，上帝是什么？上帝是唯一的逻辑，我们可以用这个逻辑去追求、挖掘真理。所以如果用上帝的逻辑的话，是追求真理，但如果从伦理学的角度来看，那个上帝是绝对的、无法改变的道德原则，是已经存在的一个绝对基础性的概念。因此，葛兰言说，中国没有、也不需要这个上帝的概念。唐君毅的说法也是此意，中华民族无须超绝意义的天的观念。在中国的传统观念中，天与地、与人是分不开的，即所谓“天人合一”。在伦敦大学，我的老师 Graham，他也有一样的想法，他认为对中国宇宙论而言，万物互相依存，不存在超然绝对的本源，而我们西方人必然要有。如果用我们西方人的超绝之心去看天、看道的话，会很难搞懂。道，或者天，不远人也。英国著名学者李约瑟也有类似的说法。他谈到中国是排斥天的概念的，而西方的 God 是自足的、绝对的，是他创造了人类。在这个情况之下，那个超越、独立、永远存在的上帝才是一切。上帝什么都是，而我们人类什么都不是。有一些神学家，像德国施莱尔马赫，提出了一个典型的宗教概念——即绝对依赖感，因为我们有一个绝对性的基础，我们的道德有一个永远不改变的原则，如果我们要知道什么是对，什么是错，我们必须依靠上帝。假使我们查阅《牛津英语大词典》，Religion 的定义很清楚，是崇拜宇宙创造者和控制者，是崇拜那个 Transcendental God（超验的上帝）。但如果我们查百度，百度对这个词汇的定义也是如此——即对主宰的崇拜。百度不是西方的，而是中国的，这个概念跟中国的宗教有什么关系？中国没有上帝，可是我们要试图理解。Religion 的拉丁文的意思是绑得很近、绑得很紧。如果有一个超绝的上帝，真善美都在他那里，因此人类要跟他绑得很近。可是如果没有上帝的话，Religion 又是什么意思？

我在北大问我的同事们，中国人是不是一个信教的民族，他们想一想，回答说，信教的那个是太平天国，而太平天国所过的并不是好日子。信教不是中国传统最好的情况，他们认为宗教与科学对立，与迷信牵扯不清，他们认为宗教如同精神鸦片，所以他们说他们不是信教的民族。而我不同意他们的说法。我认为拉丁语中宗教的意思是“绑得很紧”，在中国有另外一种解答。中国人每逢春节的时候要回家乡，我住在北京，一到春节，北京便成了空城，那时我开车四处跑也没有堵车的问题。中国人过年回家去，从初一到十五要跟家人在一起，跟邻居、老师们一起吃饭，这个时候也是一个“绑得很紧”的现象，这是家庭，以人为中心的宗教感。我并非强行在其中植入宗教，可是这与宗教性的感情有很强的相似性。在这期间加强自己和家人的关系，牢固社群的关系，然后再继续回到北京去，做必须得做的事。所以我们可以说，中国的宗教跟外在的上帝实在没有什么关系，可是跟家庭有密切的关系。

我 18 岁在香港，没有一所中文大学，只有英文的学校。我跟唐君毅先生认识的时候，我就发现他是一个大儒。唐君毅对中国的传统跟西方传统的区别，有非常深刻的认识。他说中国哲人谈世界，没有第二个世界，只有自然，我们就在这一个世界。他说在中国人的心目中，宇宙恒为一种流行，一种动态，一切宇宙中之事物均只为一种过程，此过程以外别无固定之体以为其支持者。所以他也认为在中国传统中没有外在的上帝的概念。我们可以从他的这一句话出发去把握中国传统思想，把中国宇宙论的基础思想翻译成英文的时候我要用的是动名词，不是 Human Being 而是 Human Becoming 。如果谈道，道不是 the Way，而是 We making。“人能弘道”，道是每一个时代不断延续的道，翻译成英文依靠动名词最可靠。

我们谈儒学，要清清楚楚地了解什么是“儒”。英文把儒学翻译成 Confucianism，孔子主义，听起来有点像马克思主义、黑格尔主义，总之是一个人的学说、一个人的生命。然而儒学不是这样的东西。儒学诞生于一个社会阶级，孔子说要做一个君子儒，不要做小人儒。同时，我们知道儒跟 gentle、mild 有密切的关系。儒是 Gentleman，或者 Gentlewoman，与高级的社会阶级相关联。在商朝做青铜器，提升了人类的生命审美意识。现在我们说礼乐什么的，礼貌的“礼”，什么意思呢？礼乐将人类的生命文明化了、礼化了，人是动物，可是用礼，给我们的生命提供了家庭制度、道德制度。什么价值重要，我们便要去追求。这是一个非常保守的传统，孔子称之为“述而不作，信而好古，窃比于我老彭”（《论语·述而》）。所以文化传统是一个高贵的东西，有道德的人要好好地保护它。同时它也是一个批评性的传统，做一个有道德的人，我们需要像上帝一样的。没有上帝给你规定什么该做、什么不该做，如果要做好人的话，你需要了解对象的情况，从对象的立场来看事情，然后要以包容之心，即是所谓的“忠恕”之道，从另外一个人的立场来看情况，把他的想法考虑进去，之后再来思索我在这个情况下应该怎么做，我在那个情况下应该怎么做，因为每个情况不一样，做法也该随之转变。做一个好人不是简单的事儿，同时也是一个发展性的传统、温故而知新的一个传统。所以“儒”这个社会阶级，是孔子以后所诞生的。

你们年轻人在这里，便是这个时代的路。要好好了解你们自己的文化传统，深刻地学习它，用自己的思想使它扩大，要用这个思想面对一个时代的问题。等到头发白了的时候，再把它传给下一个时代的年轻人，要他们把它接下去。这是儒学的传统，而其中最重要的，都与家庭有密切的关系。老百姓有他们自己的孝道，这个孝道也是属于家庭的。我们都知道“孝”这个字是“老”和“子”联合在一起，甲骨文的“老”是一个老人的形象，我们都看过那个爱因斯坦的照片，头发很乱，是一个典型的老人形象。甲骨文的“老”，是一个用木杖走路的老人形象，可是甲骨文的“孝”字就没有下面的木杖，代替木杖的是作为第二代的“子”，老前辈要依靠下一代来支持他。

我很喜欢美国的爱默生，美国文化最好的代表就是爱默生。他有一句妙语："文明依靠道德。"那么道德从哪里来？在中国传统中，道德是我们人类的"道"，而不是上帝的"道"。他说如果一个木匠站在他的梯子上，要用他的板斧切上面的一块木头，这很不方便，可以说是一个无效的工作。可是，如果把那块木头放在地下，再用这个板斧顺势劈开的话，就很顺畅了。他说只要把木头放在下面，从上而下地使用板斧，然后整个宇宙会在你的肩膀后面帮助你。他说我们人类文明就是这样，不是一个人的事儿，是一个时代一个时代地传下去的事儿。有些事我们个人要做的话是做不好的，可是如果依靠一代人一代人传承下去的话，我们能做得非常好。爱默生对基督教也有评论，他说我们不要过分地批评基督教的传统。爱默生在哈佛大学教完他的神学社会学课程以后，年轻人把他拉过来，要求他在他们的毕业典礼上发言。他说历史上的基督教有一个非常严重的毛病，这个毛病是什么？是把耶稣作为一个神。他说事实上耶稣不是神，而是人。耶稣对我们的文明的影响多么大，所以我们不要那个身为神的耶稣，我们要做我们自己，可是我们要像那个身为人的耶稣一样做，多么好！他应该是一个榜样，一个创造文明的力量。爱默生的这个说法，跟中国传统的想法差不多。孔子也是一个榜样，他是人而不是神。他给我们人类树立了一个标准，我们要追求这个标准，像他一样对我们文明传统作出那样大的贡献。所以爱默生对基督教的评论，跟中国儒学的宗教感，有密切的关系。

如果要谈儒学宗教感的话，我们应该从"礼"这个概念出发，而不是从"上帝"这个概念开始。"礼之用，和为贵"(《论语·学而》)，说得很清楚，"知和而和，不以礼节之，亦不可行也"（《论语·学而》)。我们必须得用"礼"来创造这个"和"。

我们把"和"翻译成 Harmony，现在形容中国社会的和谐，也用 Harmony，这个翻译不好，Harmony 有点过于简单。"和"意味着优化、最大化，儒学以家庭为最核心的一个目标。在北大，有一个学生跟我说，老师对不起，我要请假回家，家里突发了一些情况，我必须回家去帮助他们。上北大是非常好的学习机会，可是如果家里需要你的时候，你必须回家去。那个家的概念是非常有力量的。我们也可以用这个家庭制度去谈中国的菜谱。如果在德国餐厅，菜谱是一张纸折起来，非常简单，可是在中国的餐厅，菜谱是一本书，是要一页页地翻着看的。中国菜谱便是最大化的共享体系，做中国菜，往往是用最便宜的菜，加一点最贵的材料，合在一起，吃的时候，有面、米饭、饼等主食，要这样子吃。请朋友到外面吃饭，一大堆人要吃很多不同的东西。所以中国菜也是一个优化的例子，优化最大的体系是“和”。汉朝的王充说过一句话“圣人以天下为家，不别远近，不殊内外”(《论衡・书虚篇》)。

最后谈平天下，平天下是家天下，是类似于“共同体”的概念，是community，the world as a community，是无限游戏的一个模式。思考中国儒学的宗教感的话，那个“礼”是非常重要的，我们可以用它来说明这个儒学制度下的家庭，以人为中心的宗教感。这其中天也有它的位置，“天人合一”不是把两个已经分开的东西联合在一起，“天人合一”是从“一”的关系开始，天和人不可分割。天和人，既是一也是二。天和人是互为中心的，因此才有天人合一的概念。从天来看，天意味着文化传统与文化环境。生活在这个地球上，我们不需要再创造新的语言，不需要创造新文化传统，就已经生活在一代代传递下来的语言与文化传统的润泽下。这个和“天”的概念有密切的关系。天赋予我们生活的环境与文明。而我们能给天什么？这个是我们必须问的问题。汤一介，一个北大刚去世的大儒，他说，人离不开天，离开天则人无法存在。天离不开人，离开人，则天的活泼的气象无法彰显。我认为人能弘道，而圣人还可继天立极，圣人能将“天”扩大。“天”不是一个东西，而是一个文化传统。我们挖到的考古材料，马王堆帛书《五行》篇中有一句话说，“仁形于内，谓之德之行；不形于内，谓之行”，如果“仁”变成你的道德习惯的话，便可称为德。如果你的“仁”仅仅只是为了给别人看的话，那么你的“德”和“仁”是两回事。这份出土文献最后一句话说：“善，人道也；德，天道也。”“德”是人的行为，也是天的行为。我们看哲学经典，在“天”的传统上总是模糊不清，在《论语》《中庸》中，“天”有时变成与日月等同的概念。孔子认为宇宙与自然是一样的东西，为天下行仁便是为天地立心，孔子把人归到天的一个层次，所以“天人合一”不是感性层面的，“天”给予我们人类环境，可是我们人也将“天”的概念扩大了。

所以，如果总结我今天演讲的重点的话，生活在现在的时代，有几个事情要说：第一，面对世界的困境，特别是年轻人，必须从有限游戏的零和模式转到无限游戏的共赢模式中来。这是第一个事情。第二，为了从个人主义的有限游戏转到无限游戏模式，我们必须得让文化传统——即儒学的传统具体化。这有两个障碍，第一个障碍，西方的儒学并非中国的儒学的本来面貌，而是受到基督教的影响。第二个障碍，是中国人把西方的教育制度体系带进来了，用西方学科结构概念来了解中国传统文化。我们今天提的例子是用西方宗教里的词汇来谈中国，中国没有宗教，我们可以说中国没有一个信教的传统。然而这其中有另外一种以家庭为中心、以人为中心的类宗教感，它是儒学的，是“礼”。所以我们谈儒学的宗教感的话，必须用中国传统的思维去理解。人能弘道，圣人能继天立极，谢谢大家。

刘
笑
敢

刘笑敢，1947 年生人。知名道家学者。1978 年考入北京大学哲学系，师从张岱年先生，1985 年获得博士学位。先后任教于北京大学、新加坡国立大学、香港中文大学。现任北京师范大学哲学院特聘教授、道家与中国文化思想研究中心主任。代表作有《庄子哲学及其演变》《老子——年代新考及思想新诠》《两极化与分寸感》等，作品被译为英文、韩文、日文等多种文字。

儒道古今合论

大家好，感谢两岸国学中心给我这个机会，向各位谈一下我研究道家和儒家关系的一些体会。我这个题目是“儒道古今合论”。“报怨以德”是老子的思想，是道家的思想；“以直报怨”是孔子的思想，这是儒家思想的一个代表。所以我既要讲儒家，也要讲道家。这两者从字面上来看是相反的。我们怎么理解二者的差异？另外，我说“古今合论”又涉及现代社会，比如在美国讨论的宽容问题，跟“报怨以德”“以直报怨”的关系问题。

历史上没有系统的儒、道两派斗争

我的第一个要点是想强调一下，在历史上并没有系统的儒家和道家两派斗争的相关记载。大家的印象可能是儒家和道家是斗争的，是互相反对的，这个印象不能说毫无道理，但是不准确，因为历史上并没有关于这两家的斗争的记载。一个基本的事实是，“道家”这个词是汉代才有的，是司马迁的父亲开始用“道家”这个词的。所以在司马迁以前或者在先秦之前，在秦始皇统一中国以前没有道家这个词，其实我们现在讲儒、墨、道、法、名、墨各家，儒家在先秦有，而且他们自称儒家。墨家先秦有，他们自称墨家，至于法家、名家、道家、阴阳家这些说法，先秦没有文献提到，所以没有人自称道家，也没有道家的团体，哪里来的儒道斗争呢？从历史上来讲是不存在的。汉代似乎有儒道之间的斗争，但是斗争主要在宫廷上，有政策上的不同。道家讲与民休息，无为而治，儒家更强调上下尊卑，这些方面有冲突，但儒家和道家的冲突，仍然是不存在的。就是不同人有不同的看法，在朝廷上有一些争论，但是并不形成儒家一派和道家一派的斗争。

到魏晋的时候，儒家和道家还出现了融合的趋势，王弼和郭象都借用儒家的思想来解释《老子》和《庄子》。儒家对道家的批评比较厉害的是宋明时期，宋明时期批判道家是因为他们要反佛，从韩愈开始要批判佛教，佛教破坏了中国的儒家传统，那么顺便把道教也批判了。古代讲释老，这个“老”就是代表道家或者道教。我们今天讲道家和道教分别比较清楚，道教是一种宗教，比如有白云观，有道士，有龙虎山的道士。一派是全真派，一派是天师道或者正一派，这是道教，就是一种有组织的宗教。而道家主要是老子、庄子为代表的，基本是属于学者的思想。所以我们一般区别老庄道家和道教的不同，但是古代没有这个区别。我们今天有这个区别是因为近代以来中国受西方文化的影响，有了 Religion 和 Philosophy 的区别。那么大家就认为老、庄代表的是哲学思想，张天师、王重阳代表的是宗教，所以就有了道家和道教的区别，但是在历史上并没有这样的区别。所以反佛老基本上反的是佛教和道家或者道教。这是我讲的一个要点，就是历史上并没有存在过儒家和道家两派的直接斗争，作为两派的斗争没有。作为个人，朱熹批评老子这是有的，但是作为两个学派的对立和斗争是不存在的。

另外我想强调一下，每个思想家的理论侧面一定是比较丰富的，只讲一两个侧面是很难称得上思想家的。作为思想家，他一定有不同的侧面。这些不同的侧面可以构成一个立体的、网络状的结构。他的思想是一个立体的，我们讲是一个球形的，球形不是一个实心的铁球、铅球，它是一个网络状的，因为思想有不同的网点，这些网点互相有牵扯，但不是一个固定不变的实体。这是我的用法，指的是一个立体网络状的思想结构。当然对他思想的不同侧面会有不同的观察，会有不同的评价，这是很正常的。我强调，一个思想家的思想有不同的侧面这是很正常的。我们今天讲老子的“报怨以德”，孔子的“以直报怨”，这是孔子和老子思想的一个侧面，不是老子思想和孔子思想的全体，或者总体，或者是唯一的代表思想，不是这样。

第三点，我想强调，我们今天强调的是老子的“报怨以德”和孔子的“以直报怨”。“以德报德”，那么孔子要区别你报怨和报德不应该是一样的。这两句话如果单独拿出来，“报怨以德”和“以直报怨”，这是对立相反的两个观点。但是我想强调我们不应该孤立地比较讨论双方对立的两句话，你把这句话拿出来，把那句话拿出来放在这儿看，思想上好像是对立的。我们要从双方思想的整体来看他们各自的观点、出发点以及他们在各自的思想体系中所占的位置。比如说，老子为什么讲“报怨以德”？“报怨以德”是老子整个思想的一个观点，这个观点跟他的整体思想是什么关系？我们要分析一下。同时我们看孔子的“以直报怨”，他为什么讲“以直报怨”？在他的思想体系中为什么是这样讲，不是那样讲？我们要联系他们的整个思想体系来分析这两个人的思想，为什么有这种对立。

那么最后一点，我想强调一下老子、孔子的思想与现代政治哲学中的宽容的概念，就是这个 Toleration 概念的异同及其价值，就是涉及今天的部分，今天的部分又涉及西方。我为什么讲到这一点呢？是因为前两年新西兰有一个大学政治哲学的教授组织一个国际讨论会，就是讨论这个宽容的问题，他用 Toleration，我们平常说的是 Tolerance，他就想组织一个不同宗教传统、不同民族文化中关于 Toleration、关于“宽容”这个概念的思想资源的比较和对话。所以我就接受他的邀请，参加他们的讨论，那时我主要讲的是老子的“报怨以德”，这个就跟现代西方讲的宽容有相似之处，也有不同之处，我会做一个简单的比较。

老子“报怨以德”VS 孔子“以直报怨，以德报德”

那么老子是怎么讲“报怨以德”的？“报怨以德”在《老子》中出现是“为无为，事无事，味无味，大小多少，报怨以德”（六十三章），我们就讲这几句话。“为无为”，“无为”大家都知道，老子是讲“无为”的。你看“为无为”，你做什么呢？你“为”什么呢？什么是你的“为”呢？他“为无为”，那么这个“无为”是他“为”的一件事。所以大家可以理解“无为”对老子来说不是什么事都不做，而是“无为”是一种事，是他做的一件事，所以叫“为无为”。他把“无为”作为他要做的一件事。“事无事”，以“无事”为他的事，那么这个“无为”和“无事”可能会比较复杂，你不能从字面上来理解“无为”就是什么事都不做，“无事”就是什么事都没有，不能那么简单地讲。我要给你们简单地说，这个“无为”是对一般行为的一种否定，当然这主要否定的是一般的价值观念所肯定的事，比如君主要收税，要发动战争，要让老百姓服从，这些行为是常规的行为，无为是对常规的行为的一个否定。那么肯定了什么呢？“无为”其实就是要辅万物之自然。无为就是减少压迫、减少强制、减少控制，给万物，给百姓一个更大的活动空间，所以这个无为的主体是《老子》中的圣人，不是所有的人。在《老子》中无为的主体，那个话的主语是圣人，而《老子》的圣人跟儒家讲的圣人不一样，儒家讲的圣人一般都是历史人物。在孔子那个时代，孔子认为尧舜都不够圣人，到了孟子时候就把孔子、伯夷、柳下惠、周公都当作圣人。儒家这些圣人都是历史上曾经存在过的人物，而老子讲的圣人不是任何历史人物，《老子》这部书里五千多字没有任何一个具体的历史人物，也没有一个地名，也没有一个事件。所以日本学者池田知久说《老子》这部书肯定是假的，没有真人，你看他没有任何一个 Proper Name，就是没有一个地名，没有一个人名，没有一个具体事件，所以《老子》这部书一定是假的，肯定不是有一个人写的，他就认为《老子》很晚，晚于《庄子》，或者更晚，这个观点我们是不能接受的。《老子》这部书的确没有任何人名和地名和历史事件，为什么呢？因为《老子》这部书现在是分八十一章，其实有很多段落有某种思想上的联系，但它不是一段一段排列或者推论或者论证的论文，这与我们现在写书要求先说什么，后说什么，怎么推理不同，没有这样的结构，所以有点像格言的总结、汇集。

《老子》的年代问题是另外一个问题，我们今天不讲。那么“事无事，味无味”就以“无为”为“为”，这是他的独特观点，关键在“为无为”。所以“为无为”我想强调一下，把“无为”作为一件事来做，“无为”是圣人要做的一种事，或者是做事的一种方法。下面这句不是很好懂，“大小多少，报怨以德”，好像有点不太连贯。我的解释很简单，就是不管这个事情是大小多少，你就报怨以德。所以这个上下文连续不是很密切，我的理解是前面你要“为无为”。要怎么做？事情不管大小多少，你报怨以德就可以了。

另一个是《论语》里面的话。有人问孔子，“以德报怨，何如？”“我听说有人讲，应该以德报怨，孔老先生您怎么看呢？”孔子就回答，“如果你以德报怨或者报怨以德，那你怎么报德呢?”就是说如果你以德报怨，或者报怨以德，那你遇上德的时候你怎么报？你不能以德报德，又以德报怨，德怨不分，所以孔子认为应该是“以直报怨，以德报德”。你看他讲以直报怨，不是以德报怨。我们如果孤立地看以德报怨和以直报怨，这两个是相对的，是一个对，一个错，一个赞成，一个不赞成，是这样的关系。但是我强调，我们把它放在他们的思想体系里来看，恐怕会更复杂一点。

以直报怨这个“直”怎么理解？现代有人说就相当于正直、公道，我觉得这样讲是可以的。但是我想讲，可能“直”这个字就有一个直截了当的意思，就是说你欺负我了，我生气了，我有一个直接的表现，我不高兴了，我要批评你怎么样，这个“直”有直截了当的意思，当然这个“直”也有正直的意思。或者我的直截了当的反应就是大家都会有的反应，你欺负我，我不高兴，这是每个人都会有的反应，这是直截了当的反应，这个直截了当的反应跟社会的道德规范是一致的，所以“以直报怨”就是直截了当地按照社会流行的、主流的规范来反应，所以你报德应该以德，报怨就以直，报怨和报德应该是不一样的。在孔子看来，你以德报怨就没有办法报德了，德和怨不分了，也就等于是非好歹也不分了，所以孔子不能接受老子这种思想。我现在说这个是老子的思想，没错，《老子》是有这句话，但是我并不拿这句话来说孔子说的以德报怨就是老子说的，因为没有直接的文本根据。现在我们看到的以德报怨的话是《老子》里的，那么有没有可能其他人也讲过这个？这是不能排除的，但也是没有办法证明的。我们也不必强调孔子讲的以德报怨一定是老子的原话，但是肯定老子讲过这种话，所以孔子的批评我们可以看作是对老子思想的批评，这个应该是没有问题的。

朱熹的注释我们略过。我简单讲一下钱穆的讲法，因为这个事情比较复杂。钱穆就说以直报怨其实就是以人道报怨，以一个人的原则，以人与人相处之公道来报怨，以公正的原则来报怨。此人虽与我有私怨，我不一定要以我的私怨而报之，只以人与人相处之公道处之，公道即直道也，这是钱穆的一个解释。如果有人有怨于我，对我做了不好的事，而我故意报之以德，那未免流于邪枉虚伪。你对我做了坏事，那我还以德来报你，这就有点虚伪了，不合乎人道的原则。人道就是公道，人家欺负你，你还报之以德，你这就不合公道、不合人心了，所以孔子是不能接受这个观点的。这是钱穆的一个解释。

为什么会有孔、老之不同观点

我们思考一下，为什么会有孔子和老子的不同观点？为什么两个人的观点不同？是不是故意地标新立异呢？是不是因为道德标准、立场不同？还有一种可能性，就是人类社会生活是很复杂的，因为社会生活复杂，所以就有了不同的观点。我提出这三种可能，供朋友们思考，不一定要有结论。

我们如何评价这两者的不同？是不是一定是一个对一个错？是不是孔子对，老子错？是不是这样的关系？如果是这样的关系，那就说谁对谁错，这是一种可能性。还有一种可能性就是都对，或者是各有各的道理。我不知道大家现在是什么想法，是认为一对一错，孔子对还是老子对？是哪个对？会不会都错呢？还是都对呢？我请大家思考这个问题。

我们就来具体地考虑一下，以直报怨是为了什么。就是孔子讲以直报怨，那么孔子讲的根据是什么呢？有这样几个可能性，一个是为了分清是非、分清曲直、分清恩怨，你不要混淆是非、恩怨。另一个就是确立人际关系的基本行为与原则，而这个行为原则主要是在一切个体之间，就是说以直报怨是个人和个人之间的，是平辈之间的，是同辈之间的。你仔细想，他不可能是下对上，你想想这样讲包不包括子女对父母？也可以以直报怨吗？大臣和君王可以以直报怨吗？大概是不可以的，我觉得在那个时代是不可以的。所以以直报怨是一般的行为运用，是一般人和人之间的关系准则。那么还有一个，他为什么讲以直报怨呢？扬善抑恶，就是表扬这个善的行为，批评这个错的行为，他要建立和维护、提倡一个基本的道德原则。什么对？什么错？他的着眼点是什么？他这样讲的目标和着眼点是什么？我想强调这是讲道德，首先是道德问题，就是说你做了一件事，是对还是错，对要有对的表现回应你，错要有你错了的态度来回应你，所以首先是道德。首先是道德，但他又不是孤立地讲道德，他讲了道德是为什么呢？他要归结为对天下的关心，从个人道德的关注发展到对天下的关注，所以就是儒家讲的修身、齐家、治国。这都是你个人的，最后是要平天下的，达到天下太平。所以儒家是从道德入手，希望达到天下太平，所以孔子讲的是个人之间的行为原则，但是最终希望达到天下的一个公正、和平的局面。

我们现在再来看一下老子为什么讲报怨以德。首先是不是要逃避矛盾，不讲是非？这是一个可能性。还是为了避免加剧冲突，避免冤冤相报？你对我做了一件不好的事，我马上报复你，你怀恨在心，你就要再报复我，那我不高兴，我要再报复你，这样就陷入一个无止境的循环，就是冤冤相报。还是说是一种无为原则的体现，就是以打破常规的行为方式来做事？如果做，着眼点是什么呢？我想强调他的着眼点直接就是天下，这是圣人直接着眼于天下万物、百姓的状态。那跟孔子的关心不太一样，孔子关心个人道德，然后达到天下太平，而老子的着眼点直接就是天下。这是老子和孔子讲这个话的一个背景。我这样讲当然是有根据的，一个就是说我要探求历史文献，根据历史文献来探求可能的真相，尽量了解孔子和老子的思想在那个时代到底是什么意思，另一个就是面向现代社会的需要，这是两个方面。所以你们在听我讲的时候，你们可以思考刘教授这样讲有没有根据，他的根据是什么，这是我的一个追求，首先要求比较准确地理解孔子和老子的思想。第二个就是我们要面向现代社会需要，考虑现代社会需要什么。这是我的两个方向的考虑。

现在看一看《论语》和《老子》思想的主题与风格的不同。这个不同可以讲很多很多，我准备的内容也比较多，因为时间关系，就简单地讲一讲。孔子强调的是仁，“唯仁者，能好人，能恶人”。遵从仁的原则，你会爱憎分明，是非分明，能好人，能恶人，而且讲人要有信，讲信用。孔子这个出发点是常识的、共同的道德标准，也可以是我们文化的主流思想观念。老子就不一样了。老子讲天下皆知美之为美，“斯恶已”，这个“恶”字在这是丑的意思。如果天下人都以一种美为美，那就是丑了。“皆知善之为善，斯不善已”，天下人都以一种善为善的唯一标准，那就不是善了。这个就跟孔子讲人就是好的这个态度不太一样，他想到另外一个方面，如果大家都以一种美为美的标准，那就会出现丑。如果大家都以一种善为善的标准，那就是不善了。这个就好像我们说美，这个衣服美，大家都穿一样的衣服，那就是不好看了。如果说你尊敬老师是一种美德，那我们每个人都要表现对老师的尊敬，你每天鞠一次躬，我每天鞠两次躬，你鞠躬是 70 度，我鞠躬 90 度，这样大家都以一种行为为最高的行为标准，那就走向反面，就会变成虚伪，就不善了。另外，老子讲“圣人无常心，以百姓心为心”，注意老子的圣人没有自己的意志目标和愿望，他以老百姓的心为自己的心，这是老子的圣人和儒家的圣人的不同，儒家的圣人有很强的儒家的道德意识，有或者拯救天下，或者平定天下的这种责任感，而老子强调是以百姓心为心。所以你们看老子的话：“善者，吾善之；不善者，吾亦善之，德善。信者，吾信之；不信者，吾亦信之，德信。”什么意思呢？对一个好人我善待他，那对不善、不好的人，我也善待他，这样我就得到了善，这个“德”他写作这个“德”，但古字按音读可以是得到的“得”，我这样才得到了善。信者，我对于可信的人呢，我信任他，对于不可信的人呢，我也信任他，这样我就得到了这个信，真的得到了这个信，实现了这个信。那么这个是不是很独特呢？是不是很怪异呢？是不是不合乎道德呢？还是一种反思，或者是一种非主流的思想？我请大家思考。

下面我们就来看一下老子思想的重点。《老子》有这几句话：“故圣人云：‘我无为而民自化，我好静而民自正，我无事而民自富，我无欲而民自朴。’”什么意思呢？老子的圣人，他说“我自己无为，但是老百姓可以自己变化，变好；我好静呢，老百姓可以自己变正，变成言行正派；我实行无事的原则呢，老百姓自己会变富；我没有欲望，老百姓会自己变得质朴。”下面这段话，“是故圣人能辅万物之自然，而弗能为”，这句话我用的是出土的郭店竹简《老子》，这个话跟通行的《老子》版本不太一样，通行的《老子》是说“已辅万物之自然而不敢为”，那个就讲不太通了。他这里强调是圣人，圣人怎么样呢？他能辅万物之自然，但是呢，“弗能为”，他能什么，不能什么，做了一个对照。能什么呢？是“能辅万物之自然”。不能什么呢？不能为。所以这个“为”是他不能做的。那个能做的是什么呢，是辅万物之自然。所以他一方面是能辅万物之自然，一方面是弗能为，这个“为”和“辅万物之自然”就成了一个对照，一个对比，这个意思就比较清楚了。老子提倡的是“能辅万物之自然”，而不能做的，是一般的“为”。他跟一般的统治者，在上位的人相比，他不能随意而为。

天下是老子论述的中心和目标

我下面想讲老子思想的论述中心是什么。“道常无为而无不为。侯王若能守之，万物将自化。化而欲作，吾将镇之以无名之朴。无名之朴，夫亦将不欲。不欲以静，天下将自定。”（三十七章）其实你们不懂这个意思也没有关系，关键在最后，老子重点强调天下自定，他的着眼点是天下。刚刚我们看孔子，孔子强调什么呢？是仁义礼智的“仁”，而老子的着眼点是天下。“天下莫柔弱于水，而攻坚强者莫之能胜，以其无以易之。柔之胜刚，弱之胜强，天下莫不知而莫能行。是以圣人云：‘受国之垢，是谓社稷主；受国之不祥，是谓天下王。’”所以他关心的是天下。

“天下”这个词在《老子》中用的次数特别多。如果这段话你不完全明白，没有关系，但是你要注意，老子的重点是天下。看下面这一段：“知其雄，守其雌，为天下谿；为天下谿，常德不离，复归于婴儿。知其白，守其黑，为天下式；为天下式，常德不忒，复归于无极。知其荣，守其辱，为天下谷；为天下谷，常德乃足，复归于朴。”（二十八章）你们看，他在强调天下，他要“为天下谿”“为天下式”“为天下谷”，然后“常德乃足，复归于朴”。你们注意，他在强调天下。这边“故贵以身为天下，若可寄天下；爱以身为天下，若可托天下”（十三章），你就注意老子强调的是天下。

老子思想还有一个很独特的特点，可以解释他为什么要报怨以德。他说“是以圣人常善救人，故无弃人”（二十七章），就是说，这个人不好，圣人，老子的“圣人”想去救他。所以对于老子来说，没有任何人是值得抛弃的，是值得否定的，那么老子的圣人“常善救物，故无弃物。是谓袭明。故善人者，不善人之师；不善人者，善人之资”（二十七章）。善人者，可以做不善的人的老师，可不善的人呢，也可以被善人拿来作为一种资源，作为一种思想资源，或者社会资源。所以老子这里有一种善恶不分的倾向是不是？我们下面再讨论。“圣人无常心，以百姓心为心，善者吾善之”（四十九章），还讲，“人之不善，何弃之有？”（六十二章）、“天之道，利而不害；圣人之道，为而不争”（八十一章）。“杀人之众，以悲哀泣之。战胜，以丧礼处之”（三十一章），老子的意思是你打了胜仗，你不要开庆功会，你应该以丧礼的心情面对，为什么呢？因为杀的人太多了。所以他的着眼点是天下、万物、百姓、民、人，他的百姓、民、人，包括不善的人，包括没用的人。那这点就跟孔子的思想把道德放在评判人的第一位，作为行动的最重要的准则是不一样的。你先明白这个不一样，然后再想你赞成不赞成，为什么赞成和不赞成。

下面我们就来简单比较一下老子思想和孔子思想的体系。最重要的是，《论语》两万字，讲“君子”讲了 108 次，而《老子》五千字，讲“君子”只讲了 2 次。而“仁”呢，孔子讲了 111 次，而老子只讲了 11 次。“天下”，《论语》里讲了 23 次，你要注意《论语》是两万字啊，《老子》里讲了 59 次，《老子》只有五千字。而且《论语》里讲的“天下”，它是一个叙述的概念，是一个空间，“天下”对于孔子来说，它是一个空间，这里发生了很多很多事，而老子讲的“天下”，是他关注的对象。前面我们讲，他是考虑整个“天下”，把“天下”作为他最主要的关切对象，这个孔子跟老子是不同的。另外，孔子讲“圣人”只讲了 4 次，老子讲“圣人”讲了 31 次，这就说明他们关心的重点不一样。孔子是不讲“万物”的，老子里讲了 20 次“万物”。《论语》注意君子，注意人，说明什么呢，孔子的关切在于人的道德，在于如何做一个君子，或你应该做一个君子。但是老子呢，他的关切在于天下，在于圣人要怎么做，在于万物如何，在于百姓、民、人，所以他们思想的关切重点是不同的。

下面我还有一些资料，来说明他们的相似之处，但是由于时间关系，这点我就不多讲了，我只想强调孔子、老子思想并不是完全对立的，他们有相似或者相接的地方。另外我还有一些材料，来说明儒学和道家的内容是很丰富的，有一些复杂的内容。我想说的是，在儒家的经典比如《礼记》中，也有以德报怨的内容。《说苑》也是一部传统的经典，里面孔子说，圣人说过报怨以德，这个也是儒家的经典，但是不是孔子说的，还有疑问。不过在儒家典籍里出现类似于老子所说的以德报怨，这不是一次两次。我想说明，儒道之间没有那么鲜明的对立，在某些情况下，儒家的典籍也接受以德报怨这个说法，所以我们应该避免一个概念化，或印象化，或简单化的儒学与道家概念的对立。不要以为儒家都是这样，道家都是那样，其实这个文化比较复杂。那么我们现在是讲孔子的思想呢？还是儒学呢？还是儒家呢？还是儒教呢？其实这些讲法都是有所不同的。那么我讲的是孔子的思想，不是儒学的思想。儒学的范围可以很大，可以包括很多典籍。我今天主要是针对孔子和老子的思想作一比较。

儒家和道家扎根于中国文化土壤，双峰并峙，山脉相连

孔子讲以直报怨，他适用的主体主要是士和君子，包括普通个人，或者代表普通个人。他的着眼范围是个人的道德行为。他的目标效果是实践道德的原则，达到平天下，或天下太平的目的。那么他和老子思想的关系就是他不排除以德报怨，因为儒家有些经典，也记载孔子说过类似的话，可靠不可靠不知道，但是从道理上他不一定完全排除以德报怨。他的关注重点在于怎样有利于社会的和谐。老子讲的是以德报怨，他的主体是圣人。这个圣人，我们要把他泛化一下。昔日老子讲的圣人不是任何具体人物，也不是任何历史人物，他是道的一个人格化的代表。所以他说的话，

是代表一个道的原则，这个道的原则在这里。就圣人来讲，今天我们没有圣人了，没有人有资格说“我是圣人”，也没有人说“我想当圣人”，如果说，那么老子思想就彻底过时了，没有任何意义了。我们把老子的圣人理解为一切在上位的人，就可以实行老子的圣人原则。那我说的一切上位者，包括什么呢？包括父母、老师、经理、老板、官员……他们对老百姓来说可以实行老子的圣人的原则，着眼范围是天下整体的秩序。这个整体的秩序从老子来说，重点不是道德行为，而是一切生存个体的自然而然的秩序，是所有人之间共同形成的自然而然的秩序。他的目标效果是实现人类文明社会中的这种秩序与和谐。那么他是不是不排除以直报怨呢？也不一定排除。他主要是要强调有利于自然而然的道德实践。这是我将老子思想和孔子思想做的一个简单的对照。

再简单说一下，老子对人类历史文明有一个反思，有一个创意，他的着眼点和起点是整体的自然而然的这个标准原则，目标是万物自然，天下平和。孔子是对西周的礼乐文明的继承和总结。他的着眼点和起点是个人的、道德的，目标是天下太平，礼乐昌明。

我下面转到现代西方的理论，宽容理论。这是哈佛大学的一个教授提出来的，他强调这个宽容 Toleration，我们翻译成“宽容”，就是有意识的原则性的自我克制。这个自我克制是你在有优势的情况下克制，不去反对、干扰、改变所不赞同的人、事和行为。这个在西方政治哲学讨论的宽容，是你在上位或者主流，作为有优势的人，你有资格，有能力去纠正你所不赞成的现象，比如同性恋。我们异性恋是主流，我们不喜欢同性恋，有权利说同性恋不对，但是按照宽容的原则，我们有意识地克制自己，不去反对同性恋。他们所说的宽容，其实是一个很模糊的概念。模糊在哪呢？它其实是介于完全接受和坚决反对之间的一种态度。既不是完全接受，也不是完全反对，是在这两者之间的一种态度。这种态度有一点模糊，不是十分确定，它的标准也不是十分明确。

如果我们把老子的思想作简单化的理解，就好像老子的圣人宽容非主流的观念，比如我不喜欢同性恋，老子的圣人宽容了同性恋。这其实不符合老子思想，更复杂的应该是这样的关系，老子的圣人，他是支持主流的，他同时也不反对非主流。但是按照老子的思想，主流的群体应该宽容非主流的群体，这是老子思想跟这个宽容理论的一个比较，他关心的是天下万物，这跟孔子思想更多强调个人的道德行为是不一样的。

我们再把它总结一下。这个当代政治哲学讲的宽容，其行为主体是一切人，比如一切普通婚姻的实行者，是主张异性婚姻的，但是他们可以宽容同性恋。而老子这个理论，是说圣人，一切在上位的人，不是普通人。而西方的宽容讲的是普通人。还有就行为对象来说，西方的宽容讲的是对非主流行为的人群，比如同性恋的人，或者是少数民族、有色人种等，而老子关心的是天下万物，那么西方这个宽容理论关心的是公平和社区的秩序，而老子关心的是天下的自然而然的秩序。那么最终目的，西方的理论关心人权、公平、多元和谐的实现，而老子关心的是实现人类文明社会自然而然的秩序，从个体到全体都包括，是这样的一个关系。

我有一点思考供大家参考，一个就是报怨以德和以直报怨的具体主张似乎是对立的，但是从社会生活秩序和个人行为原则来说，二者都是需要的、正当的。这是我的一个观点。以直报怨更侧重于普通个人的道德感与正义感，而报怨以德更有利于社会整体秩序的和谐，是一切上位之人的胸襟和境界。那么孔子思想的以直报怨是对每一个人都适用的，主要不是对上位的人的一个态度，而是同一层级的人之间的态度。而老子的思想是上位的人对下位的人的一个态度，因为老子的圣人代表的是上位的人。

西方的宽容理论侧重于个人、族群、种族、宗教、性取向等自我克制式的宽容，而老子的报怨以德来自圣人式的对天下的理想秩序的关切。这种关切在今天可以适用于一切上位之人对下位群体的理想的自然而然的秩序的追求，如父母、老师、校长、官员都可以而且应该关切子女、学生、教师、百姓等一切下属之人。在这种情况下，有瑕疵，有错误，有罪行的个体，也应该得到适当的关注和帮助，从而有利于整体的自然而然的秩序的实现和维系。

再简单总结一下，我说儒家和道家是双峰并峙，山脉相连。儒家和道家都是在中国文化的土壤上出现的山峰，这个山峰是对峙的，但是它们的土壤，它们的山脉是连在一起的，而儒道和西方的传统不同，但价值观念是可以相通的。我就讲到这里，谢谢大家！

曾仕良

曾仕良，1950 年生人。著名学者，台湾南开科技大学荣誉教授、孔子研究院理事。专研经、史、子、集数十年，并致力于传统文化的教学与推广。著有《中华文字符号学》《符号学说文解字》《中国传统妇女论》《文字组合义法论》《真释〈孟子〉章句》《真释〈学庸〉章句》《简明实用〈易经〉》等多部专著。

天人合一的国学传统

国学的概念有广有狭。狭义的国学，专指中华民族古圣先贤流传下来的字字珠玑编辑成册的经、史、子、集。其中名著如《易经》《诗经》《史记》《汉书》《庄子》《公孙龙子》等，不胜枚举，每一本经典都是前哲智慧与心血的结晶，掷地有声，足以藏之名山，更值得永久流传。广义的国学指源远流长，早已融入我们日常生活的中华道统文化，不限于白纸黑字的经典，涵盖了我们食、衣、住、行，还有娱乐，从规矩、法则到品位、格调，以优秀的本质，不断寻求适当的调整，与时俱进，永远可以让我们引以为傲!

今大我们要用心宣扬与极力落实的当然是广义的国学，也就是中华道统文化。而我们要用心宣扬与极力落实中华道统文化，就必定要先认真了解与努力学习。事实上，认真了解之后才能体会到中华道统文化的诸多可贵之处；努力学习之后，才能将那些充满智慧的哲理实际运用在日常生活中。

我在大学里任教四十二年，有些人问我是教什么的，我从来不唱高调，只据实回答：我教学生用心做人的正确观念与认真做事的合理方法。听不懂的人再问：你这到底教的是什么科目呢？我才说得清楚些：就是国学。有许多毕业后投身职场的校友，常亲口告诉我：在学校上过那么多课，现在真能经常派上用场的就是你教的那些做人做事的道理！

我当时听了除了欣慰之外，更觉得任重道远，我就想一定要教给学生更多，让他们都能灵活运用，确保幸福！后来，我在开学第一堂课，便以“启发国学智慧，确保人生幸福”为题，期勉学生“实实在在研习探究，灵灵活活思维运用”！明白告诉学生：只有实实在在研读这些经典，才能探究古圣先贤的智慧哲学，然后才能思虑周全，灵活变通。

上学读书就是要明白道理，明白什么道？明白什么理？答案很简单：做人的道，做事的理。这跟我前面说我教学生用心做人的正确观念与认真做事的合理方法如出一辙。说到做人与做事，有很多人认为做人比做事重要，其实有时候，做事与做人同样重要。会做人能做事，把人做好把事做好，行遍天下，到处受欢迎，也赢得大家尊重。不会做人不能做事，那肯定寸步难行，甚至天下之大竟无立足之地。不能做事至少要会做人，或许还能平实度日。不会做人，就算很能做事，也一定惹人讨厌，惹人嫌，难获赞赏。人要求十全十美是有难度的，但我们至少要期勉自己朝着“会做人，能做事”这个目标去认真学习。

人事有时是不分的，有的事就只有某些人才做得出来，有的人就专门要去做一些让人生气的事，这世间的人大致可分三种。第一种人只做自己喜欢做的事。这种人的口号是：“只要我喜欢，就是什么都可以。”只要我喜欢，即使违背伦理道德，即使违反国家法纪，这第一种人根本不在乎。他自私自利，我行我素，到最后也一定自作自受，享尽苦果与恶果！当然这毕竟还是少数的特例。一般来说，第一种人只做自己喜欢的事，绝大多数的第一种人，也还是在法律与伦理道德的规范之内。我们说这种人好逸恶劳，喜欢偷懒，喜欢安逸，喜欢享受，喜欢吃喝玩乐。如果没有影响或伤害到别人，也无可厚非，他的人生观如此，就平平庸庸度过一生。

第二种人做自己应该做的事。知道自己应该孝敬父母，知道自己应该疼爱、照顾与管教子女，知道自己应该努力学习、认真工作，于是都做了，但是做了多少，做得好不好却不知道。当然这第二种人已经比第一种人高明了，知道自己应该做的事而尽心尽力去做，在社会上可以立足，也可能有所成就，给子孙辈树立一个好榜样，是国家的好国民、好公民，值得大家敬重。

第三种人，做老天爷要他做的事，这种人是带着使命来到人世间。我有一位同乡，他的妻子患癌，他办了退休，全心全力陪伴、照顾妻子，妻子熬了三年后走了。这个妻子有位大学同学，长期居住在美国，就从美国跑回台湾要吊丧，我这位同乡告诉她人都走了，就不要麻烦了。可是这位妻子的同学坚持要来，而且还带了她姊姊，由姊夫开车载来。这个姊夫是刚从泰北边区回到台湾，他就问我这位同乡，说可不可以到泰北地区去教那些物质极其匮乏的小孩子读《千字文》《三字经》和《弟子规》？我这位同乡有些犹豫。我告诉他，这就是老天要你做的事，于是他买了一些文具、图书就飞到泰北。

有些人是第一种人，也曾是第二种人，到后来又变成为第三种人。人是会变的嘛！年轻时比较不懂事，只做自己喜欢做的事。后来年岁渐长，多读了一些书，成熟许多，知道要做应该做的事。等应该做的事做得多了，可能就有些老天爷要你做的事会降临到你的头上，那时应该当仁不让，勇于承担。

今天，两岸国学中心秉持“承继往圣绝学，传播中华文化”的理念和使命，来凝聚两岸国学文化发展和传承，希望在交流融合中焕发出属于这个时代的强大生命力，携手并进，在世界舞台上亮起中华优秀传统文化的耀眼光芒！在座各位，是贤达先进也好，是后学晚辈也好，因缘际会，此时此刻在此地参与此盛会，我郑重告诉各位，这正是老天爷的安排，是老天爷赋予我们共同的使命，我们一定要恭敬从命，同心协力一起承担起这重责大任！

我在 1950 年这一次的投胎转世，成为我父亲的幺儿，也顺理成章成为我大哥的幺弟，我一开始当然目不识丁，后来在母亲的指导下开始略识字书，再经父亲的督促，便与国学结下不解之缘。于今，我年近古稀，我愿意将我亲身体验与领悟的国学历程提供给各位参考。

第一阶段从耳濡目染到潜移默化。《易经》水雷屯卦与山水蒙卦，系居乾、坤之后的第三卦与第四卦，强调人在成长过程中启蒙的重要。每个人都要消除蒙昧，开启智力，才能在师长的教化下好好学习。

我们常讨论健康与疾病，有一个共同的看法，就是“基因最重要”。国学文化的培育与养成也是一样，基因最重要。当然，基因不是所谓的DNA，而是原生家庭。男女情投意合，组成家庭，养儿育女，这个儿这个女从呱呱坠地开始，学爬学走路，一步一步往前走，父母亲如影随形，左右儿女的一生，简单地说，子女长大后的成败看父母亲。

父字的甲骨文，就是一只右手，手中拿了一根棍子，拿这根棍子做什么呢？管教子女，《三字经》说“子不教，父之过，教不严，师之惰”，古人也有“棒下出孝子”和“不打不成器”的说法，我们一定要认真管教子女，不能一味宠溺，宠溺子女不是爱，而是害，宠溺儿子，害我们自己全家，宠溺女儿，害女婿全家。

情境是学习成效高低的关键因素之一，有好心情，有好环境，学习肯定事半功倍，花三分力气能得七分效果。没了好心情，或环境太差，学习恐怕不止事倍功半，花七分力气也只能得三分效果。引导学习者好心情，安排好环境的关键人物是谁?《论语·颜渊》云:“草上之风,必偃。”孔子说得很对,草一定随风而倒的,草如果指的是子女,风便是父母;草如果指的是学生,风便是教师;草如果指的是员工,风便是老板;草如果是指行政人员,风便是领导干部!

2008年北京奥运会开幕式的第二天,美国《纽约时报》头版头条,斗大的一行标题是一个疑问句:美国还是世界第一强国吗?十年前北京奥运会开幕式的隆重、精彩,完全凸显了一个泱泱大国深厚的文化底蕴,举世震惊,一致赞叹,《纽约时报》只是据实反映了美国人的震撼,对中国的另眼相待。

《孟子·离娄》提及“乐有贤父兄”,每次读到这句话,总是感同身受。我父亲生平最喜欢读书,父亲1947年在福建担任华英中学校长,一直都在教育界服务,每逢周日都会带我去逛书店,而且常常满载而归。冬天有大太阳的日子,在家中前院晒书,是我在父亲的指导下常做的一项重要工作。

家中长辈的言谈举止就是子女直接的榜样,耳濡目染久了,潜移默化的功能也就越来越显著。我大哥因工作关系,没能再与父母同住,我二哥出国也远离父母亲,我结婚后也搬离父母亲家,而我大姐一向最孝敬父母亲,也最会照顾两老,便商请父母亲搬去和她一起住。结果大姐的两个小孩,从小跟在爷爷身边,他们看爷爷整天手不释卷,耳濡目染,后来都拿到博士学位!我的外甥女还是国学博士,现在也在大学担任教授。外甥是生物科技博士,在美国哈佛大学从事博士后研究。他十二岁,小学五年级的时候,跟在爷爷身边,就读完了陈致平教授的十二册《中华通史》,读出兴趣,他初中还打算大学要攻读历史系。

《荀子·劝学》有“蓬生麻中,不扶而直;白沙在涅,与之俱黑”的一段话,十分强调学习环境的重要,身为父母亲,务必帮子女营造一个最好的学习环境！一定要以身作则，让子女有样学样，千万不能让他们养成不良习性。从耳濡目染到潜移默化，父母可能有些辛苦，但一定要全力以赴。各位，子女在外的表现，完全代表父母，他们的错误观念、偏差行为，人家只会原谅他们年纪小不懂事，可背后一定说：有其父必有其子，有其母必有其女。反过来，我们看到一个年轻人一举手一投足就很有教养的样子，我们会夸奖他的家教好，家教好跟没家教差之千里。骂一个人没家教就等同骂他父母不负责任，跟没父没母一样，那是很严重、很伤人的。

国学历程的第二阶段，是从朗诵熟读到出口成章。高声朗读古文，印象深刻很快就能背诵。我们看歌星汪峰、杨坤或韩红在台上引吭高歌，台下成千上万歌迷，如醉如痴跟着唱，令人感动。歌唱几次，歌词便忘不了，随时可以朗朗上口。读韩愈《师说》、李白《将进酒》、范仲淹《岳阳楼记》，为什么就背不起来呢？如果背这些古文言文、古诗词，能像记流行歌词那么容易该有多好！

我以前读中学时，有一同学有点小聪明，他将“春花秋月何时了，往事知多少”这阕词套入一首大家都会唱的山歌小调子，大家一起唱个二三遍全都会背了。我们常说读书要五到，眼到、心到、口到、耳到与手到，从字到词到句，经由自己的眼到与朗读的口到，又从耳到进入到内心，这便是有四到，从眼到口到心能专注的话，很容易就滚瓜烂熟了。语言是约定俗成的，文句的组合有一定的文字逻辑，用字遣词造句是经由思维凝聚而成，也是思考而成，多次朗诵熟读或朗诵熟读越多的古文，自然能摸清文字的理路，揣摩其中的奥妙，不但可以出口成章，甚至也能写出一篇好的文章来。

有四个熟读《论语》的好朋友，相约“方城之战”，“方城之战”是中华文化之一。《易经》讲“一阴一阳之谓道”，如果沉迷其中，玩物丧志，当然不好。如果是行有余力，偶一为之，怡情养兴倒也可以。甲乙丙三人一齐进入丁家以后，甲看桌椅没摆正脱口而出：“席不正，不坐。”身为主人的丁动作利落便摆正了桌椅。乙点点头说：“改之为贵。”洗好牌砌好牌，打庄，丙拿完牌立即发话：“唉，朽木不可雕也。”其他三人断定他拿到一手烂牌。丁则接嘴：“不知所以裁之。”可见他牌很好，只是多了一搭，不知要拆掉哪一搭。后来显然进了好章。所以讲：“求仁得仁。”丙不甘示弱说：“各得其所。”意思他已经听糊了，战到西风圈。只糊过一把牌的甲说：“久矣，吾不复梦见周公！”可惜希望又落空还放了冲！到了北风起，甲很快就听牌，说了一句：“朝闻道，夕死可矣！”一副势在必得的样子。

总之，八圈牌下来，四个人说的全是《论语》的话，只是把子曰两个字省掉而已。被搁糊，有风度地说：“君子无所争。”没风度就说：“是可忍，孰不可忍？”明知风险大，还是贸然出章，便说：“未知生，焉知死？姑且一试吧。”还有“殷鉴不远”“己所不欲，勿施于人”“民无信不立”“君子成人之美”“不敢不告”“不患人之不己知，患不知人也”“不怨天，不尤人”“知其不可而为之”“吾道一以贯之”“人无远虑，必有近忧”“小不忍则乱大谋”“过而不改是谓过矣”“道不同不相为谋”等。简直就是以文会友，活像在上《论语》课！

《易经》《道德经》《孟子》《庄子》《诗经》这些经典里到处布满经典名句，都是我们在日常生活、职场工作或休闲娱乐时可以信手拈来派上用场的，既贴切又美妙，可以培养默契，拉近彼此距离。

上个月有一位四十年前教过的学生从非洲回台湾，他老板是上海人，公司在非洲有一座规模不小的铜矿，派我这位学生去非洲管理。他回来时邀请了班上十多位同学欢聚一堂，我也参加了。他们忆起当年我在课堂上讲授《朱子家训》时，要他们一齐高声朗读：“黎明即起，洒扫庭除，要内外整洁。”让他们至今难忘。我没跟他们说，但我不会记错，刚开始教书的前五年，我每天早晨起床后，都要在院子高声朗读半小时的古文或诗词曲，去到学校授课，我很多时候都可以将教材的文章倒背如流，让学生啧啧称奇，惊羡佩服。

小学生、初中生写作文，很喜欢相互比较，看谁的成语用得多。这当然不是坏事，但有的用过火，用错了，那就会闹笑话。有一个女学生写道："我昨天坐火车到汉口，在车上遇人不淑，被骗了三百元。""遇人不淑"这个成语专指女人嫁错丈夫，其他坏事都不能用"遇人不淑"来形容。另外一个男学生写道："刚走到路口，便看到我那徐娘半老的母亲迎面而来。""徐娘半老"这个成语，下面接的是"风韵犹存"，不用来形容正派的良家妇女，用来形容自己的母亲，母亲知道了，恐怕会气炸。这是极其不当的，出口成章是好的，但有时弄巧成拙是会闹笑话的。还有一个学生不知是天才还是白痴，不过天才和白痴本来就是一线之隔，他有一次居然把"何足挂齿"理解为：不知如何将脚挂在牙齿上。

国学历程的第三阶段：从笃实敦厚到天人合一。熟读经典的目的不在于出口成章，重要的是明白道理及能够在日常生活中身体力行。《论语》中孔子曰："敬事而信。"孔子又曰："弟子入则孝，出则弟。"又曰"言必有信""无友不如己者""恭近于礼，远耻辱也""敏于事而慎于言""视其所以，观其所由，察其所安""先行其言，而后从之""临之以庄，则敬；孝慈，则忠""见义不为，无勇也""成事不说，遂事不谏，既往不咎""三人行，必有我师"。各位，这些都是我们日常生活该当遵行的准则，整本《论语》里，俯拾皆是，唾手可得！

王阳明的阳明学说被日本人奉为宝典，然后才有明治维新，日本人到现在都还缅怀阳明先生。王阳明说："知而不行，是为不知。"的确如此，读经典读到许多金玉良言，却没能做到半样，那就是白读。王阳明主张要知行合一，明白了道理，就要能切实遵行。王阳明所说的知，主要是良知。良知、良能与良心都是与生俱来的，既然是天生的，那凭良心做的就与天道相合。王阳明认为人的良知常被物质的欲望所蒙蔽，要革除这些物质的欲望，才能找回我们的良知。

早在王阳明之前，汉代大儒董仲舒便以“天人合一”的理念，作为建构中华道统文化的主体。比董仲舒更早的孔子，在《易传》中指出：“昔者圣人之作《易》也，将以顺性命之理，是以立天之道曰阴与阳，立地之道曰柔与刚，立人之道曰仁与义。”中华道统文化说到天就包括了地，大部分说到天就是讲天地，天人合一的天便包括了地。《乾·象》云：“天行健，君子以自强不息。”我们读经典，要身体力行，便是依循天理自强不息。《坤·象》云：“地势坤，君子以厚德载物。”要吸取大地端正、方正、博大的德行，且功成不居。依道家的理论，天之道是始万物，地之道是生万物，人之道是成万物。所以道家讲道与德，儒家讲仁与义，笃实敦厚就是君子的修为，儒家比道家积极，儒家主张修己为君子，是独善其身，之后还要安人，这是兼善天下。儒家的君子包含了仁与义，也追求道家的道与德。《论语·雍也》篇中孔子说：“质胜文则野，文胜质则史。文质彬彬，然后君子。”一个人如果内在的实质胜过外在的文采，就会像个粗鄙的野人；如果外在的文采胜过内在的实质，就会显得浮夸虚假。实质和文采调和适当，才是君子。这一段话正是天人合一最简明的写照。上天的福报与人为的修养调和适当，就是君子，就是天人合一的国学传承。

君子的现代解释通常是：气节高、气度宽、气量大、气质雅。在《论语·宪问》中孔子说：“君子上达，小人下达。”“上达”就是依循天理，日求上进，小人追求私欲，只会日趋下流。一直上达，便是天人合一。《论语·里仁》篇孔子又说：“君子喻于义，小人喻于利。”用义利之辨，来期许弟子见义勇为，而见义勇为又和当仁不让成为君子天人合一的指标。

仁与义是一个正常的天性，依循天性去做，便附和了天理。而道家讲的道与德，当然也是国学天人合一的重要传承。这个“道”字，造字原理是一颗人头，就是“首”字，在寻找路径前行，就是走这个部首。古时候没有宽广的马路，只有自己眼观四面，耳听八方，才能正确到达目的地。眼、耳，甚至鼻都是头部的器官。《老子》说：“道可道，非常道。”又说：“人法地，地法天；天法道，道法自然。”可见“道”就是宇宙自然中的基本规律。能不能认知这个规律，是一个人的修行，要不要遵循这个规律，是一个人的选择。“德”字原本是上直下心，意思是正直的心，左边再加上代表道路的偏旁，摆明了德字的本义就是：正直心肠的人所走的道路。《道德经》第二十一章：“孔德之容，唯道是从。”意思是要我们把道弄明白，并把它表现出来。能够把道表现出来，那就是德。事实上“道”是“德”的本体，“德”是“道”的发扬，二者分不开。

几千年来，凝聚中国社会力量的，不是宗教，而是道德。我们一直主张道德是最佳信仰，道德是最高信仰。《道德经》第二十三章，老子说：“故从事于道者，同于道；德者，同于德；失者，同于失。同于道者，道亦乐得之；同于德者，德亦乐得之；同于失者，失亦乐得之。”老子认为“道”本来就在我们身上，但它不会自己发扬出去，而是要我们随时将它表现出来。孔子说：“人能弘道，非道弘人。”正有异曲同工之妙。所以内心正直，光明磊落，便是道德高尚的人，道德高尚的人，也是依天理而行的人，这又回到了天人合一的精神。

李存山

李存山，1951 年生人。中国社科院哲学研究所研究员、博士生导师，兼任中华孔子学会副会长，《中国哲学史》杂志主编，国际儒学联合会理事并学术委员会主任。主要研究中国传统哲学和儒家文化。代表作有《中国气论探源与发微》《中华文化通志・哲学志》《中国传统哲学纲要》《气论与仁学》等。

天地信仰与中华精神

尊敬的各位老师、各位同道学友，非常荣幸和大家交流学术。今晚我和大家交流的题目是“天地信仰与中华精神”。我的老师，已故的北京大学教授张岱年先生曾经说过，各民族的文化都有普遍性，而其普遍性则存在于各民族文化的特殊性之中，其特殊性集中地表现于文化精神中。比如德国文化有日耳曼精神，法国文化有法兰西精神，中国也有中国文化精神。中国文化精神集中表述在《易传》的两句话中，这两句话是“天行健，君子以自强不息；地势坤，君子以厚德载物”。

以天地为父母

中华精神实际上和中国文化对天地的信仰有密切关系，所以我讲的第一个重点是“以天地为人与万物的父母”。中华民族自古以农立国，农业的生产方式和生活方式决定了中华民族以家庭为单位聚族而居。重视家庭和家族，是中国文化的突出特点，投射到中国文化以及中国哲学对自然界的认识中，形成了“以天地为人与万物的父母”的思想。整个自然界和人类社会如同一个大家庭，天地是我们的父母。

那么，“以天地为人与万物的父母”的思想是什么时候形成的呢？根据现有文献记载，这一思想从西周时期逐渐形成，经过春秋时期的发展，到战国时期定型。这种思维模式是中国文化的主要特色，中国传统哲学的自然观，儒家学说的人性论、人生观、社会观以及道德修养的工夫论等，也是以此为基础而建立的。

儒家经典《诗经·巧言》中有一句诗：“悠悠昊天，曰父母且。无罪无辜，乱如此怃。”“昊天”在古代的注书之中有两种解释：其一，《毛诗序》说“昊天”是“刺幽王也”，意为讽刺幽王。其二，宋代朱熹《诗经集传》解释“昊天”说：“悠悠昊天，为人父母。”“无罪无辜”，朱熹解释为“胡为使无罪之民，遭乱如此其大也”。我认为朱熹的解释比较符合原意。《毛诗序》说借用“昊天”讽刺周幽王，也不排除“昊天”原本的意思，因此也可以把它解释为父母。这里有一个问题，为什么把“昊天”称为父母呢？如果联系西周时期，有“郊社之礼”，可能在称“昊天”的时候，把后土连带在内。

儒家“六经”中的《尚书》有一篇周代文献《召诰》。《召诰》中说：“越三日丁巳，用牲于郊，牛二。越翼日戊午，乃社于新邑，牛一、羊一、豕一。”“牛二”就是用两匹牛来祭祀，“郊”即祭祀上帝的郊礼，“社”为祭祀后土的社礼。周秉钧先生在解释《尚书·召诰》这段话时，引用了《逸周书·作雒》。西周首都本在陕西，后来迁到河南洛阳一带，称西周的东京。“作雒”就是迎建洛邑，《作雒》篇中有“乃设丘兆于南郊，以祀上帝”，这个“社”是社礼以祭后土。研究思想史、哲学史或宗教史的人都知道，中国古代以天为最高信仰的神是天神，天神又被称为“帝”，也被称为“上帝”。中国的“上帝”有一个特点，要把天和土地，即皇天和后土连在一起，所以“社礼”是祭后土，“郊礼”就是祭上帝。

还有一条根据在《尚书·泰誓下》中。周的统治者推翻了商王朝，罗列商王朝最后一个君主商纣王罪状时，说商纣王“郊社不修，宗庙不享”。商纣王的罪状里有郊社不修，表明他不祭天也不祭地。商朝时是不是已经有了“郊社之礼”呢？我找的文献之中没有明确记载，所以存疑。西周时有“郊社之礼”，“郊社之礼”在中国传承不绝，它的场所如同现在的北京天坛，天坛相当于是“郊礼”，祭祀天、祭祀上帝的地方。除了天坛之外，北京还有地坛，地坛就是“社礼”，祭祀后土的地方，历代一直都有这样的仪式。历代王朝也要有宗庙，现在的北京天安门劳动人民文化宫，就是清朝祭祀祖宗、先王的地方。

“郊社之礼”是历代王朝祭祀上帝和后土的地方。西周时期分别有祭祀上帝与后土的“郊社之礼”，上帝是天神，称为“昊天”，后土是地神。《诗经·巧言》把“昊天”称为父母，为什么把“天”称为父母呢？可能在称“昊天”时，已经把后土连带在内，只不过文字中没显示出来。这样推测有一个根据，儒家经典有“四书”，即《论语》《孟子》《大学》《中庸》。《中庸》有句话说：“郊社之礼，所以事上帝也。”“郊社之礼”是祭祀上帝的，“郊礼”祭天，祭祀上帝，那“社礼”呢？后来注释《中庸》的人都认为这里省略了“后土”。东汉大经学家郑玄在《礼记正义》里解释说“不言后土者，省文也”，把“后土”省略了。朱熹的经学著作《四书集注》中有《论语集注》《孟子集注》《大学章句》和《中庸章句》，他在《中庸章句》之中，沿用了郑玄的说法，认为“郊礼”祀天，“社礼”祭地，“不言后土者，省文也”。汉代和宋代对这句话的解释是一致的，如果把《中庸》这句话说全，应是“郊社之礼，所以祭上帝后土也”。中国上古时期就有对天的信仰，天是最高的神，认识这点还不够，中国祭天和祭地是相连的，叫“郊社之礼”更为妥帖。

中国文化把上帝作为最高信仰的神，《论语》之中孔子说“惟天为大，惟尧则之”，尧是上古时期的圣王，“惟天为大”，孔子时期还认为天是最高、最大的。而天又与地相对而言，天地如同夫妇，是人与万物的父母，说明什么呢？说明中国文化信仰的最高神，不在彼岸世界。现在的宗教，比如基督教、天主教，他们信仰的上帝在彼岸世界，因为上帝创造了世界，所以我们生活的世界是此岸世界，他们信仰的上帝超越了此岸世界，在彼岸世界。中国文化信仰的最高神，不在彼岸世界，而在我们生活的世界中，为什么呢？因为它和地结为夫妇，所以中国文化信仰的天，和我们生活的世界相连，我们称其为“存有的连续性”，没有截然断裂，这是中国文化的一个特点。

1902 年，梁启超流亡日本期间，写了《论中国学术思想变迁之大势》一书。这本书谈到春秋之间是中国文化的萌芽时期，梁启超归纳上古时期中国文化发展时说“各国之尊天者，常崇之于万有之外”。“常崇之于万有之外”，意思是最高的神在彼岸世界，是神创造了此岸世界，所以神在世界之外。而中国文化信仰的最高神，“常纳于人事之中”，“此吾中华所特长也”。从不同文化看，这是中国文化的特点，而在梁启超看来，这是中国文化的特长。“凡先哲所经营想象，皆在人群国家之要务。其尊天也，目的不在天国而在世界，受用不在未来，而在现在。”各国尊天，要到另一世界寻求解脱，中国文化信仰的天，就在我们生活的世界中。信天的目的不在天国，不在我们到另一世界去，受用不在未来，不是我们今生过完之后，我们来世如何，而是现世解决问题。

“是故人伦亦称天伦，人道亦称天道。《记》曰：‘善言天者必有验于人。’所以虽近于宗教，而与他国之宗教自殊科也。”儒家学说是不是宗教？

学术界一直有讨论，有人认为是宗教，有人认为不是。梁启超认为儒家学说近于宗教，有宗教性。因为儒家学说有信仰，它信仰天神，天神称为上帝，所以具有宗教性。“与他国之宗教自殊科也”，可理解为儒家学说是一种宗教，但它是一种特殊的宗教，和其他宗教不同，这是中国文化的一种特殊信仰。

天主教和基督教现在统称为基督教，明代中后期，西方传教士到中国作出了很大贡献。西方传教士利玛窦有一本用中文写成的著作叫《天主实义》。利玛窦在中国传教采取“补儒易佛”的策略，所谓“补儒易佛”，就是补充儒家所缺的上帝信仰，即西方基督教的上帝信仰，“易佛”是改易中国原有的宗教。利玛窦在中国传教取得了一些进展，当时徐光启等人都信了天主教。利玛窦的眼光很精准，他坚持天主教本有的信仰，在《天主实义》之中，他说“天主唯一，吾天主乃古经书所称上帝也”，基督教的天主只有一个，那就是上帝。

儒家的《诗经》《书经》《易经》当中都有“上帝”或者“帝”这类词，利玛窦认为中国古经书的“上帝”或者“帝”就是西方基督教的天主。他引《中庸》孔子曰“郊社之礼，所以事上帝也”，又引朱熹《中庸章句》中的注解“不言后土者，省文也”。利玛窦直接批评朱熹注解，“窃意仲尼明一之以不可为二，何独省文乎？”孔子只说了上帝，明确讲上帝是唯一的，怎么还能有省文呢？这正说明了中国文化和西方文化的不同。

利玛窦又谈“夫帝也者，非天之谓”。中国文化中，往往把上帝称为天，但在西方的基督教看来是不恰当的。“夫帝也者，非天之谓”，“上帝索之无形，又何以形之谓乎？”“上天既未可为尊，况于下地乃众足所践踏，污秽所归寓，安有可尊之势？”利玛窦这些话批评了朱熹，也批评了二程。二程将“天”解释成“理”，“天理二字却是自家体贴出来”，可是“理”和“天”“地”说法不同，所以二程有句话叫“主宰之为地，有形之为天”。

西方基督教的上帝在彼岸世界，所以上帝索之无形，利玛窦认为“有形之为天”不正确，“有形之为天”不能和“主宰之为地”放在一起，他以此批评二程。朱熹说“郊社之礼，所以事上帝后土也”，西方基督教是上帝、天主唯一，“上帝”之后为什么还加上“后土”呢？土是“众足所践踏，污秽所归寓”，土地在底下，脏东西都归于土，“上帝”后不能加“后土”，这是利玛窦对朱熹的批评。

这些批评正说明了西方宗教和中国文化对天地信仰的不同，中国信基督教和天主教的人不少，他们认为中国本来就信仰上帝，只是后来遗忘了。西方基督教赞同这种想法，但事实没那么简单。中国文化上古以来就形成了崇尚道德、以民为本的价值取向，春秋时期有“三不朽”，即“太上有立德，其次有立功，其次有立言”。“太”是“最”，“上”是“高”，“太上有立德”说明中国文化把道德作为最高价值取向。儒家学说以“仁者爱人”为第一，孔子把“仁”提升为道德的最高范畴，“仁者爱人”是儒家的第一，而“仁”又是以“孝悌”为本始，《论语·学而》中说“孝悌也者，其为人之本欤”。这与西方基督教大不相同。

基督教有两个重要的诫命，第一个诫命是要尽心、尽性、尽意爱你的神。“爱着你的神”，即爱上帝。爱上帝是第一，其次是爱人如己，西方把爱人如己作为第二个诫命，这两条诫命是律法和先知一切道理的总纲。因为世界是上帝创造的，爱上帝同时也要爱上帝创造的人，所以西方也倡导道德的普遍性，要普遍地爱人如己。

西方基督教和儒家文化有一个重大的不同，儒家文化以“仁者爱人”为第一，而利玛窦在其中文注释中解释“仁爱”时说：“夫仁之说，可约而以二言穷之，曰爱天主，为天主无以尚。”他把“仁”解释成爱天主，“而为天主者，爱人如己”，爱人如己放在第二位。利玛窦的著作《二十五言》，把“仁”直接解释为“恭爱上帝”。“夫仁之大端，在于恭爱上帝”，这是西方基督教本有的教义。他在《天主实义》中又谈："仁也者，乃爱天主，与夫爱人者，崇其宗原而不遗其枝派，何以谓外乎？人之中，虽亲若父母，比于天主者，犹为外焉。"《天主实义》是按照对话写成的，书中记录了一则中士与利玛窦的对话，中士问利玛窦："爱天主是不是属于外呢？"利玛窦答："仁者乃爱天主，爱天主是宗原，也是根本，因为你爱天主，所以也爱天主创造的所有人……人之中，虽亲若父母，比于天主者，犹为外焉。"在儒家看来，孝悌是人之本始，而基督教认为，首先要爱天主，这是中西方文化的不同。中国文化重视家庭，这和中国自古以农立国，以家庭为基本单位聚族而居的农业生产方式有关，和西方是不同的。

"以天地为人与万物的父母"的思想，到战国时期逐渐定型。《诗经·大雅·烝民》有一句话："天生烝民，有物有则。民之秉彝，好是懿德。"这句话对儒家有重要影响，《孟子》引过这句话，孔子根据这句话说过"为此事者，其之道乎"。"天生烝民，有物有则。民之秉彝，好是懿德"，是把天道和人伦合一。"天生烝民"是"天地相合而生众民"之意，"烝民"就是"众民"。

春秋时期的文献对这一思想记载较多，我认为春秋时期已经有了性善论的萌芽。记载春秋时期历史的主要有两本书，一是《左传》，一是《国语》。《左传》中，刘康公说了一段话："民受天地之中以生，所谓命也。是以有动作礼义威仪之则，以定命也。"这里的"命"，近似于《中庸》的"天命之谓性"。"民受天地之中以生"，"民"（也可说是"人"）不仅是天地所生，而且是禀受了天地之中而生，不偏不倚的"中"是天所命于人的，是人生而即有的善性，人的行为动作之所以有礼义威仪，是被天所赋予的"中"定命的。《中庸》云："喜怒哀乐之未发，谓之中，发而皆中节，谓之和。"

孔子和老子是春秋后期的思想家，孔子是儒家学派创始人，老子是道家学派创始人。老子在中国思想史、哲学史上有个原创性的贡献，老子之前，天是最高的神，也可说是最高的范畴。《道德经》曰：“有物混成，先天地生。”老子提出天地不是固有的，有个东西是无形的，在天地产生之先已经存在。老子指的就是“道”，“道”是天地万物的本根，“道”虽是本根，但在老子思想之中，天地仍然占有重要位置，道生天地，人与万物还是天地所生。

《道德经》又云：“飘风不终朝，骤雨不终日。孰为此者？天地。”“天地相合，以降甘露，民莫之令而自均。”“道生一，一生二，二生三，三生万物。万物负阴而抱阳，冲气以为和。”老子思想之中，“一”有时指的是“道”，所以有人认为老子的“道”和“一”是相同的。“道生 ”的解释具有歧义，“一生二”的解释比较确定，天地由一气分化而成，在后来的道家文献里，“气”是清阳者为天，重浊者为地。天地是由包含着阴阳的一气分化而成，有了天地，才有了人与万物。“二生三，三生万物”，“三”是天地和气冲和才有了万物，“三”是“冲和”，叫“冲气”。虽然“道生一，一生二”，但是“二生三，三生万物”，“二”指的还是天地。

战国时期，由“天地产生人与万物”的思想明确表述了出来，并且被儒道各家普遍接受。《庄子》说“阴阳于人，不翅于父母”，“今一以天地为大炉，以造化为大冶，恶乎往而不可哉？”人和其他物类一样，是由天地阴阳和气产生的。《庄子·达生》篇说“天地者，万物之父母也”，明确提出天地是万物父母的思想。

长沙马王堆出土的《黄老帛书》有句话：“以天为父，以地为母。”道家后来的著作，汉代《太平经》等书都有把天地称为父母。这一思想在儒家学说中占有更重要的地位，比如《易传·说卦》：“乾，天也，故称乎父。坤，地也，故称乎母。”“乾坤”指的是天地。《易经》六十四卦有一咸卦，咸卦《彖传》云“天地感而万物化生”，万物是天地相互感应产生的。《易传·系辞下》：“天地絪缊，万物化醇；男女构精，万物化生。”天地如同男女构精，实际上就是天地和气产生了万物。《易传》和《庄子》是战国中期的文献，这一时期儒道两家普遍认为天地是人与万物的父母。儒家学说把天地产生人与万物的思想同社会的伦理道德密切联系起来，自然界与人类社会成为天人合德的整体。

《尚书·泰誓上》有一表述：“惟天地万物父母，惟人万物之灵。”这句话出自《古文尚书》。《尚书》是儒家经书，它分成《今文尚书》和《古文尚书》。有人说《古文尚书》是魏晋时人所编，是伪作。《古文尚书》沿用了先秦的一些句子，比如“民之所欲，天地从之”“天听自我民听，天视自我民视”。这些话原本就存在，后人把这些话和其他书编在一起，《尚书·泰誓上》《孟子》等先秦文献之中，都引用过。“惟天地万物父母，惟人万物之灵”出自《古文尚书》，这句话的表述可能是后人所加，可是“天地是万物的父母，人是万物之灵”的思想，是先秦时期的思想，这一点没有疑义。

因为先秦时就有对天地的信仰，所以后来中国民间都有祭祀天地的牌位。“天地君亲师”的“天地”，即是中国文化对天地的信仰，“天”是天神，也可称为“上帝”，“天地君亲师”的“地”是后土，是地神。在中国文化中，天地要一同祭祀。《荀子》云“天地是生之本”，人与万物都由天地所生，“君”“师”是治之本，“亲”是指有亲缘关系的类之本。秦之后到现今，仍然能看到民间有“天地君亲师”的祭祀牌位，“天地君亲师”的“天地”，就是中国文化信仰的天和地。这是第一个问题。

人为万物之灵，效法天地

第二个问题是“人为万物之灵，天地变化，圣人效之”，在天地所生的人与万物之中，为什么人为万物之灵？或者说人为什么有新的精神活动？从宗教、哲学和科学等不同角度，可以做出不同的回答。

科学上有几大起源问题，一是宇宙的起源，二是生命的起源，三是人类的起源。这三大起源问题，从不同的角度可以做出不同的回答，也是现在仍然探索的问题。

中国传统哲学有一说法，人与万物是天地所生，人之所以成为万物之灵，是因为禀受了“天地之中”或“五行之秀气”。《左传》中刘康公说“人受天地之中以生”，这个“中”就是“无过无不及，不偏不倚”。《礼记·礼运》篇亦云：“故人者，其天地之德，阴阳之交，鬼神之会，五行之秀气也。”人禀受的是最优秀的气，因为人禀受了天地间的五行之秀气，是天地间的精华之所在，所以人能卓然于万物之上，有新的精神活动，成为万物之灵。因此，人可以达到对天地之德的自觉，即《礼运》篇提到的“仁者天地之心也”。万物之中，只有人有精神活动，所以人是万物之灵。人有了精神活动，就能达到道德的自觉，好比我们都有自我意识，这种自我意识就是一种自觉。

《礼运》篇对“仁”与“万物之灵”做出解释，被后来的思想家继承，比如宋代理学家周敦颐。周敦颐在他的一本重要的著作《太极图说》中写道：“乾道成男，坤道成女，二气交感，化生万物，万物生生而变化无穷焉。”由乾坤生出了万物，人也在万物之中。“惟人也得其秀而最灵”，天地产生的人与万物之中，只有人得其秀，得到阴阳五行最优秀、最精华的那部分气。因为人所得的是最优秀、最精华的气，所以“形既生矣，神发知矣”，人的形体、身体产生之后，就有了精神活动。“五性感动，而善恶分，万事出矣”，“五性”在宋代理学中指的是“仁义礼智信”，有性善，就有五性。“性”和外面的事物相互感应，就有了情感，有了对善恶的区分。这是《太极图说》对人的精神的解释。

《孝经》曰：“天地之生，人为贵。”人与万物是天地所生，在天地所生的万物之中，人最有价值。中国古代表示什么最有价值时，用“贵”字。比如，孟子云，“民为贵，社稷次之，君为轻”。相对于社稷，国家政权最高的掌权君主，“民”才是最有价值的。《论语》记载，有子说，“礼之用，和为贵”，认为礼的运用之中，和谐最有价值。《孝经》说天地所生的万物之中，人最有价值。人之所以最有价值，是因为人是万物之灵，人有心及精神活动，从而也就有了道德自觉、道德观念和道德行为。儒家学说的性善论和道德修养的工夫论等，就是建立在这样的认识基础之上。

《易传·说卦》有一段话：“昔者圣人之作《易》也，将以顺性命之理。是以立天之道，曰阴与阳；立地之道，曰柔与刚。”天地之道与人之道相贯通，天地之道的阴阳、刚柔是人之道的仁义自然观的基础，所以阴阳、刚柔、仁义贯通了起来。《易传·系辞下》：“天地之大德曰生。”天地生养人与万物有大德。《彖传》（《易经》里的乾卦和坤卦都有《彖传》）云：“大哉乾元，万物资始，乃统天”，“至哉坤元，万物资生，乃顺承天”，“坤厚载物，德合无疆”。都说天地有大德，因为它产生了人与万物。《系辞》：“天地变化，圣人效之。”天地变化也有大德，圣人要效法天地。《易传·文言》（乾卦和坤卦里有《文言》，乾坤两卦之后没有《文言》）：“大人者与天地合其德，与日月合其明，与四时合其序，与鬼神合其吉凶。先天而天弗违，后天而奉天时。”根据天地变化规律，可以引导自然变化，“大人者与天地合其德”，天地之大德曰生，儒家后来把“生”解释成“仁”，“仁”有仁爱、仁心，“仁”是天地之大德，它能够产生人与万物。

张岱年先生说中华精神集中体现在《易传》“天行健，君子以自强不息；地势坤，君子以厚德载物”这句话的表述中，“自强不息”“厚德载物”是中华精神，是对天地之大德的信仰，对天地变化之实在性的肯定。笼统抽象地说，中华民族精神是“自强不息”“厚德载物”。这种精神从何而来？在中国文化中，它和“天地变化”“圣人效之”“天行健”“地势坤”密切联系在一起，因为“天行健”，所以君子自强不息；因为“地势坤”，所以君子要厚德载物。

中华精神的“自强不息”“厚德载物”，肯定了天地变化以及人的生活世界的实在性。西方哲学的特点是自然之二分，本体是实而不现，是实在的，但是它不表现出来；而现象是现而不实，我们看到的这些现象，知道的这个世界是不实在的，所以现象是现而不实。中国文化中，把天地变化以及把天地所产生的人与万物都看作实在。如果天地变化不实在，我们何必去效法呢?《中庸》说“诚者，天之道也；诚之者，人之道也”。什么是“诚”？朱熹有句话叫“真实无我”。“诚者，天之道也”，天地变化和天地产生的，是真实无我。“诚之者，人之道也”，人要努力做到真实无我。由此有了中国哲学和文化的“道不远人，极高明而道中庸”，中国文化讲究“极高明”，但“极高明，道中庸”并不脱离人，“道不远人”，远人就不是道，它和人的生活世界，和人伦关系、人的道德密切联系。

如果脱离道，和人割裂，就不是儒家的道。中国文化的特点，不是把世界看成虚幻的世界，而是实在的世界，也不是把世界看成一种过渡。有些宗教，如天主教、基督教认为，这个世界只是人生的一个阶段，我们最终通过上帝的救赎，到彼岸世界寻求解脱。中国文化没有这种思想。中国文化是执着地前赴后继，永不绝望地在这个世界中自强不息，厚德载物，努力追求和实现人生社会的道德理想。这成为中华民族生生不息，团结奋进的不竭动力。

我上学时，张岱年先生经常说“国有已立”，国家能立住，一定有个内在的精神支柱。先生说中国文化、中华民族延续数千年而没中断，一定也有个内在的精神基础，这个内在的精神基础，就是“自强不息”“厚德载物”。中华民族发扬这种精神时，它就是前进的。虽然近代中华民族遇到了很大问题，但是中国文化仍在延续，中华民族仍然衰而不亡，以至于中国虽走了一段衰落的道路，但还有复兴的时机。“自强不息”“厚德载物”就是中华民族永不绝望，遇到最大的困难，还要在这世界争取实现一个道德理想的世界，这是中国文化的特点。这是第二个问题。

天理与道德的普遍性

第三个问题是“乾称父，坤称母”与道德的普世性。中国文化很早形成了崇尚道德、厚德载物的优秀传统，也很早就重视孝悌的观念。《尚书》和《诗经》之中，“孝”被作为重要的道德德性，中国文化重视孝，重视孝悌，和中国文化以农业聚族而居，重视家庭、重视宗族的观念密切相关。

儒家的仁爱精神以孝悌为人之本始，《论语・学而》说“孝悌也者，其为人之本欤”。“本”如何解释？“本”有不同的解释，“本”是说孝悌是人之本。到宋代，理学家有“天理”的观念，认为“天理”是世界的本源，“天理”就是“仁”。理学家把“孝悌为人之本”，解释成“孝悌是为人之本”。

现在一些学者，尤其是研究西方哲学的学者，往往把“本”解释成西方哲学的“本体”。我认为解释成“本体”不符合儒家的思想，还是要解释成“本始”。就像大树有其根、干，“孝悌”相当于根，它并不是全部，它是“仁”的根本或者是道德的开始，所以孝悌是人的本始。儒家并不局限于讲孝悌、亲亲之情。孟子思想中特别强调扩而充之，即“老吾老，以及人之老；幼吾幼，以及人之幼”。这种扩而充之达到的是普遍道德境界，孔子说“泛爱众”，“泛爱众”实际上是泛爱一切，包含一切的人。《吕氏春秋》有《爱类》篇，“仁也者，仁乎其类”，要爱所有人，儒家达到了这种类的自觉。孟子说“仁民而爱物”，“仁”相对于“物”而言是指所有人，“仁民而爱物”是一种普世道德。

孟子最先明确提出性善论，但是孟子同时也强调从孝悌、恻隐之心扩而充之的必要。“苟能充之，足以保四海。苟不充之，不足以事父母”，只停留在天生的四端，即恻隐之心、羞恶之心、辞让之心、是非之心，不足以保四海，不足以事父母。“老吾老，以及人之老；幼吾幼，以及人之幼”，这是推恩。孟子说“推恩足以保四海，不推恩不足以保妻子”，儒家并不局限孝悌血缘的亲亲之情，而是要以孝悌为人之本始，要扩而充之，达到一种普遍的爱，这才是儒家真正的“仁”，这“仁”是“仁者爱人”，是一种普遍的道德。

儒家以孝悌为人之本始，从道德发生论上说具有合理性。家庭是社会的细胞，是人生的第一所学校。钱穆先生曾说：“家庭就是中国人的教堂。”西方基督教有它的教堂，家庭是中国人的教堂，以家庭为人生的第一所学校，每个人都是父母所生，在母亲的怀抱中，最早感受到人与人之间的爱与温暖。故而从道德发生论上说，“以孝悌为人之本始”有其合理性。

1993 年，世界各大宗教在美国有一次集会，这次集会是寻找一个各大宗教都普遍认可的全球伦理，之后发表了一篇宣言。在这宣言里，最终找到一个大原则，就是“己所不欲，勿施于人”，别人如何对待你，你也用这种方式对待别人。这也是儒家的重要思想，儒家把它叫“忠恕之道”，忠恕之道是行仁之方，仁者爱人是普遍爱人。

推行、实践仁爱精神的方法是忠恕之道。“己欲立而立人，己欲达而达人”，“己所不欲，勿施于人”。“己所不欲，勿施于人”是普遍道德，世界上称为“金律”（黄金定律），它通行于世界。《全球伦理宣言》中有句话：“只有在个人关系和家庭关系中，已经体验到的东西，才能够在国家之间及宗教之间的关系中得到实行。”这实际上说的是亲亲之情。只有体验到家庭之间的“老吾老，幼吾幼”，体验到人与人之间温暖的道德、伦理之后，人才可以升华到普遍的道德，才能在国家之间以及宗教之间实行普遍的道德。

按照西方天主教、基督教的教义，首先要爱天主，人是天主、上帝所生，所以要爱人如己，爱一切人。而儒家思想重视家庭，以孝悌为人之本始，由孝悌、亲亲之情扩而充之，达到普遍的道德，这是中西方不同之中的同，即都注重普遍爱人。除此之外，儒家还讲究“仁民爱物”，不仅要“爱仁”，而且要“爱物”。儒家的道德伦理既有普遍的人际关系道德，还有生态伦理、环境保护的意义。

大家对儒家学说有个误解，认为儒家学说停留在血缘情感，没有道德的普遍性。我认为儒家的孝悌与博爱之间，没有不可逾越的鸿沟，相反，在儒家看来，从孝悌到博爱是顺理成章的。近代主张自由、民主、博爱，其实“博爱”这词本身就是儒家所用的词，“仁者爱人”说的就是博爱。儒家《孝经》有“先知以博爱”，这“博爱”就是孔子提倡的“泛爱众”。

唐代韩愈对“仁”有个定义：“博爱之谓仁，行而宜之谓义。”用“博爱”解释“仁”。宋代理学家把“仁”作为天理，天理是世界的本源，天理中的情有性情之分，性情之分的“爱”是“情”，有了仁，有了性，才能有爱，理学家并不用“博爱”解释“仁”。朱熹注解“仁”时说“仁者，心之德，爱之理”，人之所以能够爱、有爱，是以天理为内在的世界根本。“仁之所以爱”是宋代理学家对爱的一种解释，和“博爱之谓仁”有所区别，但它毕竟还是爱之理，这是理学家的理论建构。

近代康有为《论语注》解释《论语》“樊迟问仁。子曰：‘爱人。’”这段话时，有一个见解：“仁者无不爱。”爱所有的人以及爱所有的物，而爱同类之人为先，这是爱类。“博爱之谓仁”，引了韩愈对“仁”的定义。康有为说：“孔子言仁万殊，而此以爱人言仁，实为仁之本义。”《论语》中，孔子学生经常问他什么是“仁”，孔子往往因材施教，随机作答，解释了

“仁”的各种含义。康有为认为，《论语》的“樊迟问仁。子曰：‘爱人。’”这句话是“仁”之本义，我认为康有为的理解正确，儒家的“仁”，基本含义是爱人，扩而充之是仁民而爱物，包括爱自然界的万物。

为什么“仁”要爱人与万物呢？它有内在的理论根据，这根据就是中国文化把天地看成人与万物的父母。儒家仁爱精神、普世道德，有伦理化的自然观作为基础，即“乾称父，坤称母”。人与万物是天地所生，从而形成了仁民爱物或民胞物与的思想。《礼记·礼运》篇说，“故圣人耐以天下为一家，以中国为一人者，非意之也”。“非意之也”意即不是臆想出来的，有理论根据和道德修养的工夫，才能达到以天下为一家，以中国为一人。

宋代理学家张载有一篇文章《正蒙》，二程把这篇文章解释成《西铭》。张载教学时，在他的西窗户把这篇文章抄录了下来，作为教导学生的话。张载有一句非常著名的话：“为天地立心，为生民立命，为往圣继绝学，为万世开太平。”张载的家在陕西眉县横渠镇，所以张载又号“横渠先生”，冯友兰先生把张载的“为天地立心，为生民立命，为往圣继绝学，为万世开太平”称为“横渠四句”。张载除了横渠四句，还有一句非常著名的话：“民吾同胞，物吾与也。”这句话也出自《西铭》。《西铭》被二程高度肯定，给予了非常高的评价。他们认为这篇“被言仁之体”“仁孝之理备于此”，《西铭》既讲“仁”，又讲“孝”。

《西铭》首句是“乾称父，坤称母”，这句话本于《易传》“乾，天也，故称乎父。坤，地也，故称乎母”。“乾称父，坤称母”，本意在先秦时期已经产生。《西铭》以“乾称父，坤称母”为逻辑起点，又说“天地之塞，吾其体；天地之帅，吾其性”。人形体和人性善的道德根源，是天地所赋予的，进而达到“民吾同胞，物吾与也”的高尚道德境界。“民吾同胞”意思是所有人都是我的同胞兄弟，“物吾与也”是说所有物都是我的邻居或朋友，把它简称为“民胞物与”，这是张载的一句名言。“乾称父，坤称母”，人与万物是天地所生，所有人都是我的同胞兄弟，所有物都是我邻居和朋友。这和孟子“亲亲而仁民，仁民而爱物”相同，都是普遍的道德。

朱熹在他理论思想成熟时，有两篇重要著作，一篇是《太极图说解》，注解周敦颐的《太极图说》，还有一篇是《西铭解》，解释张载的《西铭》。理学史上有“朱陆之辩”，“朱陆”是朱熹和陆九渊。陆氏兄弟对周敦颐的《太极图说》有讨论和分歧。比如《太极图说》有“无极而太极”，陆九渊认为“无极”的概念不是儒家概念，而是出自道家。陆九渊的哥哥陆九韶对朱熹的《太极图说解》和《西铭解》有所批评，其中陆九韶批评了《西铭解》的“乾称父，坤称母”，他说“人物只是父母所生，更与乾坤都无干涉”。其实陆九韶对《西铭》有所误解，还没达到对《西铭》重要性的认识。

朱熹据此回了陆九韶一封信，他回信说：“人之一身，固是父母所生，然父母之所以为父母者，即是乾坤。若以父母而言，则一物各一父母；若以乾坤而言，则万物同一父母矣。古之君子，惟其见得道理真实如此，所以亲亲而仁民，仁民而爱物。推其所为，以至于能以天下为一家，中国为一人，非意之也。”这段话引自《礼运》篇，讲述“非意之也”。儒家文化之所以“以天下为一家，以中国为一人”，不是凭空臆想，而是有其理论根据，这理论根据就是“乾称父，坤称母”。

朱熹对“乾称父，坤称母”的理解是正确的，因为每个人都有自己的父母，所以儒家以孝悌或亲亲之情为仁之本始。儒家首先肯定“老吾老，幼吾幼”，有人据此批评儒家孝悌停留在血缘情感，认为这不对。我认为“以孝悌为人之本始”是对的，“及人之幼”自然好，但首先要考虑“老吾老，幼吾幼”，要有亲亲之情。“老吾老”扩而充之是“及人之老”，“幼吾幼”扩而充之是“及人之幼”。如果不肯定“老吾老，幼吾幼”，也无所谓

“及人之老，及人之幼”。在儒家看来，孝悌、亲亲之情是人之本始，从道德发生论上说有其合理性。

“若以乾坤而言，则万物同一父母矣”，人与万物都是天地所生，人为万物之灵，所以人应有道德自觉，有道德觉悟。“与天地合其德”，达到了“仁民爱物”或者“民胞物与”的高尚道德境界，扩而充之达到了道德普世性，即普遍的道德。基督教也倡导普遍、博爱、爱人如己，人类是上帝所生，所以爱上帝同时也要爱所有的人。儒家文化和基督教从义理上说有所不同，儒家文化以孝悌为人之本始，达到的境界仍然是普遍的道德，爱人而且要爱物，这是中国文化的特点。其中也包含着不同文化的普遍性、共同性，普遍性、共同性存在于特殊性之中。

总之，中国文化对天地的信仰是与中华民族精神，即“自强不息”“厚德载物”密切联系的，也与仁爱的普世道德密切联系。我们达到这种认识，就是对中国文化达到一种自觉，也可说是达到一种自信。在这认识基础上，提升道德境界，通过道德修养提升道德水平，这一点对现今社会非常重要。儒家的普世伦理，比如“己欲立而立人，己欲达而达人”，自己有所成立，也要别人有所成立，自己有所发达，也要别人有所发达。“己所不欲，勿施于人”，把一般的人伦关系抽象成自己与他人的关系，达到了道德的普遍性。

《论语》里子贡问孔子：“有一言而可以终身行之乎?”孔子曰：“其恕乎！己所不欲，勿施于人。”子贡还问孔子：“我不欲人之加诸我也，吾亦欲无加诸人。”“加”有强加之意，我不愿别人强加于我，我也不强加于别人。孔子说：“赐也，非尔所及也。”意思是子贡还没达到这一点，要真正做到这点不容易。“己所不欲，勿施于人”，要像爱己一样爱人，爱人如己，每个人都有自己的独立意志，爱人的时候，把别人当成有独立意志的人，你不愿别人强加于你，你也不要强加于别人。

儒家的道理，都有道德的普遍性，认识到这点，对于现实生活中如何处理人际关系非常重要。比如《大学》说“所恶于上，毋以使下。所恶于下，毋以事上”，上面的人待你不好，不要用你不喜欢的方式对待下面的人。“所恶于左，毋以事右”，对待身边的人，要用“己所不欲，勿施于人”的方式处理，人际关系才能和谐。朱熹说“所操者约，所及者广”，“所操者约”是最基本的人与人之间的道德、规律，“所及者广”，只有在家庭关系、个人关系中体验到，才能在国家关系和宗教关系之中得到实行。

“己所不欲，勿施于人”也是一种国家政权关系，你不愿别人干涉自己的内政，侵犯自己的领土，你也不要干涉别的国家，互不侵犯，互相尊重主权和领土完整，这是国与国之间的“己所不欲，勿施于人”。和平共处五项原则，有一个平等互利原则，即“己欲立而立人，己欲达而达人”。那些认为儒家学说停留在血缘情感特殊性的人，其实还没达到对儒家学说的正确认识。

我最后强调的一点是儒家学说有道德的普遍性，也有其理论根据，其中天地的信仰和中华民族精神与道德普遍性密切相连。今天我就谈到这里，谢谢大家。

陈福滨

陈福滨，1951 年生人。著名学者，辅仁大学哲学系所教授。曾任系主任、所长。学术研究领域为经学、两汉哲学、宋明理学等。主要著作有《伦理与中国文化》《两汉儒家思想及其内在转化》《现代生活哲学》《世界哲学家丛书：扬雄》等。

《易》与中国文化精神

中国文化博大精深。《易经》为六经之首，从易学史的角度讲，每一个时代不同的学者都有自己的见解，《易经》的发展就有两派六宗。不论怎样解读，当我们对古今典籍做一些分析反省的时候，观点虽然或同或异，但在理解的过程当中都应该有一些创造性的诠释。事实上，中国的古今典籍，经过学者的反复诠释，已经形成一种传统，成为中国文化的一部分，带有一种自主性和创新性。也因为此，古今典籍会在不同时代不同学者的理解当中有不同的诠释，这样一个诠释，往往应该具有创新跟突破的意义，而且带有辩证的性质。

通过这样一个过程，怎样把传承的东西加以分解、重建，而每一次又能够在思想辩证的过程当中都去埋藏另外一次突破跟创新的可能性？我在读《易经》的时候，比较着重《易经》如何能够用之于现代社会，如何能够激发年轻人去阅读，所以我比较重视《易经》哲学的精神，并且给予现代的意义。

《易经·系辞下》云:“古者包牺氏之王天下,仰则观象于天,俯则观法于地,观鸟兽之文与地之宜,近取诸身,远取诸物,于是始作八卦,以通神明之德,以类万物之情。”伏羲氏在仰观俯察天地人物的过程中,产生了很重要的形而上的天道思想,这样一系列的卦象显示万物发生的一个思想体系,最初的八个卦:乾三连、坤六断、震仰盂、艮覆碗、离中虚、坎中满、兑上缺到巽下断,发展出64个卦,始于乾卦,终于未济卦,未济代表还没有完成。可见《易经》的发展具有无限的可能性,而不只是64个卦就够了。

《易经·系辞上》云:“夫易,广矣大矣。以言乎远则不御,以言乎迩则静而正,以言乎天地之间则备矣。”广大周遍所以远,变化而遥无止境,如果以静的角度来讲,是宁静端正,没有任何邪辟。如果在天地之间,它是无所不有而万理具备的一门学问。《易经·系辞下》又云:“《易》之为书也,广大悉备,有天道焉,有人道焉,有地道焉。兼三才而两之,故六。六者非它也,三才之道也。”我自己在读《易经》的时候,除了读原典之外,最早影响我的是熊十力先生《读经示要》这几本重要的著作,他说“《易经》之为书,广大悉备”,他指的方面非常多,如果从一隅来看,谓之广,如果它的规模极具含藏,万有广大,包含了天道、人事、物理,无所不通,这叫“悉备”。后来我用牟先生的观念说这是中国式的道德观。《易经》其实揭示了我们具体世界的条理性、秩序性,而且也告诉我们人与人之间应该要有什么样的相互关系,相互关系之下我们又该怎么去做。

首先,我从《易经》的基本“三易”,简易、变易、不易的角度跟大家分享一下。另外我侧重谈谈读了《易经》以后如何去面对问题,《易经》有什么样的精神值得学习。我提出三个精神就是主体意识、忧患意识和革新意识,如果要赋予现代意义的时候,其实有很多的卦或者很多的不同的卦爻辞给我们启发。我又提出八个现代意义，从这些地方跟各位切磋研究。

不管是《易纬·乾凿度》，或者是郑玄《易赞》《易论》里面所谈到“易有三义”，不管是易简也好，简易也好，或者变易跟不易，在历史上都有很多人做过不同的解读跟解析。如果就简易来讲易简，《易经·系辞上》揭示了一个很重要的概念，“乾以易知，坤以简能；易则易知，简则易从……易简，而天下之理得矣；天下之理得，而成位乎其中矣”。可见乾的作用在于促进万物自然发育，没有任何艰难，而坤的作用在于长养万物，确保其成简约不凡，王夫之很重要的一个概念就是“乾坤并建”（《周易外传》），有乾有坤，有坤有乾，《易经》里面的64个卦都是两两相对，所以丰卦之后必然有一个旅卦，既济卦之后会有未济卦。把“易”解释为简单容易，熊十力先生认为乾以易知者，不烦不挠，淡泊不失，因此我认为简易的这个概念基本上就是指贞固专一的一种形上属性，讲到贞固专一，《易经·系辞下》云：“天地之道，贞观者也；日月之道，贞明者也；天下之动，贞夫一者也”。“贞观”代表了天无私覆，地无私载，为天地之贞，也就贞固、专一，即专一守正的意思。其实《易经》这段话蛮像老子所提到的“天得一以清，地得一以宁”。台湾东海大学有一位研究《易经》相当出色的长辈程石泉教授，他解释简易，易者，趋时者也；简者，简也，代表空间。乾之用，因时间而知；坤之用，因空间而知。时间显示创化，空间使得万物复醒。总体来讲，就是整个《易经》哲学当中借以显用的两种法式。

第二个变易是比较容易的解释，因为在《易经》当中有“天尊地卑，乾坤定矣”等语，“在天成象，在地成形”，就是显现阴阳变化，这个变化可以作为事物发展的普遍规律，《易经》说“穷则变，变则通，通则久”，在整个变化的过程当中，具有反复错综的推演。那么天地的文采因事物之会通变化而形成穷究其著，它的蓍数则能够判定天下的物象，所以说“八卦陈列，象在其中”等等。因着阴阳之间的互相作用，因着卦体的往来进退、消长盈虚的变动，《易经》的爻辞当中常常会产生“吉”“凶”“悔”“吝”等非常专用的语词。因此产生变动，而阴柔阳刚，阴柔确立一个卦的根本，而变化汇通趋向于适宜的一个时机，所以成中英老师也特别提到需卦，需卦代表要待时而动的意思，其实就是一个时机的问题，《易纬·乾凿度》里面有解释，“变易者，其气也。天地不变，不能通气”。孔颖达也做出一些解释，变易就是应该要瞬时变易，出入移动，那么对于事物的变化要通过事物在时间历程当中所呈现的先后次序的关系来趋时应变，不是随便变的，必须是要趋时应变。

第三个是不易，所谓不易应该是指的本体涵具的常德恒久不易，所以我引用了《易纬·乾凿度》讲博弈的一些概念，所举的一些例子来说明。另外一方面，不易的概念是哲学，在哲学上算是实在论的立场，也就是本体内在于现象当中的一种作用，而现象是受制于时空的一个条件。但是形而上的本体作为一种永恒的存有本体是随处遍在，随时发用，所以不易跟变易两者应该是体用的关系。熊十力先生讲得很好，在《新唯识论》中说：“详《纬》之三义，实以不易与变易二义最为重要，由体成用，是不易而变易；即用识体，是于变易而见不易。”可以说，变易是在时间历程中去开展，而不易则写于时间的历程当中，这就是《易纬·乾凿度》或者《易经》本身的传里面所提到的一些观念，以及当代一些学者的研究。

那么所谓简易、变易跟不易的基本原理是什么，有什么时代意义，怎样去吸引年轻人，怎么去做一个好的把握，不是只读一些“之乎者也”的字词解释就能回答，而是应该探索怎么运用到我们的生活当中。《易经》哲学本天道以立人极，以天道的生生善德作为人性原善之形上根源。作《易》者经历了自我心灵反观制造的丰富体悟之后，建议人怎么走向“穷理尽性以至于命”，在天人一本的体验当中，使得人意识到自我生命的主体意识，进而在人对于天道所拥有的神圣感中激发出我们面对不同际遇而有的忧患意识，来回应、对峙错综复杂的时局之变，指出人的主体生命所体验的价值，以及所认知到的客观世界应该有的秩序！另一方面，对《易经》来讲，处于一个变易日新的时代，因时处变怎么样？顺道以致变而革新，意思就是我们需要做到顺天应人，持中用权以应时变者也。主体意识、忧患意识以及革新意识是《易经》最重要的三个基本精神。

就主体意识来讲，以五个卦为例，不管是《乾》卦的“天行健，君子以自强不息”,《坤》卦的“地势坤，君子以厚德载物”,《屯》卦的“云雷，屯。君子以经纶”,《蒙》卦的“山下有泉，蒙。君子以果行育德”,《需》卦的“云上于天，需。君子以饮食宴乐”，我特别举出《乾》《坤》《屯》《蒙》以及《需》卦之自强不息、厚德载物、治理经纶、果行育德以及待时而动，其中都揭示了我们人行为当中所应该具备的主体性。这种主体性是人这个主体本身就应该有的。王夫之就从“天地之大德曰生”的角度进行诠释，认为整个的气化流行是生生不息的，只有人能够体悟天地之德，转化为人之主体性的自觉，它对我们来讲会产生一定的作用，因此德不仅是对客观天道的调理，同时也是人对于天道觉知跟利行，如果一个人不能够觉知利行，只是对天道了解，就不能够运用到生活或者道德实践当中。所以人道的主客统一建立在人的身上，离开了主体没有所谓的人道，所以德是人的存在前提，以人作为一种主体性的活动主体，人是一个德的载体，人以载道，道因人生。

第二个是忧患意识，《易经·系辞下》说：“《易》之兴也，其于中古乎？作《易》者，其有忧患乎？”这是说《易》之所以产生是因为在衰世，所以写《易经》者感受到忧患，感受到生民疾苦，才写了这本书，或者说发明了卦画等。其实百姓能够明道体用，能够警惕世人，正己以修德，为什么还会有忧患意识？徐复观先生对此有解释，他在《中国人性论史（先秦篇）》中指出：“忧患心理的形成，乃是从当事者对吉凶成败的深思熟虑而来的远见。在这种远见中，主要发现了吉凶成败与当事者行为的密切关系，及当事者在行为上所应负的责任。忧患正是由这种责任感来的要以己力突破困难而尚未突破时的心理状态。”徐先生解释得很好，这种忧患意识“又明于忧患之故”，应该是指人怎么去明白忧患以及所产生忧患的缘故。从《易经》的角度来看，处于忧患者必须要懂得怎么去解释忧患之道，当事人怎么勇敢地去面对无可逃避的现实，竭尽自己的自立跟努力去承担应该有的责任，不只是为自己，也为我们的社会、国家和民族。对我们来讲，当处于困顿局限的时候，仍然会具有悲天悯人的忧患意识，努力去进德修业，在开物成务的事功创造当中不仅负有责任感，更重要的是建构起一种道德意识形态。《易经》讲“日新之谓盛德”，是很有儒家精神的，希望自己能够日新又日新。可是人生面对的态度是什么，就是平淡才是人间真味，这是一种对自我的要求。你到底要做什么，不能够一直都是儒家那么积极进取，会累死人的，也不能够像道家一样什么都可以退一步。

第三个是革新意识，就是革故鼎新，不只包括改革，而且包括该在什么时候改革。《易经·革》的卦辞说：“巳日乃孚。元亨、利贞、悔亡。”从表面来看，天下的事情过几日之后，应该果决地推动变革，心怀诚信以取信于众，就会大大得亨通，必须要固守正道，悔亡悔恨也会消亡掉。所以变革一定要基于两个重要的点，一个就是适当的时机，要把握转机；第二个是要取信于人，推行正道。在历史变迁的过程中，很多朝代都有改革，只有商鞅变法成功了，其他不管是王安石的变法，张居正的改革，还是戊戌变法，最后都没有成功，可能在时机的成熟度上不见得对，或者是因为取信于人的部分，任用太多小人，得罪了很多像司马光一类的人，所以最后终究是不成功的。而革卦是上卦为兑卦，为止为泽，下卦为离，为火，上面是泽，离火在下而炎上，兑泽在润下，因此水火相袭，两不相容，代表要交互变革。有两个很重要的点，一个是要诚信，一个是时机要对，二者缺一不可。在《易经》里面，很多卦都有"时义大矣哉"，可见时机很重要。

第四个是，《易经》如何落于现在的时代，应该有什么样的现代意义。当然第一个就是忧患意识，我所讲的忧患意识是用《易经》的乾卦来讲的，乾卦九三跟九四的写法不一样，九三爻是"上不在天""下不在田"，九四爻是"上不在天，下不在田，中不在人"，为什么会有这样不同的说法，这在整个重卦的过程当中代表了什么样的意义呢？九三爻是刚爻，属于基数的位置，九四爻是阳爻居阴位，以前往往从这种方面去解释。我个人比较欣赏顾炎武跟王夫之的解释，"上不在天"，对我们文化的礼义理想的引导具有一种决定性作用，而"下不在田"让我们的生命所赖以生存的力具有一定的积极作用，如果一个人动辄有悔，主意难定，不能够充实自我，那就是九四爻说的"中不在人"。从王夫之讲的这段话，可以回想到顾炎武告诉我们说，"有亡国有亡天下"，亡国只是亡一个政权，亡天下是把文化都亡掉了。中国历史上为什么常常会有华夷之分？在那个时代，夷如果入驻中国，可以改变中华文化，而不只是政权的更迭而已。希望年轻人都在国学方面建构比较深厚的基础，因为文化都没有的话，整个天下都会亡掉，唯有顺天地之道，行仁之道才能够救天下，才能够以文化来保存民族，民族的慧根都在文化之中。

从乾卦以及某些卦当中可以看到很多创造的精神，人在存活的过程当中，在面对生活太多生命的高度的时候，不要忘掉"苟日新，日日新，又日新"那种创造性。不论是"大哉乾元，万物资始，乃统天"，还是"至哉坤元，万物资生，乃顺承天"，这样两个概念，其实就是《易传》所说"天地之大德曰生""生生之谓易"，以生来作为化育之德。"生生之谓易"的观念告诉我们，这是一种无穷尽的创进，创造中不断地去拓展，去提升我们的生命。不仅是乾卦，还有剥卦跟复卦。《序卦》说：“剥者，剥也。物不可以终尽，剥穷上反下，故受之以复。”可见，剥不可以终尽，故受之以复，剥卦是地在下而艮在上，就是山在上，而复卦刚好颠倒过来是地在下而震在上，带有一种雷起地奋、一元复始、万象更新的意涵，象由剥到复就是天行的一种规律，是生机盎然的一种奋进，其实《易经》的很多卦与卦之间所表现的就是创造精神。

我们有创造力，不要忘了还要有一种厚载的韧力，清华大学就以“厚德载物”作为校训，乾如果代表这种创造力，或者代表创设力，而坤则代表一种顺生广生之德。这种厚载韧力刚好就是王夫之说的，一定是乾坤并建的，而不能只是一个乾卦就够的。《坤·象》说“坤厚载物，德合无疆，含弘光大，品物咸亨”，其中有生命力的存在的活动性，这种广生之德是一种生生不息的力量的开展。《坤》代表大地对万物生命的一种尊重与关怀，“含弘光大，品物咸亨”正是说明对万有生命的珍惜与爱护，使得它能够各尽其性，各随其身，乾元的创造不息，坤元的厚载无穷，含弘光大，才能够使得我们整个宇宙生生不息，可见厚载的韧力，坤卦具有非常重要的意涵。《易经》的六十四个卦，不管是上经的三十卦，还是下经的三十四卦，都是有吉有凶，或吉多凶少，或凶多吉少，或吉凶参半，唯独谦卦六爻皆吉，谦卦是地在上而艮在下，山在地底下，山并没有强出头，因此不管是“谦谦”“名谦”“劳谦”“撝谦”等都告诉我们要谦虚再谦虚。有名声更要谦虚，因为有名声不谦虚，有一句话叫“久享尊名必不祥”。名气越大，最后被伤害的越多，因此谦很重要。勤劳而没有任何的怨言，又能够发挥谦虚的美德，一个人才会过得自在一些，过得好些。这种谦虚其实就是《尚书·大禹谟》所说的“满招损，谦受益”，就是《论语》当中的“勿意、勿必、勿固、勿我”，就是《老子》说的“柔以满为盈”。老子特别喜欢用水作比喻，如“上善若水，水善利万物而不争。夫唯不争，天下莫能与之争”，或者“柔弱胜刚强”等，都是谦的一种表现。佛家也有“不我执，不法执”的说法。一个谦谦君子，有这样的风度，进德修业，又要甘于宁静淡泊。人间的很多事情谁又能够得到一种所谓的圆满，如果能够圆满，为什么人生当中又有那么多的起起伏伏？所以当读到《易经》的乾卦时，上九爻是“亢龙有悔”，常常解释为到了最顶端以后，会有所悔恨，那意味着人们面对的不是一个好的人生吗？到了上九的时候应该是可上可下，可下可上，韬光养晦之后再来为国家民族，为自己的组织去服务、奉献，如果没有时机就不用了。可是我们中国传统文化中最大的毛病就是一日为官，终身为官，到最后会摔得粉身碎骨，所以谦虚很重要。

第五个就是交感宇宙。宇宙之间是天地交泰的，绝对不是像一般我们所看到的火车的平行线的轨道，它一定会有交错的可能性，所以说“《易》之为书也，广大悉备：有天道焉，有地道焉，有人道焉”。这个就代表天地人具有一种活泼的动力。宇宙天地创造，非人为，那么也因为非人为，所以才会“先天而天弗违，后天而奉天时”，先于天时的变化而行动，天道有自然变化，不要去违背天时的变化，而后才行动，遵循天道自然的变化规律。人必须如此，我们跟宇宙之间没有交换，我们就会被宇宙反扑。如果一味对大自然做很多破坏，过度开发，就会造成水土保持得不好。在古代中国，一个朝代兴起后，人们用木头盖房子，这个朝代灭亡以后房子常常会被烧光，北方的木头就没有了，所以北方荒凉一片。现在政府都在努力植树。我们在宇宙之间不能够跟大自然交感，反而跟大自然相害，在短时间恢复生气可能很困难，因此这个地方用否卦跟泰卦，同时我也用了咸卦特别讲交感的重要性，去谈阴阳交感化生万物的规律。

第六个是人生要和谐。人不止为了独存的自我而已，还要跟别人互动。《易经·系辞下》云：“爻也者，效天下之动者也”。爻在卦体的位置是进退往来升降，仿效天下万物的运动跟变化，有刚有柔，相推而有一种变化，那么阴阳之间互相推移、交感应和就是一种宇宙万有的生生不息和广大和谐的原理。《易经》里面讲只做到仁，大概还做不到这样一个境界，只做到智也不一定做得到，所以特别讲“必仁且智”。《乾·文言》云：“君子体仁足以长人，嘉会足以合礼，利物足以和义，贞固足以干事。君子行此四德者，故曰：‘乾，元、亨、利、贞。’”中国的内圣外王，追求达到一种自然统一的和谐性，所以和谐的人生对我们来讲很重要。人与人之间一定要有同情心，彼此之间要交感，有的人强有的人弱，要用广大的同情心去面对我们所处的社会跟不同的人，所以我用的是同人卦，所谓“同人于野”“同人于宗”，如果我们能够这样子去面对整个人类世界，君子能够洞察天下人心之所好，依照他的所好所恶，他的取舍、是非，做出顺民心的行为，用广大的同情去面对的时候，怎么可能会不快乐？所以《易经》有一个卦叫兑卦，兑代表喜悦的意思，作为领导的君子，如果能够心愿与身，又能够任劳，那百姓也就会任劳忘苦舍生忘死，所以要广大同情，用一种同理心去面对我们不同的所处。不同的族群也好，社会关系也好，都是如此，和谐是《易经》里面一个重要的现代观念。

最后就是我们要有一个上进的意志。《易经》哲学不仅是自然的现象，而且其创造力跟背后的这种“日新之谓盛德”有关。《屯·象》云“君子以经纶”，告诉我们要条理有序，整治刚进，大有作为。再如坎卦，也叫作习坎。一重又一重的险难在你面前时该怎么办？坎卦告诉我们说：“水流而不盈，行险而不失其信。‘维心亨’，乃以刚中也。‘行有尚’，往有功也。”“维心亨”“行有尚”，就是告知我们即使面对很多困难，只要心灵保持着沟通，也能够往前行并得到奖赏，而不会有所困顿。另外我也举了艮下跟坎上的蹇卦来表示行走的困难，我们如何反省自己，如何反身修德，即使我们遇到困境，如何去舍难来帮助我们达到。

《易经》思想博大精深，兼贯天道、地道与人道，以阴阳太极之理，旁通统贯人与天地万物为一有机的和谐整体。方东美教授提出集体主义，他讲的生生之德也好，对《易经》的诠解也好，充满着生命力，因此人对宇宙万有，以仁民爱物之心参赞天地之化育，于继善成性中成己、成人、成物。乾元创造不息，坤元厚载以德；无穷创进，含弘光大，使宇宙生生不息，天地交而万物通，以至于上下交而其志同，阴阳刚柔相济，真诚以待他人，善与人同却和而不流，在忧患意识当中要有广大的同情，树立人跟天地之间和谐感通，用同理心、同情心去敬爱人与物，使得人能够各尽其性，各遂其身。所以《易经》始于乾卦而终于未济，以创进无已、生生不息之精神参赞化育，不仅是中国传统文化的大根大本，更应于当代经典诠释中赋予新意，以重获新生力量。

朱小健

朱小健，1953 年生人。北京师范大学文学院教授、北京师范大学人文宗教高等研究院常务副院长、中国训诂学研究会会长。曾任《汉语世界》主编、世界汉语教学学会常务理事、北京师范大学中文信息处理研究所常务副所长，《中华字典》和《汉字标准字典》副主编。

汉字与中华文化

各位在场的朋友，非常高兴来到“两岸国学中心”参加“国学大讲堂”的活动。今天跟大家一起来讨论一个题目，叫“汉字与中华文化”，我会在一个多小时的时间里跟大家讨论三个问题。第一，汉字的创制与中华文化；第二，汉字的阐释与中华文化，即如何解释、理解、说明汉字；第三，汉字的使用与中华文化。

文字、文学、文化

在讨论这三个问题之前我会向大家做一个小小的引言，跟大家说明为什么要讲这三个问题，最后会有一个结束的环节，对这三个问题做一个小结。

首先，我们这次讲座的题目是“汉字与中华文化”。这个题目里有两个关键词：第一个，汉字；第二个，文化。汉字和文化之间有关联，汉字是文字的一种，文字与文化这两个词中间都有一个相同的字——“文”。在东汉，有一位先贤许慎——被称为“五经无双许叔重”。许是他的姓，“叔重”是他的字，“重”和“慎”组起来便是“慎重”，在今天还是一个词，所以他的名和字是有联系的。许慎写了一本书，叫《说文解字》。“文”和“字”是有区别的。他所说“文”就是交错的这些笔画，像交织的纹路。从它的古文字字形——比如说甲骨文来看，正面看起来像一个站立的人，人的身上有一些相交错的花纹，“文”从“大”，“大”也是人，天大地大，人亦大。“大”这个字一看就是正面站立的人，“文”便是人的形象上面加上了一些花纹与纹路，它就是今天花纹、纹身的“纹”的本字。与“文”相关的概念有很多，其中有三个是有关联的。第一个，文字；第二个，文学；第三个，文化。

文字是用来记录语言的，我们今天的主题之一就是，汉字首先是一种文字。《说文解字》在解说文字前首先出现的是小篆的字形。“字”就是乳，乳就是养育，所以“字”的字形上面是一个宝盖，宝盖就像一个房屋——比如说教室的“室”上面就是一个宝盖，房屋里边有一个“子”，“子”是一个小孩儿，“字”意味着在这里面养育、生育小孩。所以“乳”就是哺乳，而“字”指的是汉字里边由原始单个的“文”而派生滋乳出来更多的字，这就叫作“字”。在过去，我们有一个词叫“待字闺中”，“闺”是女孩的家，“待字”就是将来要出嫁，到丈夫的家里面去养育后代，所以叫“待字”。刚才我们提到了许慎，许慎到了行冠礼之后——古人的冠礼是很重要的礼节——得到一个“字”，这个“字”是他成人之后别人用来称呼他的，称呼其字表示尊敬他，同时这个字也是在名的基础上发展来的，与名有直接关系。

所谓文学，是用文字记录下的人的思想、情感和事物等。“学”这个字在过去不念“xué”，在过去念“xiáo”，仿效之“效”。《说文解字》说：“斅，觉悟也。从教冖。冖，尚矇也。”意思是小孩子还不太明白事情的时候是需要人去启发他，“斅”、“效”和“学”古音是相近的，因此它们是同源字。古书里讲“惟斅学半”，“斅”就是启发别人，“学”是学习，“斅”是现在的教育、教学的“教”，教别人是学习的一半。这个与我们所讲的文学的“学”一样，是一种觉悟、学习。

那么文化又是什么？《说文》说：“化，教行也。”“化”从“人”，化也是它的声音，字声也很重要，因为我一会儿讲古人的阐释汉字和中国文化的时候会讲到汉字的声音和意思之间是有关联的。再来看“化”的小篆字形“”，我们可以看到两个相背的人，一个人掉过头，有一个人则反过来，这个字形就表示变化。将小篆“从”字“”中的其中一“人”颠倒过来便是“化”的小篆字形，因为原来这个字就写成这样。这是一个正面的人，这个人变来变去，就变成了另外的一个形象，这是变化。所以“化”有改变的意思。《易经》的贲卦为离下艮上之象。贲卦的彖辞说：“刚柔交错，天文也。文明以止，人文也。观乎天文，以察时变。观乎人文，以化成天下。”古人的注文以为，“观乎人文，以化成天下”说的是圣人观察《诗》《书》《礼》《乐》等人文，按照典籍的传承去教化天下。我们一般认为人文和文化最早的提法就在此，在这儿我们看到文化最初的意思。文字、文学、文化是三个不同的层面，它们的含义跟汉字字形都有关系，涉及我们每一个人学习和养成以及社会变化。

“化”是“变”，“变”是“更”，用一个词去解释另一个词，相互传递着的解释是古人解释词语、文字的一种智慧。“更”就是“改”，“改”就是“更”，这两个字相互解释，古人称之为“互训”——互相训释。刚才主持人介绍我时，提到训诂学会。“诂，训故言也。”所以说训诂这个词就是互训。然而互相解释有一个问题，我们知道其中一个词的词意，当然可以知道另外一个词的意思，但如果我们两个都不知道的时候就不行了。这种解释方法存在一个循环，不太容易让人明白。

长话短说，我们总结几条：第一，汉字属于人类。汉字固然是我们汉民族创制的，但是创制文字的模式，通过它所承载的我们民族的思维、文化的理念是属于全人类的。第二，汉字需要理解。现在地球上使用汉字的人在逐步增加，这跟我们国家本身积极参与世界活动是有关联的。母语不是汉字的人想跟我们用汉字的人进行交流、做生意的时候，就愿意或者需要学习汉语。学习的方式很多样，借助汉字本质的特征，要给人讲清楚，人家才能更好地理解。所以汉语汉字并不是自发地被认识，它需要一定的外力帮助。第三，汉字承载文化交流的作用。当世界上不同国家的民众需要跟我们交往的时候，汉字起到媒介的作用。第四，汉字是中华文化的一个组成部分。第五，汉字的特质。

现在讲第四条。运用汉字的人，在汉字的使用上，有着区别于不运用汉字的人的特点。我们民族有一种通过形体了解意义的认知模式，使得我们把汉字从远古传承到今天。原本世界上用文字的形体来表达意义的文字系统主要有四种，但保存至今并且还具有生命力的只有汉字，这跟我们民族的性质有关。解说汉字是一种智慧。这个智慧是中华民族本身具有的特定的、特殊的智慧。古人说“习与性成”，我们从生下来就见到、感知、习惯于这种汉字，因此我们使用、传承、解说它，这都是我们民族文化的一个部分。

第五条，汉字的特质。首先，汉字是创造汉字的人和使用汉字的人对于客观世界的一种认识，并且用这种字形将其对世界的认识再现出来。其次，汉字通过一个形体负载着意义，所谓“以形载义”。第三，“以形载义”关注两个方面。第一个方面，笔画和它构成的部件跟它所指代的那个对象具有什么样的关系。我给三个关键词——再现、以形载义、造字关系。

一、再现。我造了一个词叫作“被现”。再现的意思是，我们今天来到平潭见到老虎山，当向别人描述老虎山时，就再现了老虎山的外貌。但是对它的再现，不会跟被现(原来的老虎山）完全一样，因为你只是转述，所以再现的它一定和原来的它有差异，就像再细腻的工笔画也不可能跟原貌一模一样。

比如说“”，我们看到并且认识了它，知道它被称作“羊”的原因是头上长着两个弯角，跟牛不一样。这个字非常简单，羊还有其他特征，例如毛发都没有再现出来。但是再现是可以替代被现的，在这个例子中，所谓被现就是羊本身，现在我们用“羊”的字体去替代它，我们看到了这个字的形体，我们就知道它表示的就是那样的一种动物，动物有细细的毛，有小角往下弯，等等。但是它跟羊并不完全等同，除了我刚才说的第一条是略于被现之外，它还具有我们会赋予文字的更多的内容。比如许慎说“羊，祥也”，他说羊是吉祥的意思，当羊有吉祥的意思时，它已经超出了原来所指对象——即动物的羊所附带的意思，它是一个人和客观的事物之间互动而产生的观念，认为“羊”有了吉祥的意思。所以“羊”和“祥”本来是一个字，后来的变化令它们分化成两个字。再现和被现是有差异的，我说的不完全等同并不意味着再现只比被现简略，它有可能更丰富。

汉字再现了历史，再现了事件，再现了观念。汉字通过记载的内容再现了历史，如果我们今天没有用汉字写下来的《史记》《汉书》等历史著作，我们就无从了解过去曾经发生过的历史。但是，还有另外一条，汉字形体的本身也有传承文化信息的作用，比如我们举的“羊”与“祥”的例子，吉祥的意思亦通过汉字的形体传承。

二、以形载义。我认为文字的定义是：第一，文字是由人创造的。动物在地面划拉两下不算文字；第二，文字是要通过视觉来完成它表情达意的功能，同时它总要跟某种语言系统相适应。它可以记录、储存、交流思想，它是这样的符号、工具。汉字就是汉民族创制的，通过视觉完成的，与汉语相适应的记录、储存、交流思想的符号工具。这句话跟上面的话对应，只是它具象到我们汉民族的文化上。但是，我刚才已经讲过世界上好几种用形体来表意的文字现在已经不见了，只有我们汉字还在实际运用。由于我这里面加了一条叫作“通过视觉完成”的条件，也就是说你看到一个字的形体就能够知道它的意义，在这个世界上还在使用的只有汉字。所以，我把汉字叫作一个真正的文字——如果我的定义可以成立，那么汉字是最符合这个定义的。

汉字在它的历史发展过程中有过其他的名称，它曾经被叫作“文”“字”“名”。名实相对，一个名都可以表示相对应的事物。汉字也叫作“书”，“书”的古文字字形是一只手拿着笔在书写，写出来的就是“字”。它也叫作“契”，“契”的古文字字形是拿着刀在乌龟壳或牛骨头上面刻，刻出来的字就是甲骨文。乌龟壳是“甲”，“骨”是牛或其他动物的骨头，在上面刻字为“契”，过去称作“契文”。所以，孙诒让有一本专著叫作《契文举例》，用的就是汉字过去的名称。又，没有汉代哪来汉字，所以到后来接着出现的一种称呼叫作“汉字”。

三、造字关系。怎么造汉字？为什么这么造？某一个形体能表达什么意义？我们把这个造字原则叫作理据，它有两个方面：第一，某一个形体、笔画表示一个意思；第二，笔画和部件之间相互结合之后通过其结合关系来体现一个意义。因此，它凸显的就是由一个字形蕴含的基于形体关系的认识、理念、思维的模式——当然，这不等于现实世界本身。但是，它却体现了我们中华文化、中华民族的特点。我们特别善于发现、梳理、展示不同事物之间的关系。比如我们国学讲坛、国学中心肯定会涉及儒学，如果你去问安乐哲老师，他会告诉你儒学根本的核心就是人承担的角色，在家庭里面是某个角色，在社会上又是另一个角色。人的角色决定了你与他人的关系，这就涉及仁义礼智信等概念。因此，事物之间的关系是我们民族所注重的，我们善于梳理它并且能够把它展示出来，这是我们民族的一个特点。

汉字的创制与中国文化

《说文解字》序中说在古代，伏羲氏“仰则观象于天，俯则观法于地，观鸟兽之文与地之宜，近取诸身，远取诸物”。所谓“仰则观象于天”——与刚才所说的“天文交错”相类似。“俯则观法于地”——看看大地上的这些——“鸟兽之文与地之宜”。鸟兽在路上走过之后有脚印，平潭海边，如果潮水退去，沙滩上渐渐干了之后你会看到有一些小洞，小洞里面会跑出各种各样的海生动物，它们在沙滩上走过的纹路是不同的，你可以根据在沙滩上留下的痕迹知道刚才过去的是一只蟹还是别的海生动物，这便是“鸟兽之文”。所谓“近取诸身”，是从我们自身去找材料；“远取诸物”，是从我们身体的外部去找它的构成材料，然后再去创造文字。至于“鸟兽蹄迒之迹”，就是前面提到的例子。

“近取诸身”的“身”是什么意思？如果我们把多余的三个笔画都给它去掉了，这个字就成了“目”——眼睛，眼睛上面突出三画会成为什么字？就是“眉毛”的“眉”，这就是“近取诸身”，从我们自己的身体里面寻找创造汉字的材料。

“彐”，这个是什么字呢？我们现在写作“寸”，小篆字形上面是“右”，“右”的小篆字形是只手，我们手下边有一个位置叫作寸关，两相结合便成了“寸”。这也是利用“近取诸身”。

至于“远取诸物”，比如说“⊙”的字形，画一个圆圈就可以表示太阳了；还有“月”的字形，画一个圆圈就好了，可是月亮不是圆的啊。在

“取诸身”“取诸物”的时候也要注意要提取的对象本身带有标志性的特征。“月”和“日”一样也是天上挂着的，但是它多数时候并非圆满，俗语谓“十五的月亮十六圆”，剩下 20 多天它都不圆，所以“月”的字形就画了一个不圆的“”，而太阳绝大多数时候都是圆的，除非出现日食——古人说是天狗吃了它，因此这样的形体是“远取诸物”，但是也抓住了物的本质的特征。

我说字形“由客观而来”，比如说“鹿”的甲骨文“”，鹿的角特别美丽，所以在创制文字时就突出了鹿角，把字形写成这样是由于鹿的客观外形。但是，决定用这些文字符号来表示鹿、羊的是人，而不是作为客观原型的鹿或羊，所以某种程度上它还是由主观而定。“”，这是老鼠的“鼠”字，从字形看，下面有脚、尾巴，上面是它的牙齿，这种动物在生物学上叫啮齿类，因此牙是它最主要的特征。现在有人把老鼠当成宠物，过去生活资源还不是非常丰富的时候我们很讨厌这种动物，因为它会吃我们的粮食。更讨厌的是它不但吃我们的粮食，它还逮着什么东西就咬什么，把桌子、箱子、椅子腿都给咬坏了，还把作业咬烂，让人第二天交不了。想想看它这么做图什么呢？它咬这些东西，但并不能进食。它这么做的理由是它需要磨牙，它的牙会终身生长，它需要这样的一些动作使它的牙不至于撑着嘴合不上，导致没办法进食。因此鼠的牙齿是这种动物最特殊的特征，古人就突出了这样的特征，以构成“”的字形，这就是由客观而来，并且由主观而定。

“由主观而定”的情况还更复杂，我们再看一个字。儿童的“兒”，底下是一个人，现在这个“人”跟其他“人”的形态不一样，被突出的是上面的，那个是牙吗？莫非和老鼠的牙齿一样，儿童的牙也有特征吗？并不是这样。古人发现小孩刚出生的时候，头盖骨中间有一块是软的。小孩子的脑袋的这部分不可随意乱碰，你乱拍它可能会把小孩拍傻了，随着吸收钙质之后逐渐成长，很快上面这块软骨就硬了，不怕拍了。因此婴儿头上的这一块儿是跟我们不同的，所以造字就突出它这样的特征。再比如这个字“[illegible]”，简体字写作“臽”，上面是一个人，人掉到地下的陷阱去了，我们今天所说的“陷阱”的“陷”加了一个左耳旁是表示山，在山边有这个陷阱。还有加一个“饣”字旁，成为饺子馅儿的“馅”，意思就是肉和其他的东西掉到皮里去了，所以叫作“馅”。现在再看一个字“[illegible]”，根据后文提到的勺子，这个字的形体可能用的是郭店简的“[illegible]”，底下是一个盛东西的器具，上面有一只手把东西掏出来，掏出来和掉进去是两个不同的方向，因此拿一个勺子把水舀出来，淘出来，所以有的餐馆挂一个牌子，本来想写“羊肉馅儿饺子”，但是它写的饣字边，另外一边没有写一撇横折，而是写了一撇三点的“爫”，这个是相反的，让馅儿掉进去，而不是把馅儿掏出来。

所谓“因主观而定”的意思是，一个形体在前面所举的四个字例里被人主观认定了所指代的对象。在“鼠”里面指代的是牙，在“儿”里面指代的脑门，在“陷”里面指代的是陷阱，在“舀”在指代的是臼，就是舂米的工具，这是它的四个特征。

汉字的创制过程是把某种既主观又客观的意义放到一个形体里边，而通过形体来表达的意义就代表着创制这种字的人，也就是我们汉民族的先祖对于形体的认识，他们认为形体可以表达意义。通过形体来表达意义是一种智慧，这种智慧既包括我们刚才看到的突出梅花鹿的角，也包括我们刚才讲的，通过形体和意义关联。这个关联必须有客观的依据，比如小孩子生出来的时候头上真的有软的头骨，老鼠的牙真的可以一直生长，从中可知，古人跟动物之间的关系比今天的人要亲密。我们今天有几个人注意到老鼠的牙是终身生长的？而这在古代人人皆知。因此这也反映出我们民族的生活状态在发生变化。我们赋予一个形体的意义是人主观性的表现，我们用简单的几笔去表示对象，这其间需要一种联想。除此以外我们也会把几种字或者几个不同形象拼到一块儿来表示新的意义，我们接下来看几个例子。

第一，牛角多数是往上翘，你说我也看到过一个牛的角是弯的，这种情况很少，我们的先祖注意到牛和羊的角有这个区别，所以界定“羊”字的形体了。当然我也看到过往上翘的羊角，我昨天从敦煌回来经过宁夏水洞沟的时候还看到一只羊的头上长着五只角，我初次看到这种羊，然而那是特例，羊角普遍是弯的，牛角普遍是直的，这些形体用关联和它的对比物来确定。像刚才的老鼠，老鼠的字形还有别的形象，像“”上有三个小点，有的文字学家说这是老鼠磨牙磨出来的小点。这就是用关联、合形来会意，把其他的部件跟它合在一块来会意。

比如说这个“”字，中间是太阳（日），刚才的“日”字形好圆，这个“日”的字形怎么是四四方方的？用刀在乌龟壳上刻的时候因为不好刻圆，所以它刻成方的了。“”字的字形是一个太阳落在草丛里边，太阳要落山了，落到草丛里边，这个字就是“莫”，意为傍晚。再后来这个字被借去做“莫须有”的“莫”了，为了区分，在底下又加了一个日，变成了“暮”。这个字通过会合两个字形成新的意义了。这个字也取决于我们创造汉字的个人主观。我们对着西边再看，对着东边再看，早上太阳从草丛里边刚刚升起，这就不是“暮”而是“朝”（“”）。

汉字的阐释与中华文化

我们认为汉字有它的特殊性，最重要的一点就是它的形体可以表示意义。创制汉字的人通过形体表示的意义，表现了创制人的认知模式、思维模式、表达习惯的特殊性，这个特殊性就是中华文化的特征。如果我们把创制文字的过程叫作造字的话，我们也可以把阐释汉字过程称作说字。

造字和说字是两种有关联但是又不相同的活动。说有关联，是因为它们都关注形体和意义之间的关系，造字的时候在思考用什么样的形体来表达意义，说字的时候则在想，这个形体能够表达什么意义，因此它们都涉及民族的认知心理。区别在于造字是把一个意义放到一个字的形体中去，因此最重要的是造出来的形体要容易被认识，造一个特别难认的字不是成功的字，一个字好认才是成功的字。

我们能够记忆的形体数量是有限的，能记住 2000—3000 个常用字字形已经很了不起，能记 5 万个那是极其特殊的人，一般人记不了那么多。因此造字的人希望能用简单的形体表现丰富的含义，并且节省笔画，让它尽可能地容易书写。

然后字的使用上要强调一致，我偏要把太阳造成一个半月，把月亮造成一个圆，也没人拿你有辙，可是你跟别人的认知能一致吗？大多数人认为日是圆的，月则不那么圆，因此这些字形也需要一致性，要简明扼要地表现事物的形体并且能够与其他事物区别开来，要能够通过组合产生新的意义。

我这么讲可能有点过于专业了，我们只要知道造字与说字有区别就可以了。说字是把别人造好的字反推回去，推出它有可能表达的意义，找到造字的理据。说字的推测必须合理，而且要有规范的验证规则，且造字的办法具有规律。我们通常说的字的形象一般涉及的只是会意形声。

同时，说字的表述要清楚。比如说我刚才讲了一些字，如果我讲得不清楚，那么是造字的人没造好，还是我说字的人没说好呢？显然是说字者的问题。所以表述要清楚，首先要找到它最早的源头，然后再梳理它的发展脉络。不光是汉字，任何一种语言都是这样，比如说探索南岛语族，你一定要先找到它的本，再梳理它的流，然后你才能够清楚地解说它。同时要用尽可能简洁、通俗易懂的流程来驾驭它的纷繁复杂。

无论造字还是说字都受汉字的特质的制约，与中华文化融为一体。古人是如何来解释字的？第一，互训。我刚才举了“改，更也”“更，改也”的例子，“互训”即是用意义相同或相近的字互相解释。第二，义界——就是给它下定义。第三，推音。通过声音去反推为什么用这样的一个字、词来表达这个意义。

两个意义相同相近的字互相解释，反映着人们对于字词同义关系的一个认识。甲，乙也；乙，甲也。这是甲、乙两个字互相解释，这个解释假设你知道其中的一个，另外一个就可以类推了，所以互训利用的是人本身所具有的类推能力。比如说在《说文解字》中，“珍，宝也”，“宝，珍也”。假如你既不知道珍，又不知道宝的意思就很麻烦。而且珍宝的意思并不完全一样，珍是稀有的意思，宝是贵重的意思，二者的意义有所侧重区别。这种解释方式是用已知来解释未知，用容易知悉的字意去解释难以知道的，用大家都知道的解释个别地方的人知道的，用今天人明白的去解释古代的，这是互训最好的方法。这种我们适应学习字词的规律叫作类推，我们总是从学习简单的逐渐到复杂的，这是一个过程，没有前面的积累就没有后边（字意）。你想把一个字的意思完完全全地解释出来很难，因为它具有一定的模糊性。有一个学科叫作模糊语言学，是从模糊数学发展过来的。

因此这种解释实际上突出了字词的一个共同类，比如“珍”和“宝”的意思一个是宝贵一个是稀有，但是它们都有共同的意思——值得人们去重视、持有、爱护。再比如“信”和“诚”，“信，诚也”，“诚，信也”。这二者同样也是互训。当然我举“信”和“诚”的例子是因为我们现在经常提倡诚信，“诚”和“信”是一个意思，但是也有区别。诚是心中的品德，内在的修养，而信是外在的行动，或者一个关系的表现。比如你对朋友要守信，这个就是人和人之间的一种关系。

《礼记·大学》中提到，大学之道在明明德，欲明明德于天下者，先治其国。欲治其国者，先齐其家，先修其身，先正其心，先诚其意，先致其知，致知在格物。从中我们可以看到，诚是内在的修养，信是“与国人交，止于信”，外在的行为才是信，与朋友交信不信涉及人与人之间的关联。信和诚有差异，又可以互相解释。

有的时候我们会在互训中遇到一个问题，比如说“揃，搣也”“搣，批也”“批，捽也”。很可能这四个字我都不太熟悉，但许慎在最后说“捽，持头发也”，意思就是一把抓住头发。现代人的头发比较短，不太容易抓，古人的头发不剪，所以容易抓，一把就抓住了。我们可以通过“捽”这个字来关联前面三个字。当然其中还有差异，就像我之前讲的“诚”和“信”有差异，“珍”和“宝”有差异，但至少我们了解了它们大概的意思。

“捽，持头发也”这个解释方式叫义界。义界要用一句话来说明字词的意思，它的解字方式和互训是相反的。互训的前提在于两字的意义相近，而义界专门要讲这两个字的意思有什么不同，它体现了人们对不同事物概念的特征之间的认识差异，因此它体现了人们的辨析能力，这也是中华文化思维的一个重要的特征。比如说“口”，许慎的解释为“人所以言、食也”。“”是一个象形字，长得像一张嘴。嘴是用来说话、吃饭的器官。在许慎的义界下抓住了解释对象最本质的东西，这张嘴一共就做两件事：一，吃饭；二，说话。“达”，许慎释为“行不相遇也”。走在路上，什么都没有遇到，一个熟人、一个红灯、一个维修的路障也没遇到，因此“达”是最通畅地到了目的地。“达”的反义词是“穷”，“穷”的含义不是没钱，而是没有发达，做不了官。古人说“达则兼济天下”，你要是有了很高的位置，便要为天下人来谋福利。如果你处于“穷”的状态，则要修养自身。所以“达”和“穷”是相对的，“达”的意思是走在路上什么都不碰到。别说红灯，朋友、熟人都没碰到，碰到熟人可能打招呼，可能会耽误你到达的时间。

“跳”，跳高、跳远的“跳”。我们一般认为“跳”的意思是人和动物利用肌肉的张力，脱离地球的引力使身体暂时离开地面而往上的动作。这个解释看似很完备，但是还有别的意思，比如顺应地球的引力到达地表，所以这个字的义界很困难。许慎对“跳”字的义界是“雀行”，麻雀走路。他用一种比拟的办法来解释，这也是义界的形态。

义界突出了字词所代表的事物的特性，辨析了相近字词的异同，它明确了字词之所以有这个意义的理据。人可以给字的意思做义界的原因是因为人已经可以进行抽象思维，可以进行区别性的认识。换句话说，其实在许慎之前就有义界了。许慎是东汉的人，他的《说文解字》是公元2世纪写成的，在这之前古人的义界、互训早就有了，《说文解字》继承了前人对字词的解释方式。

人们在义界的基础上对于字词的解说就更加准确了，所以我之前说义界跟中华文化有关联性，它出现的时候代表中华民族的文化进到了一个能更好地进行抽象思维、归纳事物特征的阶段。字词义界常常反映着人类主观上对于一些事物的认识。比如“王”字，从甲骨文的字形“”看，它像一把斧头，代表权力与王的意思。后来在小篆里面写成“王”，小篆“玉”写作“王”，与“王”不同的地方在于“王”第二横更向上。不一样，玉三横是平均的，玉的小篆没有一点，有一点的是另外一个字。《说文解字》引用了董仲舒的说法，古代的人造这个字时用三横把它连起来便叫作“王”，三横代表着天、地、人，能把天地人贯通了的便称作“王”，所以孔子说“一贯三为王”。古人对于汉字，比如“王”这个字的义界反映着当时的人对汉字的一种认识，这种认识是我们中华文化发展历程当中曾经经历过的，通过汉字我们可以去接触、探索中华文化本来的面貌。

推音，通过声音相同相近的字词来探求字词的意义，探求的是字词意义的所以然。首先，推音是通过声音来探索的，这就表明人们对于字词的声音和意义之间的关联有了比较准确的认识。同时，它也体现着我们中华民族把握事物体系的联想创造能力。运用这个办法的作用是：1. 说明字词的“所以然”。2. 描写字词的派生。3. 揭示古人的思维观念。比如刚才讲的“王”字，董仲舒、孔子、许慎这些人说法所反映的观念。

看一个字“祼”，这个字不是“裸”，“裸”左边是衣服的衣，这里是表示的“示”，所以这是一祭祀，许慎说，“祼，灌祭也。从示果声”。换句话说许慎是在用浇灌的“灌”来解释祭祀的“祼”，祼祭最重要的程序是把一束茅草像摄像机的三脚架一样竖在那儿，用一个器具把酒浇到茅草上。茅草是干的，吸进酒的过程中，酒的香气上升表示祭祀的对象把酒喝掉了。《左传》中提到“尔贡包茅不入，王祭不共，无以缩酒”。“缩酒”就是上面提到的倒酒的过程。齐国征讨楚国，说楚国不给周王室送茅草，害得周王室在举行祼祭的时候没有茅草缩酒。因此这个“灌”便是“祼祭”的“祼”的意义和来源。我们把这种解释叫作推音，说明这个字词意义的“所以然”。

回到刚才提到那个“字”，“字，乳也。从子在宀下，子亦声”。刚才我们说明过“字”和“文”的区别，“文”就是花纹，在这个基础上又派生出新的，就叫作字。包括后来的会意——是将几个字的形体放在一块儿，比如说形声，一个表示声音，一个表示意义。所以它有增长、增多的意思。再看“茲”，草木多益，也是增多的意思。而“滋”，溢也，“溢”就是增多的意思。“益”字下面是一个器皿，器皿上面的水从这个器皿里面漫出来，所以这个字就是加了三点水的溢，就是溢出来了，漫出来的意思。溢出来、漫出来是增多的意思。而“孳”，“彶彶生也”，也是增多的意思。这些字为什么都有增多的意思呢？“孳”的甲骨文上面三个是巳，底下是子。底下的这个子，你从这个字形就可以看到，它是在上面的刚刚那个最早的胎儿还没有长出手脚的基础上，长成了一个手脚已经长出来的胎儿，所以子相对于前面的“嗣”来说，它也有增多之意。

我们刚才看到的这些字之所以有这些意思，就来源于这些字本身有增长的意思。通过声音的线索，就可以知道这四个字有着共同的意义与共同的来源，我们可以称之为同源字或同源词。

另一方面，通过推音可以看到古人的某些思维观念。比如“婚”字，古人举办婚礼的时候，娶妇以昏时，所以从“昏”。其实黄昏的“昏”就是结婚的“婚”，“婚”是“昏”后来派生出的。那为什么要用这样一个词来表示婚姻呢？从这个字中可以看出古人的“娶妇以昏时”，结婚就在傍晚的时候。古人把一天分成12个时段，早上天亮太阳刚出来的时候叫“平旦”，“旦”底下一横代表地平线，太阳升起来就是平旦，平旦之后那个时段被称作“朝食”，意思是早饭。朝食之后叫“隅中”，隅就是墙角，古人认为宇宙天圆地方，所以他们画了一个方格来代表宇宙，朝食之后方格的角往太阳到顶上这个地方就叫作隅中，太阳到方格顶上则称作“日中”。日中之后是“日昃”，这时候太阳就向西边歪了。日昃之后为日入，太阳就落山了，日入之后是黄昏。黄昏之后叫人定，《孔雀东南飞》中有“奄奄黄昏后，寂寂人定初”。黄昏、人定之间的时间是古人举办婚礼的时候。古人举办婚礼为什么放在这时段呢？据一些人类社会学家们的考证呢，我们的先祖曾经经历过一个抢婚的时代，而抢婚的最佳时段是黄昏。黄昏的时候还有光亮，便于抢完亲就跑呀，要是清早去抢亲，光天化日之下不是方便人家回追了嘛，当然关于此还有种种说法，在此不多说。总而言之，黄昏的“昏”跟这个有关。而“人定”之后是“夜半”，“夜半”之后是“鸡鸣”，“鸡鸣”之后是“昧爽”，“昧爽”之后又回到“平旦”。12个时段的意义就不一一给大家细说了。

我们从“昏”就知道这个时段和“婚”有关，所以《孔雀东南飞》中“奄奄黄昏后，寂寂人定初”，刘兰芝在面对这样一个不可逆转的，她又不愿意顺从的婚姻状态，才会在黄昏后“举身赴清池”“自挂东南枝”。

再看婚姻的“姻”。许慎说：“壻家也。女之所因，故曰姻。”这个说法跟我们实际认为的这个造词的理据不一定相同，然而它反映了古人对于婚姻的一种认识，我们今天就是要去探索，看看古人是怎么想的。

先看看古人观念的本来面貌是什么，然后再来考虑我们今天该赞成还是不赞成。如果赞成它，我们就去继承、传播、发扬，反之则否定、避免、改正。所以我们的首要任务是尽可能还原、接近中华文化既往的原貌，然后再做出我们的选择。

刚才提到的三个解释，其实就是我们今天讲座的主要内容。解说文字一共就三个办法，互训追求了词义的类同，重视它们彼此之间的关联，因此它解决了“像什么”的问题。比如说“珍，宝也”，就说明“珍”和“宝”那个意思接近。接着是义界，探究词义之间的差别，注重词义本身是一个什么状态，它的本质是什么，跟别的有什么区别。因此它回答了“是什么”的问题。而推音，则追求探究的是一个词的本源，以及它为什么有这个意思，比如刚才的“婚”“姻”，因此它注重的是“所以然”“为什么”的问题。

在这个世界上，对本民族的文字的解释从像什么、是什么、为什么三个角度全方位地进行解释的，只有汉民族的文字传统，它是中华文化的一个特征。下面的这些字，因为时间的关系我就不细细地讲了，大概看一下。

比如说“大”，我们看这个红色的小篆的形体“大”，就像一个正面站立的人，当然，甲骨文就更像了。用推音的方式来解释“吏”，“吏，治人者也”。“治”跟“吏”的发音在古代很相近，所以，所谓吏就是治人者。“法”，就是今天这个法律、法令、遵纪守法这个“法”。《说文》谓：“法（灋），刑也。”注意，这个字的字形有意思，许慎说这个字从水，为什么从水呢？他说水是最平的，一碗水要端平，什么意思呢？就是满满一碗水的时候，你必须端平，不端平它就溢出来了。水面本身就是平的，横过来端那个水面还是平的，所以“法”从水。至于“廌”，廌是一种神兽，头上长着一只角，古人判案子的时候召唤个神兽在这里待着，若有人来打官司，各自把自己的诉状都念一遍，念的过程中，这个神兽如果用角去顶他，就说明这个人有罪。这种判决公平吗？公平。因为那个时代正处于神灵裁判的时期，神通过这个兽来裁判。接下来的时期，我们可以从“执”看出。执行的“”意思是一只手抓一个人。那只手属于奴隶主，奴隶主类似于人格神，他想让谁有罪谁就有罪。之后法律演变的历史我就不多讲了，这个刑法本身的演变就是一个很长的故事。

我们海峡两岸都是在用汉字，只是有繁简之分。当然并不是说台湾岛上就只用繁体字，不用简体字，比如台湾的“台”就是简写，同样大陆也有用繁体的。简体繁体，第一，它不代表两岸用字的区分，第二，它也不是我们今天才出现的差异。早在东汉许慎那个时代就有简体字，叫“今文省”，所谓“今文省”就是简体嘛。所以从造词的理据上看，它体现了我们先民的各种各样的认识和文化的因素。大家可能会问，你到底讲解的是字还是词呢？汉字不完全等同于词，但是词可以通过字来解释。在学术界，多数人认为我刚才所讲的互训、义界、推音是用来解释词义，而不是用来分析形体。但是我认为，字与词是有关联的，所以可以通过形体、词义来解释词。

汉字的使用与中华文化

刚刚主持人讲《说文》中有一段话，“盖文字者，经艺之本，王政之始，前人所以垂后，后人所以识古”。在这前面还有一句话，是“百工以乂，万品以察，盖取诸夬，夬扬于王庭”，这句出自《周易》。古人在许慎的《说文解字叙》里面已经讲清楚了，统治者要治理、教化天下，都必须通过汉字来作为媒介。汉字是今义之本，前人通过它把文化传递给后人，后人通过它去了解前代的文化。再回到我提到的那句话，就是汉字不仅记载了我们的文化，也传承了我们的文化。

第一，汉字记录的文本，比如说《史记》《汉书》记载着文化。第二，汉字的形体本身也传承着文化，这就是我们今天要讲的关键。“本立而道生，知天下至啧而不可乱也。”“啧”是大声而乱哄哄地叫，有了汉字，“本”和“道”就定在这儿了，所以“而不可乱”。

其实，我们这个汉字还有另外一个非常重要的作用。比如说，我今天在外面坐车的时候，就听到当地的民众之间说的话，我是一个字也没听懂，不知道他们在说什么。但是如果把他们的话写出来，那么我每个字都能懂。汉字能超越、统合方言。不同的地方，可以把一个同样的字念出不同的声音，但是你写出来的还是同一个字，所以汉字的价值不言而喻。

我们下面简单地说汉字的使用所起到的作用。第一，交流思想。第二，记载文明。第三，传承文化。第四，启迪潜能。大概是这四个作用。其中，交流思想不用说，我们用它记录思想。我曾经主编过杂志《汉语世界》，每一期的卷首语都是我自己写的。有一期的主题是印刷，讲古书的传承。那期的卷首语我写道：“语言一出现，人类就把自己和其他的动物区别开来，动物没有语言，语言是人类独有的。文字一产生，人们的思想交流就不再是过眼的烟云，而可以保存流传。”

第一点交流思想的作用就不多说了，至于第二点记载文明也是如此，刚才提到，《史记》《汉书》都记载着历史。

第三点传承文化，之前提到，对汉字每一个字的构形和形体之间关系的认识，以及对它的解释都包含着古人对世界及事物的认识和古代的文化。

第一，汉字的创制、使用与解释都与汉文化相关。第二，字谜“春雨绵绵妻独宿”的谜底是“一”。“春雨绵绵”意味着没有太阳了，因此春天的“春”下“日”就要去掉。“妻独宿”——丈夫走了。所以“春”字上面也要去掉“夫”，最后只剩一个“一”。这个字谜很好猜，但是字谜本身却不是那么简单，它实际上蕴含着汉字使用的一种方式，它暗含着农耕文明的发展与延续。农耕民族与游牧民族不同，农耕民族更注重协同，所以它注重家庭伦理。在一个字谜里面都可能涉及中华文化的这些理念。

再比如，“做”变成“文”，打一个成语。这个成语是什么？“做”字里面有一个“文”，“做”变成了“文”，那前面的东西就没有了，那个东西是什么？一个“古”，一个“人”嘛，所以谜底是“前无古人”。“前无古人”的字谜虽然简单，但是它与文字运用有关系。它折射着我们这个民族注重传承古人的认识，“前无古人”的含义褒贬不定，它在运用的时候根据语境有特定的含义，这也是汉字运用的一种方式。“测字”的故事很多，我就不讲了。如果没有汉字本身存在，如何可测？所以测字也是汉字使用的一种。今天我们在这儿欣赏了很多的书法，还有那些动画。我们这个国学中心有一个汉字演变的自动演示机，你输入一个字，它会告诉你甲骨文、金文、小篆到隶书到今天的文字的演变。这些都属于文字的运用。包括书法在内的这些艺术，它们的基础都是汉字。没有汉字我们怎么写啊，就连日本的书法家写的也是汉字。

字的使用，往往折射着我们中华文化的一个状态。有一本书叫《中国语言生活状况报告》，2016年之前的我都有。在它的统计里，大家猜一下使用的频率最多的是哪个字？是“的”。我们今天的媒体上用的最多的就是这个字，刚才我那句话怎么说，“用的最多的”，“的”字就出现了吧？“用的”，“最多的”，我用了两回。把它再印到书上去，别人一看又看两回了吧，所以它用得最多。此外数字越小，使用次数也就越多，当数字是“一”的时候用得最多。“孝”这个字，在当下的语言生活当中使用的频率越来越多，它的顺序越来越靠前了。这种现象体现了什么呀？有两个可能。第一，大家很关注这个“孝”了。为什么关注它呢？有人不孝，或者孝的榜样很多，所以我们关注它，也可能是我们的社会提倡我们去关注它。总而言之，这个孝的使用的频率反映了这个时代生活的新状态，我在街上随便走到哪儿都能看到提倡孝道的标语。

那什么是孝？《说文解字》说：“孝，善事父母者。”用心侍奉父母就叫作孝。这个字从“老”又把“老”的一部分省掉，然后从“子”，子是承老。什么叫承老？支撑着父母，也传承着父母的文化，才叫作孝。甲骨文的“老”写作“”，这是一个人。这个人跟一般人的区别是他的头发比较长，头发长意味着他的年龄大。古人以为身体发肤，受之父母，不得毁伤，所以古人不剪头，只有囚犯才剪头，专门有一种刑罚叫髡刑，就是把头发给剃掉。正常的人，年纪越大头发越长。不但头发长了，腰也弯了，而且还需要一跟拐杖支撑，这便是“老”。这个“老”到了小篆就写成“”，还可以看出来长着长头发，下方实际上就是他手里撑着的拐杖。“孝”字不是说从老吗？它省了什么呢？就是把拐杖省掉了。拐杖本来是用来支撑这个老人的，现在把拐杖扔了，这个老人就危险了，怎么办呢？“孝”字底下从子，把拐杖换成子，就变成了“孝”。

我现在重点讲“子承老”是什么意思。侍奉父母很简单，承老不就是传承家产吗？其实文化也是一个家产，父母的文化也非常重要。《论语》说，父亲活着就“观其志”，“其”指代儿子，“观其志”的意思是看他的志向。父亲去世以后则看他的行为，如果三年他都没有改变他父亲教导他的道，就可以称作孝了。“承”的意思是“无改于父之道”。这句出自《论语》的话大家也很熟悉，“幼而不孙弟，长而无述焉，老而不死，是为贼”。现在常常有人只记着最后一句话，动不动指着一个年岁大的老人，说你老而不死是为贼，不是，他说到的三种情况都是贼。第一，小的时候“不孙弟”。“孙弟”就是谦虚，向长辈、兄长学习，如果做不到的话，是为贼。第二，“长而无述焉”。已经成人了，但是并没有传承父辈的文化，过去认为“述”是别人对他没有好评价，当然不完全是这样。我将“述”解为传承也有一定的依据。“长而无述”就是刚才说的“子承老”的“承”。如果做不到这一点，你成人了，并没有传承自己的家族、父辈、民族的文化，是为贼。第三，老而不死，是为贼。这是三种情况而不是一种。

再从声音上看，“孝”和后面的斆、教、学有关系。在古代它们的发音相近，因此，它们可能同源。那么它们都具有共同的意义吗？那有可能是同源字，刚才讲推音的时候提到过同源字，同源字有共同的意思，因此“孝”也有模仿、效法、传承的含义。它的核心义素是人从一个个体生物成长为一个社会的成员，要经过一个最重要的途径是模仿成人。儿童先学习的对象是父母，所以父母对孩子有特别重要的影响。儿童模仿成人、敬重经验、学习知识、提升能力、把握规律、协调环境，在这个过程中成长。所以我们认为孝的理念蕴含有仿效、尊重、理解、求善、传承、秩序等内涵。以前我与台湾的朋友讨论过《论语》的孝观念，《论语》里面关于孝的那些说法都包含这些因素在里面。《尚书》中有一句话叫“追孝于前文人”。文人就是贤人。过去的说法认为这个“孝”是假借，假借成效果的“效”。而通过上面的解释就可以看到，它其实不是假借，“孝”字本身就有模仿的意思。

至于第四点启迪潜能就不说了，世界上有很多人研究它，特别是日本、美国尤多。他们研究，比如大脑在车祸时撞伤了，不能说话，可以通过汉字来治疗他。北京师范大学专门有一个脑科学实验室，他们的研究成果证明初学的阅读者主要靠声音来认字，而熟练的阅读者主要依靠字形认字了。使用汉字可以起到增强民族凝聚力、文化影响力和文明交融效果的作用。文化的核心，是语言和宗教——这是美国一个著名学者说的。汉语、汉字是中华文化最重要的载体，它们跟汉文化相互作用，它既由汉文化决定，它又反过来反作用于汉文化。

我举几个例子。第一，汉字之旅。第二，汉字艺术节。我昨天刚刚从敦煌的“汉字之旅”中回来，我们北京师范大学每年带着海峡两岸的同学去走大陆、走台湾，每年去看看两地的中华文化。（以下指着 PPT 上面的照片说明。）比如在河南，我们参观祭祀黄帝，参观文字博物馆，参观殷墟甲骨文，参观少林寺里面的碑帖。这是漯河，就是刚才我们讲的《说文解字》的作者许慎的家乡，这里有一个说文解字文化园，那边的一张照片里可以看到我。我今天特地把衣服穿得和那天一样，表明那个人就是我，虽然我已经比那会儿老多了。后面这个墙上，一页一页的碑就是《说文解字》。通过这个活动，两岸的学生认识到两岸有着同样的根，汉字是我们的纽带，每个人天天都在用汉字，我们应该知道汉字的所以然，因此我前面专门讲了一些汉字的性质、汉字的解释方式等。汉字艺术节是在台湾举行的，这是刘兆玄先生，这是许嘉璐先生。

第二，海外的影响力。海外汉字的教学需求越来越多，我们要服务于这种需求。我有非常多的朋友都在做海外教学的工作，不断创新教学的模式，思考如何在母语非汉语的人所习惯的认知模式中来讲解、教会汉字。我们通过汉字可以摸到中华文化的脉，要让我们在人类命运共同体中作出文化贡献，就要将中国的文化与汉字分享给世界其他的民族，让他们了解汉字，学会使用汉字。就像上面说的，汉字创制、阐释的模式和方法，体现了中华民族的认知模式和行事风格。在传承文明方面，我们的汉字一直起着非常积极的作用。我们的汉语在一定意义上传播文化是非常生动的，其实有很多外国的朋友，接触了汉语，学了汉字以后，甚至比我们更热爱汉字。可是你要一开始就把他吓着了，他就学不了了。所以怎么让他一开始不被吓着，然后产生兴趣，这就是我们要做的工作。面对世界，汉字充满了生机，我认为汉字是中华文化一个重要的符号，也是走向世界的一个重要的途径。汉字与中华文化一定会为我们人类命运共同体的文化建设作出贡献。说到底，构建人类命运共同体最重要的一点就是文化，而汉字在其中一定会有所贡献。

李景林

李景林，1954 年生人。北京师范大学哲学与社会学学院教授、博士生导师，兼任中国哲学史学会副会长、中华孔子学会副会长、国际儒学联合会学术委员会委员等。代表作有《教化视域中的儒学》《教化儒学论》《中国哲学概论》等。

论孝与仁

今天晚上我和大家分享的题目叫“论孝与仁”。孝和仁是儒家哲学、儒家伦理道德体系里的两个核心概念。我今天晚上想通过孝和仁之间的关系，来对儒家的道德观做一点自己的解说。

我提出这个题目来其实也有一点小小的针对性，因为很长时间以来，我们学界可能对儒家会有一些误解，社会上也是这样。譬如说有人说儒家崇尚、倡导仁义，立意过高，一般人做不到，有人会说是伪善。比如说中国人出去诚信缺失，有人可能把这一点归结到儒家，我觉得这是一个误解。

还有一种说法，就是认为儒家特别强调孝道，强调孝德。孝呢，它有局限性，有人把它称作特殊主义，就是它缺乏普遍性的内涵，缺乏一种普世性的价值，我想这都是一些误解。今天晚上我想通过孝与仁的关系的讨论，对这样一些说法有所回应。

孝和仁

关于孝和仁的关系，在《论语·学而》里有这样的说法，就是孔子很重要的弟子有子的话，“其为人也孝弟，而好犯上者，鲜矣”，下面说“君子务本，本立而道生。孝弟也者，其为仁之本与?”这个孝的主要内容是对亲人，尤其是对父母的爱和敬，是这样一种情感。那么，有敬，实际上悌的意义也包含在里边了，其实悌就是一种敬。那么实质上孝里有爱也有敬，悌里有敬也有爱，孝悌实际上就体现了敬和爱两个方面。这个“本”字过去传统的解说如朱子解释：“本，有根也。”何晏《论语集解》说“本”是“基也”，大概的意思是说孝悌是人的基础和根本。在孔子那个时代血缘关系是社会生活里非常重要的一种关系，所以孔子特别强调孝悌。

孝是德的根本，《孝经》第一章《开宗明义章》这么讲，“孝，德之本也，教之所由生也”。孝是德的根本，是教化的开端。孝是我们所有情感里边最真挚的一种情感。在《论语》里边孔子说，“子生三年，然后免于父母之怀”，这是讲三年之丧。为什么说三年之丧？就是因为“子生三年，然后免于父母之怀”，这一点是我们每个人一生都无法割舍的，所以孝德是所有人情感里最真挚的情感，这当然就是德性的基础。我们不可以设想一个人连自己父母都不孝然后去爱别人。儒家讲孝悌为仁之本，这个本就是基础，就是根本。但是孝悌并不就是仁，“孝悌为仁之本”一方面是说仁一定要落到孝悌上，它才在人的情感生活里边有它实存的基础。有实存的根基，它才可以落下来。另一方面是说一定要把孝悌推广达到仁德，这个孝本身的道德意义才可以最后得到实现。

孝养和爱敬

孝讲两个方面，一个方面是孝养和爱敬的关系。从文字上来讲，孝的本意是善事父母，所以《说文解字》里面有这样一个解释，说："孝，善事父母者，从老省，从子，子承老也"。那么这个"孝"字是会意字，在金文里面"孝"上部是老人的形象，下边就是"子"，它的意思就是子承老，"子承老"就是子辈孝养老人。所以孝首先一个含义就是子善事父母，对父母的孝顺，这是从字义上讲。

然后，我们看《论语·为政》讲到孝："孟懿子问孝。子曰：'无违。'"这个"无违"的意思就是无违礼。下面讲樊迟问，孔子告诉他"孟孙问孝于我，我对曰'无违'。"樊迟问："何谓也？"答："生，事之以礼；死，葬之以礼，祭之以礼。"所以这里边对孝的解释就是无违，无违的意思就是不违礼，不是说简单地不违背父母，而是不违背礼。《孝经》里面讲到"礼者，敬而已矣"，礼的根本是敬。所以这个不违礼实际上就是强调是一个敬的精神。孝首先是对父母要敬，它一方面表现为对父母要尊敬，敬父母的行为是一种孝，另外一方面是讲敬是孝作为德的内涵，那个孝当然是要有养，你要养活父母，让父母衣食不缺，衣食无忧。

《论语·为政》篇："子游问孝，子曰：'今之孝者，是谓能养。至于犬马，皆能有养，不敬，何以别乎？'"我们对父母要有孝养，这个孝养当然是一个基础，你首先要让父母吃得好，穿得好。但是这个孝并不仅仅是一个养，根本是敬。如果没有敬，那和养犬马没有区别。现代人好像对宠物都很尽心的，但是，如果对父母只有养，没有敬，没有一种内在的敬，恐怕就说不上是孝。孟子说得更直接："食而弗爱，豕交之也，爱而不敬，兽畜之也。"对父母仅有衣食之养，而无爱敬之情，实无异于把他们当作畜生来畜养。

所以孝根本的一点就是敬，还有爱的感情。所以《为政》篇子夏问孝，孔子说："色难。有事，弟子服其劳；有酒食，先生馔。曾是以为孝乎?"这讲的意思也差不多，就是说你让父母吃得好，穿得好，有事情的时候你替他们去做，这难道就是孝吗？这里提出一个"色难"，什么叫"色难"呢？《礼记·祭义》篇说孝子内心有深爱，必有和气；有和气者，必有愉色；有愉色者，必有婉容。就是说，那个孝子对父母内心的敬爱之情，由内心达于面容，总是和颜悦色。老人老了之后，老小孩儿比较难伺候，真要做到和颜悦色不容易。孝子内心的敬爱表现出来才可以和颜悦色，这一点是我们装都装不出来的，所以这叫"色难"。这个"色难"的意思强调什么呢？强调对父母的孝敬，强调对父母要有内在的敬爱。

所以以敬爱之心来赡养父母才是孝，比如说我们有些时候会请一个保姆，这个保姆对老人可能在衣食住行方面伺候得比我们还好，但是这没有孝的道德价值。孝的道德价值一定是敬和爱，孝养的根本是敬和爱。还有我们看《论语·学而》篇讲"父在观其志，父没观其行，三年无改于父之道，可谓孝矣"，《里仁》篇也讲到"三年无改于父之道"。这个"三年无改于父之道"有一些不同的说法，但是我觉得《礼记·坊记》里面的说法还是比较好。《礼记·坊记》里面讲："君子弛其亲之过，而敬其美。"郑玄注说："弛犹弃忘也，孝子不藏记父母之过。"这个意思是什么呢？他是说我们对父母的孝要表现在很多方面。比如说，我们老家那边有些媳妇老说婆婆这儿不好，那儿不好，这实际上都是对父母的不敬。"孝子不藏记父母之过"，过失都忘掉，只赞扬他们好的地方，实际上你有孝心的时候会看到父母好的地方。在《诗经》里有一个"追孝"（《诗经·大雅·文王有声》："匪棘其欲，遹追来孝。"），是说追念承继父母前辈的德，对于父母前辈要继承他们善的、美的方面，不计小过。这样的话传下来就会在家族里边形成一个好的传统，那照我们的理解，这就叫作“三年无改于父之道”。这三年不是说只有这三年，它是说有一个很长时间的“无改于父之道”，形成一个好的家族传统。

如果孝子真有孝敬之心，对父母的爱敬之情，会表现在细微的很多方面。比如说我们看《里仁》篇：“子曰：事父母几谏，见志不从，又敬不违，劳而不怨。”父母做错事也要谏争，不谏争不是好孩子。为什么呢？陷父母于不义。他做了不好的事，你要去谏争。但是谏争的方式呢，你要有一个几谏，就是委婉地提出。比如《孟子》里说，“父子之间不责善，责善则离，离则不祥莫大焉”，“责善，朋友之道也。父子责善，贼恩之大者”。什么意思？对父亲直接说：“你这个老头做错了。”直接去讲父母不好的地方，就会伤了感情，所以要“事父母几谏”，你要非常委婉地和他们提出意见，这也是要谏争，你要不谏争就是让老人犯错误，这是不好的。这个谏争讲究方式、方法，其实讲究方式、方法并不是一个外在的东西，你要真正内心对父母有敬爱之心表现出来就会这样，比较委婉的，要是这次不听的话甚至还照着做，让父母明白是做错了。几谏也表现了对父母真切的爱敬之心。

还有很多方面，比如说“父母在，不远游，游必有方”。其实我们今天讲求做大丈夫、好男儿志在四方，我自己也没有做到不远游。我家是河南南阳农村，我也会到外边去做事情，不可能不远游。但是“游必有方”，你要告诉父母，现在很方便，打个电话，我每周日上午会定点给父母打电话，否则他们会惦记。

另外像“父母之年不可不知也”，“一则以喜，一则以惧”。知父母之年是人之常情，“一则以喜”，喜什么呢？父母八十、九十高龄了，当然我很高兴啊。孟子讲人生君子有三乐，第一乐是什么？就是父母俱存，兄弟无故，这是一乐。我们知道父母老去故去是很自然的，他老了就会故去，所以希望“一则以惧”。在《论语》里也好，《孟子》里也好，都讲到孝子深爱父母之心，这个情感非常细微，也非常亲切，我们读起来本身就有一种感动人心的教化的作用，我们看它实际上特别贴合人心、切合人情。

综合上面所讨论的，我们可以看出来孝德作为一种德，它的主要内容表现在对父母的赡养和爱敬之情，赡养是基础，爱敬是内在的本质，孝的本质是这样。这是我们讲的孝的第一个方面。

敬和敬畏

下面进一步引申，儒家讲孝并不限于对父母的这样一种敬爱之情。它不仅仅是对在世父母、长辈讲的，而且包含一种生命从始至终的意义。我们知道生命源于父母，父母的生命源于他们的父母，这样追踪下去，由此反本复始。我们讲感恩、讲报，古代的礼制核心一点就是反本复始，追踪生命的本源，我们追踪生命的本源可以追踪到天地。所以进一步讲，儒家的孝道思想还包含一种通过慎终追远、追踪人生命本源的意义。我们来看《中庸》里的说法，“敬其所尊，爱其所亲，事死如事生，事亡如事存，孝之至也”；《荀子·礼论》讲，“礼者，谨于治生死者也。生，人之始也；死，人之终也。终始俱善，人道毕矣”；《礼记·祭统》也讲，“孝子之事亲也，有三道焉：生则养，没则丧，丧毕则祭”。这些都讲什么道理呢？孝道不仅是对父母的敬爱、孝养，更要由生命之成始成终，通过追思生命的本源，以实现人的德性成就。

我们看人的生命有个始终，生和死就是始和终，这样孝就涉及生命成始、成终的意义，我们在前面引孔子的话说，“生，事之以礼；死，葬之以礼，祭之以礼”，这个说法实质上也涉及这样一个问题。所以曾子特别注重孝道，曾子的说法就是“慎终追远，民德归厚也”。所以孝道不仅仅局限于对父母，对亲人这种爱敬和赡养，还有生命的成始成终，通过追思生命的本源，才实现和完成了一个德性。

从这个意义上讲，这个孝它是出自天道的，所以说“父子之道，天性也”。曾子说：“夫孝，天之经也，地之义也，民之行也。”《孟子》里也有这样的说法。我们现在产生一点问题，现在开放二胎了，好像大家反倒都不生了，在小城市和农村还好，在大城市里好像不结婚的人很多，像北京有的人四十岁结婚就算很好，结了婚还有不少是丁克家庭。孟子讲“不孝有三，无后为大”，从生命成始成终的意义上讲，你奉祀不断，你这个生命总是通过一种血缘把它连续下去，这个也可以看作孝的意义的一种表现。“不孝有三，无后为大”，这里就包含一种追思本源的形上学或者超越性的意义。

那么在古代社会更是这样了，现实生活中我们每个人处的社会地位是不一样的，孝行在现实中也有不同的表现，所以在《孝经》第二章以下就有几章，分别讲到五个层次的孝，就是五位之孝，即天子、诸侯、卿大夫、士、庶人。同时孝道又是一个普遍的原则，所以古时候三年之丧，是自天子至于庶人，是天下之通丧。但是在现实祭祀活动里我们每一个祭祀对象是有不同的，只有天子可以祭天地，诸侯只能祭诸侯国范围内的山、水，即山神、河神，再往下大夫和士、庶人祭祀都有限定的对象。但是实际上，天子之孝的意义是贯通在所有孝德里边，是它的一个本质性的东西，体现了它的本质。

这个孝，曾子有一个说法，曾子问孔子：“敢问圣人之德，无以加于孝乎？”孔子回答他的话，说“天地之性人为贵，人之行莫大于孝，孝莫大于严父，严父莫大于配天”，如果举一个例子就是周公。只有天子可以祭天，天子祭天的时候要以他的先祖配享，这就是报本反始的意思，报本反始从天子祭祀里可以看到人、万物本源于天，人本源于先祖，天子以先祖配享就表现了一种“大报本反始”的精神，“大”的意思就是尊崇，就是我们要通过这样一种孝道，通过这样一种祭祀活动追踪生命的本源。所以，《大戴礼记》里边有《礼三本》篇，这个《礼三本》篇就表现了中国古人怎么样去达到一种和上帝的沟通，达到这样一种超越、信仰的方式。《礼三本》这么讲：“天地者，性之本也。”这个“性”在其他地方叫“生”，可以读为“生”，“天地者，生之本也；先祖也，类之本也；君师者，治之本也”。所以礼，上事天、下事地，尊先祖隆君师，“是礼之三本也”。这是讲什么？人生命是本源于父母先祖，父母先祖是类的本源，但是人的生命追踪起来那就是天地宇宙生的，所有的生命，包括天地万物，都是追踪到这个天地、宇宙。君和师是文明的创制，他们创制了文明。

所以中国人这种追思本源的方式和西方人不一样，西方人是个人直接和上帝沟通，当然中世纪是通过教会，但近代以来新教都是个体直接和上帝沟通。那么中国人要讲究什么呢？就是敬天法祖。这个敬天法祖实际上我们可以反过来说，是通过法祖来敬天，通过法祖来敬天是从个体追踪到亲人，从亲人再往前追踪，追踪到父母、祖先，最后追踪到天地。

总而言之孝的核心是在爱和敬，这种爱和敬的精神通过丧祭礼，通过法祖祭天这样的途径就有了内在的宗教性和形上学的意义。过去我们有一种说法是中国人没有宗教，其实不是这样的，中国人这个宗教的表现方式不一样。它的方式是什么呢？就是推己及源，由法祖最终到祭天，通过慎终追远建立起来的。那么天子祭天以祖来配享的意义是贯通在从天子以下到庶人，再到一般老百姓，这里边它就有了一种超越性的意义，这就是中国人的宗教，这种宗教不是找一种抽象的天国世界，另外一方面它会通过亲情落实到我们个体内在的心灵生活里边，它是通过这样一种方式，和西方人不一样。

明清之际天主教传到中国来，当时就有一个礼仪之争。为什么会有礼仪之争呢？西方人说我们只信天主，你如果在家里祭祀祖先，再祭祀上帝的话就和我们的宗教相矛盾，由此看来中国人的祭祀也是一种宗教。至今有人说中国只有文化信仰没有宗教信仰，这个说法是不对的。信仰最终是一种终极关怀，终极关怀就是宗教级的信仰。我们讲的孝，一个是孝养和爱敬，另一个它有一种形上学的意义。

仁与行仁之方

下边我们再来讲仁。在孔子思想里仁有三重含义。第一重含义就是为人之本，它是所有人的本质所在。第二个含义它是理想人格的概念。第三个含义它是全德之名。为什么说仁是为人之本的概念呢？《论语·里仁》篇记孔子说："有能一日用其力于仁矣乎，我未见力不足者。"《述而》篇说："子曰：仁远乎哉？我欲仁，斯仁至矣。"在其他的地方孔子还讲："求仁得仁又何怨？"就是说仁是人最本己的可能性，人是仁，这个"仁义礼智"的"仁"是我们人唯一可以凭借自己的力量做到的事情。有些东西看起来好像自己可以争取到，但是事实上不是我们直接可以争取的。有些人很努力，但是一辈子还是很穷，有些人不怎么努力，但是他还成了亿万富翁。这个东西是什么？是命，它不是人通过努力可以直接得到的东西。"我这辈子连科长都没有当上"，这是没有办法的事，这就是命。

但是有一件事情我们可以靠我们自己的力量来做到，就是你要做一个仁人，你要做一个好人，你当下就可以做到。所以孟子有一个说法，基本上和孔子的说法差不多，他说仁义是"求则得之，舍则失之，是求有益于得也，求在我者也”，这是功利方面的要求，“求之有道，得之有命，是求无益于得也，求在外者也”。功利性的东西，比如说有人想长寿，天天去锻炼，结果活到五十岁就走了，有人懒洋洋地活到八九十岁，有些东西你锻炼也没有用。那些东西不是我们自己求得到的东西，所以是“求之有道，得之有命”，你得靠那个命，是“求在外者也”，不是你自己。

只有这个仁义是你求就可以得到的，是“求无益于得也，求在外者也”，所以这是人的本质所在。你看《礼记·中庸》篇引孔子的话，叫作“仁者，人也”。仁是人作为人的本质所在，这是第一个含义。第二个含义就是理想人格，看《里仁》篇里“君子去仁，恶乎成名？君子无终食之间违仁，造次必于是，颠沛必于是”。《易·乾·文言》里说“君子体仁足以长人”，那君子是以仁为体，君子成名是成什么名？成仁之名，仁就是君子，君子就是仁。当然这个仁要是真正实现出来会达到贤、圣，但是仁在这里是一个对君子的称谓，所以仁是一个理想人格的概念。

另外，仁是全德之名，我们过去讲仁义礼智信五德，《孟子》里面讲仁义礼智圣，那实质上这个“仁”字把仁义礼智信都包含在其中了，所以仁是全德之名。仁对于孔子来讲就是道。这个道是行善的概念，所以在《论语》里边很少讲到仁，也就是说孔子没有对“仁”下一个定义，他通过什么来说仁呢？是通过忠恕之道。忠恕是什么？忠恕是“行仁之方”，是达到仁的方法和途径，同时它也是一个道德修养功夫的概念。

关于忠恕之道孔子基本上有两种说法，一种是“己所不欲，勿施于人”，一种叫“己欲立而立人，己欲达而达人”，这个忠恕之道最后达到仁。它的含义是要从最贴近的意愿出发，推己及人，从内到外，最终达到人和己、内和外的一体相通，这个通所体现的就是仁。所以忠恕既是一个达到仁的方法和途径，又是一个功夫。

忠恕这里面有两点要注意，第一点就是它特别强调情感的真实性。我们看这个“忠”，古人解释的时候他们会这么说，“忠者，忠心”，忠上面是一个中，下面是一个心。忠是什么？忠是我们遇到事情的时候，我们待人接物的时候内心要真诚。这个恕是什么？恕就是如心，上面是一个“如”，下面是一个“心”。如心的意思就是以这样一个真诚之心，推己去行恕道，推己及人，这就是将心比心的意思。

忠恕之道第一点要表现出来非常真诚，第二点是强调人和人之间的差异性，要肯定“我”和人之间、人和物之间的差异。我们现在不是讲全球化吗？讲全球化就要全球伦理，讲全球伦理就是要找到我们人类可以共同接受的伦理原则。西方人讲要找到两条，第一条原则是什么呢？就是要按康德的说法，要把人当人来看，就是目的。第二条就是“己所不欲，勿施于人”，由此看来西方人也承认孔子的“仁”具有普遍性的意义，这样一个忠恕之道具有全球性伦理的意义，具有普遍伦理的意义。

现在瑞士一个叫孔汉斯（Hans Küng）的神学家，他就提出来一个说法，他说我们说的“己所不欲，勿施于人”这个说法有点太消极了，我们还要对忠恕之道提出一个积极的表达。什么叫积极的表达？就是己之所欲施之于人，这是西方人的看法，这就是自我中心论的表现，对吧？孔子他没有这样的想法，我们看在所有儒家著作里面对于忠恕之道的表达都是强调对于自己的要求，而不是对于别人的要求。所以忠恕之道是一个沟通的原则，是一个在差异前提下的沟通原则。为什么这么说呢？很简单一个事情，我们父子关系往往处理不好，我们不爱自己的孩子吗？不是，那是因为我们往往把我们自己的意愿强加给孩子。我和我自己的儿子关系处理得很好。为什么？我尊重他的意愿，他考大学的时候我想让他学法学，但是他不干，他自己选了他的专业，我尊重他。人和人有差异，你只有尊重这个差异，人和人之间才能沟通。

总而言之，忠恕讲的是自己和他人的关系，包括和他物的关系，或者用《中庸》的话说叫“成己成物”，这种成己成物是要在尊重差异的前提下，不把自己的意愿强加给别人的情况下，达到人己内外的沟通。而这个沟通恰恰是在因应人、因应物的个性前提下所达到的一种平等，这就是我们讲的仁。由此我们最后归结到孝和仁的关系。

孝与仁

刚才讲忠恕行仁是推己及人，是要达到人己内外的一体相通。在这样的前提下，最后达到的是推广开来的仁。仁的前提是什么呢？是人情感的真实，你要有真情实感，如果人没有真情实感，那谈不上道德。在社会生活里面尤其是中国古代宗法社会，亲情就是人最真挚的情感，所以前面我们讲到《论语》里面孝悌为“仁之本”。孔子讲立爱自亲始，你爱别人要从亲情开始，“立敬自长始”。

所以孔子后学特别注重孝道，从曾子一直到后来的思孟学派、孟子，都是特别凸显了以亲情之情作为忠恕行仁发端的意义。我们来看我引的这几句话。一个是孔子的话，子曰：“立爱自亲始，立敬自长始。”长就是悌，刚才说孝悌，孝悌就是敬长的意思，把这个推广开来，你就有了尊敬长者的德性。曾子讲：“忠者，其孝之本与！”“君子立孝，其忠之用，礼之贵”，“君子之孝也，忠爱以敬”，都是强调这些。

所以曾子他是以忠作为孝之本，以孝作为忠之用，孝是忠的功用。《中庸》里面也这么说。大家看看孟子的说法。孟子讲：“人之所不学而能者，其良能也；所不虑而知者，其良知也。”然后举例子，说孩提之童，小孩子“无不知爱其亲者，及其长也，无不知敬其兄也。亲亲仁也，敬长义也；无他，达之天下也”。我们看这里边有几个要点，第一个要点就是人天生具有良知、良能，这良知、良能就是良心。良心包括两个方面，一个是自觉的方面，叫作良知；一个是人存在的方面，他有力量去做这个事情，他有把它落在实践上的能力，这叫良能。

什么叫良呢？良的意思就是说不是后天得来的，而是先天就有了，得之于天的，所以得叫作良。良知、良能表现在什么地方呢？我们一个小孩子都知道和他爸爸妈妈亲近，等他稍微大一点他就知道敬长、敬其兄，这叫悌，这和孔子《论语》里说的“孝悌为仁之本”的意思差不多。下面接着讲“亲亲，仁也；敬长，义也”，意思不是说“亲亲”现成的就是仁，就是孝了，敬长是悌，“敬长”也不是现成的义。为什么可以说亲亲是仁，敬长是义呢？达之天下也。就是因为它可以推广开来，把这个亲亲敬长之情，推广于天下，达到人我、内外一体的相通。

孟子里面还有很多说法，“老吾老，以及人之老；幼吾幼，以及人之幼。天下可运于掌”，这天下就是这样，“善推其所为，推恩足以保四海，不推恩，无以保妻子”，这个恩就是情，这个情就是亲情之情，把这个亲情之情推广开来。古人之所以高明，就高明在这个地方，像孟子说的，“无他焉，善推其所为而已”。还有上面一句，“亲亲而仁民，仁民而爱物”，民就是人，有亲情，有孝道，推广到爱其他人，由爱人，推广到爱物。爱物这个概念好像今天不太容易理解，因为西方人的观念，说物的世界是一个物质世界，其实中国古人有一个万物有灵的观念，会静观自然的生命，会在人和物之间找到一种亲和性。这个中国古人的观念，现代人可能很难理解，但是在古人看起来是天经地义的。

孝道与仁德

孝道和仁德，就是亲情和仁德的关系，可以从两个方面来看，一个方面就是前面讲的孝悌是人之本，本是基础的意思，另一方面就是孝悌一定要经过忠恕的途径推广开来，最后实现仁，实现仁才能实现孝本有的价值。

我们先来讲第一个方面，儒家讲孝悌是仁之本，为什么？前面我们讲到的，我们德性的成就一定要以真情实感为基础。最真挚的情感就是亲情，所以忠恕之道，孝德一定要推广开来，所以古人特别强调要从当下的爱把它推广开来，要不然你的爱可能就有虚假的成分。比如在孟子的时代，他认为伦理观上有两种倾向是最不好的，一种倾向是杨朱，杨子为我，什么叫“为我”呢？就是“拔一毛而利天下，不为也”，拔一根毫毛对天下有利都不干，这是一个极端，极端的自私和极端的个人主义。另一种就是墨子的兼爱，墨子的兼爱是说，我爱别人的父母要像爱自己的父母一样，这当然有他的道理，但是他欠缺了一个前提，就是由近及远，这种差异性的实现。

我们刚才讲到忠恕之道，最后讲到通，通要落实到差异性上，所以《孝经·圣治章》讲了这样一句话：“不爱其亲而爱他人者，谓之悖德，不敬其亲而敬他人者，谓之悖理”。什么意思？我们从当下的情感来讲，我肯定是爱自己的父母胜过爱他人的父母，这点要保持住，不爱自己的父母，反倒去爱他人的父母，去爱他人，这里面肯定掺杂有其他的想法，有的时候巴结上级，巴结他爸爸妈妈，这样的话，动机就不纯了，真爱就没有了。

所以不爱其亲而爱他人，这叫作悖德，不敬其亲而敬他人，这叫作悖理。前几年有一个冬奥会的冠军，叫周洋，19岁得了冠军。记者采访她，问：“你得了冠军首先感谢谁啊？”“我感谢我父母。”“你得了奖金怎么办？”“先给父母买个房子。”回来领导就训斥她，你应该先感谢国家嘛，对不对？后来网络上大家一股脑都在批评领导，都赞同周洋的说法。这表现出来这样一种价值观念，我们首先想到的是自己的亲人，这样的话，那个普遍的道德、仁德的价值才能落下来成为一种实际的东西。此外还有一种现实的基础，在人的存在上，在人的内在的情感生活里面找到其基础。所以这是儒家的一种精神。

我们人都爱自己，古人讲的孝子诚身的精神，就是爱自己。我们都爱自己的时候，同时就有超出自己的取向，所以中国古人经常会说“身体发肤，受之父母，不敢毁伤，孝之始也”，说“险涂隘巷，不求先焉，以爱其身，以不敢忘其亲也”。我们为什么爱护我们自己的身体呢？是因为我们怕父母担忧，我们自己的身体发肤受之父母，所以不敢毁伤。要爱自己的父母，在自爱的前提下，本身就有一种超出当下走出自身超越性的一步，所以我们说“爱身”“诚身”。

这个首先就是亲情，所以中国古代人从我们个体自己的成就，成就我们自己的德行，到超越我们自己而走向一个普遍，找到一个中介。这个中介是什么？就是亲亲，就是孝道，这里面体现出来一个差异不同的精神。一个方面从中实现出一种普遍性来，或者叫兼爱——当然墨家讲的兼爱是有问题的——而这个普遍性的爱，能够通过一种由己及人的推广过程，把它落实到个体的精神生活里面。所以儒家讲这一套东西，讲孝道亲情，讲仁德，普遍性的爱，要从当下爱自己、爱身、诚身，孝子诚身，通过爱自己，爱亲人推广开来，这样才是一个具体的人情论，特别合乎人情事理。所以中国历史上两千多年维持社会稳定，无论人的德行也好还是社会也好，基本上是稳定的，这是一个方面。

第二个方面就是说不能把孝看成绝对的东西，就是你要把孝推广到人，才能实现孝的普遍的价值。我们讲孝首先是对于父母的爱、敬，正因为它有对象，所以它自身也有局限性。如果不能把它推广开来，不善推己所为，就会有一种排他性。所以有些时候，它会出现一些问题，比如我们古人经常说“忠孝不能两全”，时常表现出来孝不能推广开来。

刚才我们讲到孔子后学特别注重孝道，我们知道曾子这个人是孝子，特别强调孝，他甚至有些时候用孝来概括一切。比如曾子说："居处不庄，非孝也；事君不忠，非顺也；莅官不敬，非孝也；朋友不笃，非孝也；战陈无勇，非孝也。"就是把这个孝推广，说它可以概括忠、敬、信、勇这些东西，事实上把孝泛化了，这样一种泛化还是有问题的。

儒家怎么处理孝和仁之间的关系呢？我觉得有两点值得注意，一个就是我们刚才讲的，要知道推恩，推恩的过程实际上就是排除消解孝的偏颇的过程，这个东西是一个修养的功夫了，比如说我们有些时候爱自己的孩子变成护犊子、爱自己的父母变成爱其他人父母的障碍，这个都是偏颇，要通过一种推恩的方法，要善推己所为，通过这个方法把偏颇消解掉，最后才能达到孝德，才能真正实现出来。

内外之分

要着重注意的，在现实性上，儒家特别强调内和外的区分，我们看这两段话。

《礼记・丧服四制》里面讲过一段话："门内之治恩掩义，门外之治义断恩。资于事父以事君而敬同。贵贵尊尊，义之大者也。故为君亦斩衰三年，以义制者也……资于事父以事母而爱同。"我曾经写过文章讨论这个问题。《孝经・士章》作："资于事父以事母，而爱同；资于事父以事君，而敬同。故母取其爱，而君取其敬，兼之者父也。"这里面讲到两层意思，第一层意思，在家族伦理和社会伦理之间有一种连续性和统一性。在社会生活里面讲究义，讲究尊尊、贵贵，在家庭生活里面讲究爱，讲究恩。什么叫"资"，这个"资"就是"有取于""借助于"。我们讲父亲一般是严父，讲母亲一般是慈母，慈母偏重于爱的方面，严父偏重于敬的方面。但是实际上我们对父亲既有爱也有敬，只不过父亲偏重在敬的方面，而母亲偏重在爱的方面。我们在社会生活里面是对君要敬，实际上古代社会不是只有皇帝是君，诸侯国君是君。这个君和臣的关系实际上就是上下级的关系，我们对那个君一定要敬，把对父的敬推广到社会生活里面就成为对上级的敬，处理好上下级的关系需要敬。

中国人在社会生活里面也讲点感情，也不是冷冰冰的，这是一个方面。另一个方面，是说我们治理家族和治理社会，适用的方法和原则应该有所区别，我们处理家族内部的事务当然包括义，遵循责任义务的原则，但是显性的主导性的原则，是恩，或者亲情，这叫“门内之治恩掩义”。我们处理家庭生活和家族生活这种方法，主导的原则是爱。刚才讲到，假如父亲做了错事，我们也要谏争，但是要几谏，要委婉，以孟子的话说，父子之间不责善，不能说：“老头儿，那个事做错了”。你不能拿这种方法去处理，要很委婉，这就是恩掩义。这不是说没有义，是说处理家庭生活的时候把亲情放在第一位，不要用责善朋友的方式。真正的好朋友是诤友。他说：“哥们，你那个事做错了。”你肯定高兴，因为我们知道朋友是社会关系，但家族里面不能那么处理。

处理社会生活的原则是社会伦理，处理社会性的公共事务的方法和原则，当然也不能忽视情感因素和恩理因素，但是主导性的原则应该是义，或者责任义务，所以叫作“门外之治义断恩”，还有一种说法叫“门外之治义斩恩”，这是讲内和外，也就是公私两个领域处理问题的方法，要有区别。与处理家内事务有区别，处理社会事务的时候不要讲亲情，藕断丝连，一定要快刀斩乱麻，要“义斩恩”，或者“义断恩”。这里面可以看到儒家非常高明的政治智慧。现在有人批评说儒家公德和私德不分，公领域和私领域不分，实际上是对儒家的曲解。

从上面两个方面来看孝和仁这两个概念，有内在的关联性。现代中国的社会现实发生了变化，逐渐从传统的熟人社会，变到生人社会，农村人经常出来打工，打工见到的基本上是生人。原来村东头有什么事，村西头的人都知道。甚至一个县里面出了什么事，大家都知道。但现在基本上变成了生人社会。在这样的社会生活状况下，社会公领域和私领域的边界变得越来越清晰。

在这样一种生存境地下，我们要注意两个方面。一个方面，我们特别需要在伦理道德领域去理解和重建儒家的道德精神，这是我们几千年来一种传统的精神，这种传统的精神在社会生活里面还是起着作用的。没有这个，我们的德行就失去了根基，这就是孝和仁。仁是一个普遍性的原则，孝是生活里面达到德行的一个前提。这个仁把孝落实到我们各级的情感生活里面，使它具有内在的生命的真实性。这个仁又可以亲亲而仁民，仁民而爱物，是一个普遍性的价值。所以西方人也讲，我们现在要建立世界伦理，其中有一条肯定了忠恕之道。当然西方人对忠恕之道的理解可能有些偏差。

另一方面，我们要注意克服孔子后学把孝的德行泛化的一种倾向，这个泛化也有它的问题，要注重儒家的“门外之治义断恩”，或者“门外之治义斩恩”。吸收这个方面的伦理智慧、政治智慧，哲学智慧，着力建构社会公共秩序，把两个方面结合起来，中国当代价值体系的重建才有一个光明的前景。我们现在要建立社会主义核心价值观，价值观这个东西一定要落实到内心生活里面，不能是外在的东西。不是写在墙上的东西或写在书本上的东西，背一下就可以了。它有一个精神传统。这个传统要成为当下活的精神传统才有真实的意义，这个仁要由孝推广开来，再讲两个字就是仁义，再扩充四个字就是仁义礼智，再扩充一下就是仁义礼智信，还有其他的礼义廉耻，就是八德，这样才是一个核心。

抓住仁的核心，在孝道的基础上，从孝道把仁推广开来成为普遍的仁爱的原则，我们传统的价值才能活在当下，中国社会基本上才能成为一个有教养的社会，不至于到了国外让人家看不上我们。今天我就讲到这里，谢谢大家！

林安梧

林安梧，1957 年生人。著名哲学家，师从现代新儒家代表人物牟宗三先生。曾任台湾清华大学教授、台湾师范大学教授、慈济大学宗教与人文研究所所长、台湾元亨书院创院院长。现任慈济大学人文社会科学院院长、山东大学儒家文明协同创新中心杰出海外访问学者及儒学高等研究院客座教授。代表作有《熊十力体用哲学之研究》《中国近现代思想观念史论》《当代新儒家哲学史论》等。

阳明心学之致良知

非常高兴又跟大家见面，也非常感谢两岸国学中心的邀请。今天继续和大家一起探讨阳明心学。和上次一样，今天还是探讨“致良知”，因为心学最核心的概念就是“致良知”。致良知于事事物物之上，它关系到修身、齐家、治国、平天下的方方面面，以自身联系到家庭、工作、企业工作部门，等等。任何事其实都与我们的本心、良知有密切关系，我们今天主要把阳明心学和儒商智慧结合起来，一起来谈它对儒商智慧的启发和运用。

众所周知，商业的活动对人类文明而言十分重要，商业的活动“搬有运无”，这对社会的正常而言不可或缺。现在最繁忙的商业活动其实是信息网络，它同时也是交易活动。某种意义上，人类的文明其实就是一个不断地搬有运无，由无而有，又一直延续的过程。经济是作为一个基础点，在马克思主义的传统中，非常强调经济基础对上层建筑的影响，当然上层建筑同时也会反作用于经济基础，二者的作用是相互的。在21世纪，人类深深地感受到比以前更强烈的对和平的渴望，因为人类进到20世纪下半叶以后，已逐渐拥有了从来没有的能力，即自我毁灭的能力。如今人类的力量已经非常强大，同时它也是非常可怕的，甚至可以毁灭地球。在世界进入现代化之后，这个问题引起了更大的注意，大家时时刻刻都担心着如果没有处理好人类文明，会出现一些什么严重的问题。所以我们今天谈阳明心学与儒商智慧，还会谈到阳明心学开启人类和平的可能性。

大概从2016年开始，我陆续接受一些朋友的邀请到大陆演讲。除了高校以外，还在民间做国学讲习，比如阳明心学等。先后在广州、深圳、上海做过演讲，参与演讲的也是自全国各地来的，当然因为广东、福建离台湾近一些，来的人更多——很难想象甚至还有印尼华侨。这些从事商业活动的企业家，他们对阳明心学可以说求知若渴，这让我感动。我每隔两个月或者一个半月给他们做一次演讲。我发现，如今企业界对中国哲学已经有相当的理解，虽然有些良莠不齐，但是有的企业家视域很宽广，也深入到一定程度，尽管不算专业，但是也有一种独立于专业之外的特殊氛围。他们强调实践，亲知力行，很接地气，所以我深深体会到企业儒学的确立与儒商群体的兴起其实已经是一个不争的事实。

近年博鳌论坛也设有企业儒学论坛，我想起我的老朋友——中山大学的黎红雷教授，他其实是企业儒学的推动者，现在已经可以看到企业儒学的发展已如朗朗乾坤，日月明照，十分可观。当然这其中不止有黎教授的推动，还有很多位前辈先生，比如来自台湾的曾仕强先生、来自美国的成中英教授等。成教授本是湖北人，在台湾长大，获得哈佛大学的博士学位之后，一直在夏威夷大学任教，常来往世界各地及海峡两岸。他们都可以算是中国式管理学的奠基者，而跟他们本身与儒学都有密切的联系。企业儒学的发展其实一直在变化中，我常说，这十多年来的，整个大陆从互联网的构建到使用方面的发展日新月异，就目前来讲，中国互联网的使用已经排到全世界最前列，一部手机可以处理日常生活中的各类事情。所以中国已经不是传统的中国，它也不只是现代化的中国，中国内部的发展参差不齐，前现代、现代、后现代在中国交结成非常独特的一个现象，这中间其实还有很多需要我们去做的。

这些年互联网及物流网络的发展，使得农村的面貌有了巨大的变化。某种意义上，若从思想来说的话，这其实就是“致良知于事事物物”，将良知推到事事物物之上，正其不正，始规于正，发其未发，使之能够发展出来。其实用三句话就可以概括阳明学：第一是“心即理”；第二是“致良知”；第三是“知行合一”。

“心即理”意思是我的本心就是天地，我的良心就是天地。这个是从宋代以来的解释传统，它已经深植民间，所以民间用一个语汇去把这两个字连在一块，即“天良”。“天良”就是天理良知、天理良心。良心是内在性的，而天理属于超越性的，超越性与内在性在中国往往不分。中国的哲学及宗教非常强调人内在的觉醒，人的觉醒与宇宙造化之源连接在一起，所以它其实是道体论——道体的生发、宇宙造化之源的生发，同时也是本心的展现。这个本心的展现涵盖着超越的天理，超越的天理和你本心所展现的映照合一。这便是我们中国天人合一、天人合德的传统。

无论是儒家还是道家都肯定这个传统，即人虽然是有限的生命，但有限的人却参与着无限的造化。人参赞天之化育，所以谈宇宙造化之源之时，《周易》说“一阴一阳之谓道”，“继之者善，成之者性”，人参之与之，参赞化育，随着天道的路子继续成文化教养，故谓之“成之者性”。“一阴一阳之谓道”是本体论、天道论，“继之者善”是参赞论、实践论，“成之者性”则是教养论，将三者连在一起便是我们重要的传统。《易经》也说“大人者与天地合其德，日月合其明，于四时合其序，与鬼神合其吉凶”，这也是天人合德。所以阳明所谓的本心即是天理，其实渊源自几千年以来的传统，只不过在阳明那里彰显出来。所谓“本心就是天理”，当人的本心落在实践处，即是天理落在实践中，这就是良知的体现。最早提出“良知”概念的是孟子，孟子讲良知、良能，“良知者，能知良也”。昨天也提到了，一定要理解到了良知、良能讲的不是生物学意义的本能，它是道德意义上的良能。怎么理解呢？生物学意义属于自然气性，而道德意义是天所赋予人的自觉本性，通过自然气性和自觉本性对比，它们各自的意义就清楚了。

道家强调自然，儒家强调自觉，而佛教讲自在，这三个概念刚好分属于儒、道、佛三家。自觉的“觉”这个字就是入声字，用福建地区方言能读出入声，入声字后头的声韵收（音调），它是有气无声的，比如说自觉的觉 gà，国家的国 gò，道德的德 diè，福建人、广东人一听就懂，因为目前保留古汉语最多的就是福建跟广东，当然还有一部分江浙地区。在中国古代的句子中，那个入声字往往是最重要的字，比如一二三的一，七八九十的十，从一数到十有五个入声字，事实的实，等等。再比如陶渊明《归田园居》中有“实迷途其未远，觉今是而昨非”，其中“实”跟“觉”都是入声字，念到入声字非要顿挫不可，所以如果用闽南话读这句诗就更有味了。国学大家中专谈传统文学与传统诗词最好的是叶嘉莹女士。叶老师曾强调，普通话没有入声字，北方受到蛮族入侵以后，入侵民族的语言影响我们传统的语言，到后来入声字就不见了。她说没有入声字的普通话，你用它读唐诗、宋词、《诗经》、楚辞，很难有抑扬顿挫之感。

回归正题，自觉是阳明心学的关键，儒家强调人应当自觉地参与生活，道家则是告诉你应当放回天地，儒家强调主体的参赞化育，道家则强调天地的生发跟调节，这其中道家和儒家形成一个同源互补的关系。昨天晚上聊到道家，道家最重要的是“赋能与所”，而儒家是“是所归能”，借用佛家的“能所”，或者说主跟客表达的话，儒家是由客到主，道家是赋主于客，就把主体放在客观的制度结构里面去，只要把客体的规章秩序步骤处理好，主体就不用费力气了。比如现在我的手机没电，我就放在插座那里充电，讲座结束后有没有可能忘掉手机？有可能。如何可以做到不忘掉这个手机？道家教的办法是不必用心记也能记得，所以道家就是尽量不要让人的心处处记挂着事情，我只要把包放在那里了，手机就不会忘掉了，因为我一定不会忘掉我的包。如果我还担心忘掉了包，我就把衣服也放在那里，这样它就构成了处所、场域，你就不会忘掉。就像手机记了好多人的名字，我可以按照发音，按照字母序列找人，但如果你连名字都忘掉了怎么办呢？如果是我在平潭认识的人，我在后面备注平潭，虽然我记不起这个人，但是我记得平潭，按平潭搜索就可以找到了。平潭构成一个处所、场域，更利于记忆，这就是道家的方式。道家将事物安排在结构、制度、次序、步骤里，事物就会自然而然地出来。道家最重视自然这个概念，自然不是不讲求人为，而是用最少的干预达到应有的效果。有学生问我：老师，讲求自然是不是不提倡化妆？我说我们平时是不是夸某女士的化妆化得好自然？化得自然当然就不是完全与人为无关。即便有人为的参与，只要能够与原来的气息完全和谐便是自然。

现代人错用了很多成语，比如“群龙无首”，现在群龙无首基本上是被误用的。“群龙无首”出自《易经·乾卦》：“用九，见群龙无首，吉。”“群龙无首”何意？每一个都是龙，所以不必有谁当头；人人皆有仕君子之行，大家可以一起好好地成就事业，不必被谁管制，这是最高的领导境界。现在我们日常理解群龙无首其实是群蛇乱舞，随着时代变迁，词汇的意思跟着就变了。商业活动中最重要的是信任，失去信任，商业就崩盘了。股市靠信任，币值靠信任，所以中国有一个错误的民间流行说法，称商人为奸商，谓“无商不奸”。商人更重信任，没有信任怎么可以从商呢？民间流传的很多话是错的，比如俗语说“量小非君子，无毒不丈夫”，实际上是“量小非君子，无度不丈夫”，前面是量，后面是度，结果传到现在变成好像当一个大丈夫一定要心狠手辣似的。国学的工作就是要去校正这些错误，丈夫之为丈夫，就是能够有度，能够合天理、有节度，这就是致良知的活动。

所以我常跟我的学生们说，你们如果在网上看到错误信息，一定要回应，不要让大家一直再错下去。譬如有人说“无毒不丈夫”，你校正他就是做功德。《论语》中有一句话“君子疾没世而名不称焉”，君子好名，他最担心的事情是过世了以后，名声没得到称扬。其实这种解读不一定对。昨天我们提到“人不知而不愠，不亦君子乎？”《易传》讲君子遁世无门，君子的人格养成是一个自我完善的成长过程，重点不在于外面的人怎么看待他，他是“有诸中形于外”，成于中，形于外，内在充实而饱满自然彰显在外。“君子疾没世而名不称焉”，其实君子最担心的事情是他过世之后名不称实，所以君子要日新月新，日进不已，曾子曰“士不可以不弘毅，任重而道远”，要努力地去使名实相副。名声大学问却一般，便不行。所以君子是要充实和饱满的，像李鸿章名气虽然大过林则徐，但实际功业却远远不及。

假如儒者不是林则徐这样的，还有谁足称儒者？“苟利国家生死以，岂因祸福避趋之”，如果真正有利于国家，岂会因为个人的祸福而趋吉避凶呢？林则徐禁鸦片是为了国之大利，这个行动触发了鸦片战争，很多人因此责备他，朝廷将他下放到新疆。但是林则徐没有忧谗畏讥，更没有因此馁志丧气，他到新疆以后对新疆的整个风土民情、山川地物、地形地貌进行了考察，还做成了图集，后人平乱就是依靠了这些资料，没有这些资料的帮助，平乱是否能那么顺利，尚未可知。所以林则徐是真正“致良知”的典型，他没有因为自己的祸福，没有因为在官场上的失意与时局等各方面对他不利而丢掉良知。他遭受无妄之灾，被发放到边疆，没有苦闷而一蹶不振，反而成就了事业，这就很了不起。所以哲学如果放松了自己的标准，过于世俗化，将是非对错抛诸脑后，那么它就是一个错误的哲学。比如算出三七二十二,三七二十，然后还要拿着这种错误去问孔老夫子，假如孔老夫子回答他无可无不可，那这肯定不是儒学，真正的儒学要论其是非对错。听说某一位红遍全国的名嘴，讲了类似这样的故事，但他所说的不是儒学。儒学不诡辩，儒学不讲放空、放下，儒学强调承担，致良知于事事物物之上。所以企业儒学当然重信，阳明也是如此。我的老友黎红雷教授对中国企业家办企业与文化因子做过非常完整的表述，他有一本著作叫《企业儒学》，就讲儒家商道，八大智慧，包括拟家庭化的企业组织形态，教以人伦的企业教化哲学，道之以德的企业管理文化，义以生利的企业经营理念，诚信为本的企业品牌观念，正己正人的企业领导方式，与时变化的企业战略智慧，善行天下的企业责任意识，等等，他进一步解读当代整个中国企业经营的独特管理经验，希望能够为世界管理理论发展提供鲜活的东方材料，黎教授在这方面下过很多功夫。

随着 20 世纪 80 年代中国大陆的改革开放政策深化，出现了研究现代新儒家、儒商的课题组。课题组领军人物有方克立教授、有李锦全教授，还有已经故去的萧萐父教授。李锦全教授是黎红雷的老师，李教授乃神人也，8 岁能作古诗，现在已退休，目前任中山大学荣誉教授。中国在改革开放过程中，儒商观念和公共知识分子观念同步发展，慢慢连接在一起，当然有一些不同，比如像杜维明先生更强调公共型知识分子，所以他用儒商的最高标准来论中国的企业界，他不认为目前中国任何一个企业家称得上儒商。不过这个访谈的年代已经有些久远了，而且我觉得他这个说法讲得过于严重了一点，其实现在已经和当时不同。杜先生长期在美国，在他所想象的儒商概念中，企业界杰出者应当积极参与政治社会共同体和生活世界，努力促进现代性及合理性。而黎红雷教授所提倡的儒商概念的侧重点则与杜先生不同，他要更接地气地去看。什么叫接地气？比如今天在参访的过程里面看到了一些标语或者其他一些有意思的东西，我觉得这些标语代表了文化的变迁，大约10年前，我在人大做讲座，人大校园的草地边的标语写作“绿草茵茵踏之何忍”，意思是不要践踏草地，这种表意方式说明我们的文化已经进了一阶了，我们现在讲话不用呐喊的方式，甚至官员说话也变得温文尔雅，这是平和的状态和有文化生长的年代中可以看到的景象。

比如深圳草地边的提示语写着“小草要休息，请不要打扰”，这个也是所谓接地气。如果从小看大，这就可以看出，整个中国处在一个形势比人强的年代，这个时代的人不但要即势而从理，而且要进一步再以理导势，即便有些看起来已经势不可挽，但只要整个势一直往上推，事情一定会有转机。中国有一个非常重要的哲学就叫作能够即势以理而以理导势，在这之中能够找到事理之中的核心点，也就是所谓：“中也者，天下之大本也。和也者，天下之达道也。致中和，天地位焉，万物育焉。”中国之所以称“中”，是“中道为体，和为用”之国也，如果不是如此，不足以为中国。在常道中生长的国家，可以发现在整个现代性的慢慢生长中逐渐地强国富民。换言之，这是对近百年来的现代性变革的肯定，中国经过近百年的启蒙和救亡，以及相关的各种努力，终于走向现代化。这些成就都要肯定，而且这其中隐含一个动能就是中国一定要强起来。我看过钱学森的传记和访谈，非常钦佩他。那一代的科学家心向祖国，他们的内在有一种良知、良能在驱策着，如果他想要的是过上好生活，或者有好的研究环境，那他何必离开美国呢？他意图离开美国回国报效的时候，美国方面多方限制，连书籍都不让带走。于是这些科学家就凭着自己的脑袋回忆，把在美国学到的东西在中国接地气地生长起来，中国今天在武器和科学方面能上天下海，如果没有这批科学家的回归是做不到的，所以这群科学家非常了不起。钱先生是浙江人，个子并不高，而且文文静静的，但是讲话既文雅又坚定有力。王阳明也是浙江人，我想王阳明讲学和做事一样也应该是温文尔雅而坚定有力，坚定而彻底的品质很重要，阳明的良知学就是坚定彻底之学，在学问两途上，一个严密，一个彻底。严密比较强调外控，彻底则直彻本源，但是真正心源动力来自本心，二者之中最重要的原动力其实是要彻底，一个彻底可以抵过十个严密，比如佛家的神秀所说的“身是菩提树，心如明镜台。时时勤拂拭，莫使惹尘埃”就是严密，而慧能的“菩提本无树，明镜亦非台。本来无一物，何处惹尘埃”则是彻底。李光地治军足称严密，郭子仪治军那才叫彻底。阳明心学是属于彻底之学，从整个性格上或是风格上说都是这样的。

中国在一开始的发展过程中面临一些问题，现代性太重视个体权利的解放，而忽略了人之为人的人伦观点，太注重利益的争夺，并且相信自由放任的争夺会带来理性的平衡，有的商业活动告诉你要彻底地自由化，认为有一只看不见的手会让它平衡，实际上这是不可能的，亚当·斯密这个想法过于天真了。或许当西方的宗教力量很强大的时候还有可能，但随着现代性高涨以后，宗教的力量则慢慢退潮，实力不如之前，不足以担当控制经济市场和调控人伦关系的重任。西方现代性发展到现在为止，太重视个体权利解放，太重视此生此世，受限在个体生命的欲望之中，让无名风动的欲望，业力习气无尽地延展，把欲望跟需求混淆了，再加上商业经济的炒作，让生命的欲望之力作为理性法高涨，并且相信它能够维系现代性。这种欲望之力的理性法则伴随着工具性、理性的高涨，而人们被一种奇特而回不到生命之源的力量拖着往外奔驰，生命离其自己，失其居宅，成为一个丧失游离的异乡人。加缪在20世纪初所作的《异乡人》，其实已经告诉我们现代性之后所必然面临的无家可归的困境，一种处处无家处处家的存在主义哲学一窝蜂地掀起了，以为当下空无，了不可得，其实是受了现代化、消费化之后的虚无主义式的自我蒙骗。这些都是儒学所要去面对、解决的问题，当大陆的现代化发展进程已经和台湾一样发展到一定程度了，人的生活压力很大，会出现一种不上不下、了无长进的哲学，应对这种哲学，民间可能会出现心理学式或者心灵工作坊的解决方式，教你放空、放松、放下，但其实没有办法解决真正的问题，它仅仅起到类似于镇静剂的作用罢了，而问题没有解决。阳明的学问是要解决的。

传播这种哲学的人其实是一些半懂不懂的半吊子，而这种半吊子现在正成为中西方现代化发展之后的一种高级精神镇静剂。哲学之为哲学，要能够彻底到一定程度才行，而历史进程在这个诡谲的过程中，在中国的发展中可以中国大地为母土，其实是有一种生命的韧性，可以发潜德之幽光，但是我们必须要找寻自己的力量，换个说法就是我们要文化自信，才能进一步做到和不同的文明交谈，而且不能只谈文化搭台，经济也要唱戏，要进一步经济发展和文化生根。大约在 2013 年，在开十七大的时候我参加一个道家的国际论坛，我代表儒家的立场跟佛教界、道教界人士讨论，我提到其实我们已经到了一个经济发展和文化生根同步进行的时代，应该把文化发展写入未来要发展的方向中。当时王鲁湘先生问我这个问题，我说这代表一个新的年代的来临，只有文化在经济中共同发展，我们才能够从经济的力量、政治的力量、军事的力量的发展中进一步达到更高的文化力量，而我们的文化才能够真正推到这个世界上去，跟其他文明展开交谈和对话。重点在于我们一定要文化生根，文化生根了、生长了才能够结出果实，才能一代传一代地流传，只有在文化自信了以后才能挺起腰杆跟人平起平坐地对话，我们才有可能调节这个已经失衡的世界，反之，如果我们自己没有到达这样的水平，就不可能对世界起调节作用。回想 1919 年，就是五四运动已经过了百年，现在我们所面对的问题已经不是五四运动时所面对的问题了，它是一个新的年代，而在这个新的年代中，中国渐渐成为世界的强国，中国要参与世界的文明就要了解到世界整个文明是失衡的，话语权是不平衡的。

目前来讲，中国的强大也许能够调节整个世界文明的失衡状态。我们有不同的思维方式，和西方的强权思维方式不同，我们有的是王道的思维方式，和拼音为主的话语的逻辑思考方式不同，我们使用的是以图像所构成的文字，图像文字跟拼音文字的区别是什么？图像文字是以存在为本位的，而拼音文字是以逻辑为中心的，所以拼音文字是强控制系统，它必须强调整个逻辑的次序，咱们是回到存在本位，汉语是全世界所少有的语法最为简单但语意却又最丰富的，严格来说，图像文字才是真正的文字，它以符号来记录语言从而构成文字，汉语文字有音有义，当然，这是另外一个问题。民国初年还有人提倡要废掉图像型文字，改以拼音文字，幸亏没成功，如果成功了，中国就垮了。如果改成拼音文字，是否设定标准拼音呢？地方方言如何？在各方面会造成种种之不便。直到现在日本还在用汉字，而韩国人就把汉字废了，改用拼音文字。当然，韩文有些发音方式仍然延续古汉语的发音，随着与中国的交往增多，现在韩国年轻一辈又开始希望能够接触更多的汉字。

整个儒学充实而饱满，生命是一种长育的过程，中国人在人伦共同体、政治社会共同体、自然天地共同体之下长育。儒家肯定生命的动能，欲望并非错误，只是需要共同体的认可，共同体之后是天理、良知的认可。最后最大的共同体是什么？是自然天地的共同体。如果自然大地共同体、人伦共同体、政治共同体、文化教养的共同体都认可你的欲望，那么即是“可欲之谓善”。儒家强调从我、由我，但是“由我”不以我为中心，要推而广之，所以《大学》说要明明德，要亲民，要止于至善，亲近了人民，人民爱护，人人亲其亲，长其长，而天下平，最后“大道之行也，天下为公”。所以儒家的“我”并非是一个偏执的私我，这个“我”强调的是共同体的我，自我的小我是和共同体的大我密切结合在一块，当然我的小我需要保障，共同体的大我更需要保障，国与家，家与身的关系是两端而一致的关系，身来成全家，家来成全身，家来成全国，国来成全家，国来成全天下，天下来成全国。我在这样的生长过程中，心学要推而扩充之，所以莫要望文生义，心学不是把自己封锁起来的唯心主义，心学是有诸中形于外，推而扩充之，致良知于事事物物之上，见即理即的哲学。看到了应该做马上做，而且时刻验查其效果，包括道家也是，不是不做事的哲学，道家只是用比较不费力的方式做事，比如领导者底下还有管理者与执行者，作为领导，应当适度后退，底下的干将才有机会到前头来，这叫“后其身而身先”，你要能够退到外头去，你的干将才有机会在天地、在那个场域之中大显身手嘛。比如过年回老家，婆婆要懂得，把厨房让出去才可以让媳妇大显身手，好好地享受口福。如果婆婆操心媳妇不会，一个厨房怎么可以让两个女人做主，两个女人抢着做主，那一定出问题的。所以根据老子讲的“外其身而身存”，婆婆就该退到厨房外，这样媳妇才有机会在厨房大显身手，这就是道家的哲学。道家哲学就是领导者要能够统观全局，带领大家奋斗，要对整个结构组织有充分掌握，执行者才能真正落实。因此道家不是不做事，它是上无为而下大有为。最糟糕的是上想要大有为，但下面却不为。我常说，想要真正做事，你要读道家、法家、儒家、兵家等。中国的国学智慧有整体性。《易经》如造化之源，读儒家能挺立道德主体，是非对错分明；读道家能赋能于所，充分地安排制度、结构、次序，赋主于宾，干将才有力量好好生长；读兵家才识攻取之机；读法家能够号令严明。各家之间的角色转换没有严格的限制，儒者不必只会儒家，阳明带兵打仗，但他不一定是兵家。阳明带兵打仗的时候，他用了法家的法令严明，用事执法的时候，又受到商鞅法家的一些启发。阳明虽是儒者，但具体的做法上他也参照各家。法家与儒家最为不同，他维护国君，用刑赏二柄的外在约制，某种意义上把老百姓当成政治工具了。而在儒家眼中老百姓则最为重要，要让老百姓好好地生长，“老者安之，朋友信之，少者怀之”。“天下者，天下人之天下也”，这是儒家的做法。“朕即是天下”，这是法家的做法。

世界已经迎来了新的可能性，而阳明“一体之仁”的思想，对于迎接新的可能性非常重要。在企业界，日本人很重视阳明之学，明治维新时就运用了阳明学去进行社会的改革，生命动能的唤醒，接壤现代性。很多日本的企业经营者一生俯首阳明，20 世纪八九十年代修复贵州龙场驿，日本商社也出了力，修成的时候还集体去祭拜。我听我的老朋友说，祭拜现场不少日本人当场跪倒，有的还感动得哭了。所以你可以看到，思想力量是可以跨过国界和民族的。我想，要解决中国与日本的问题，阳明心学也许能出一份力。阳明心学强调一体之仁，一体之仁发挥到极点，推广大爱的能力，从而成为企业的动能。1932 年出生于日本鹿儿岛的稻盛和夫，被认为日本的四大经营之圣，他的主要经营理念来自阳明心学。台湾已经过世的经营之神王永庆，他的企业的作风与阳明心学也有密切关联。

这种敬天爱人、自利利他的精神都包括在一体之仁里面，这样的思维方式决定整个人生跟经营的向度。内在确定了，将其贯彻之，信任管理，这样领导力就能发挥到极致。管理者、执行者就能生机勃勃。外有天地场域，内有生机动能，两两呼应，这是阳明心学所能启动的非常重要的思想。

知行合一，即知即行，当下的“知”就是“行”。“知”不单指对知识的掌握而已，知识的管理还涉及行动。比如我们说“张三知道孝顺父母”，这个“知道”的意思中已经意味着张三果真实践了孝顺父母的行为，不仅仅是指张三懂得很多孝顺父母的知识。因此阳明说：“知是行之始，行是知之成”，“知是行的主意，行是知的功夫”。知行本体，知跟行合成本体。什么叫本体？知跟行皆是由本心所体现出来的。当下即是，而且落实知行本体。本心并未分成两个，它是合而为一的一体之仁。致良知是实践活动，要及于万事万物，致良知于事事物物，正其不正，使归于正。他与朱熹的“格物穷理”不同，朱熹是从外在去找寻事物的客观规律，从外在开始去思考我该怎么办，而阳明说你本心的动能没启动的话就没效，你本心的动能一启动，就会有知识，如果知识不够，就该去努力求得。中国要迈入世界强国之林，当然要有一定程度的硬实力，比如世界有核弹，中国也需要有。以良知想，如果中国没有，就要去造。所以良知学要不要讲求知？当然要。这世间焉可以没知识。有的人讲学，说不要用你的头脑，要用你的心灵。其实不止要用你的头脑，更要用你的心灵，不是不要头脑，只用心灵就好了。这个话是错的。头脑怎么能丢？我最不喜欢听的就是反智主义的哲学，甚至有些大学的教师，学人文的学者也跟着讲反智主义，这是不对的。特别在民间讲学，更不能讲反知识，甚至于常常被误会的佛教也是不反知识的。事唯了别，知为定智，明为通达，中国的知识论即是如此。对于外在事物的清楚掌握，才能回到内在，就此更往上通，通达于道。阳明的所谓良知是上契于道的，致良知于事事物物之上，对这个事事物物要去了解。

盖一栋楼已经不简单了，港珠澳跨海大桥有多了不起，总工程师压力有多大，他怎么样能够做到桥体和海底能够紧密结合且几乎零误差呢？你说需要不需要知识的支持？当然需要啊。所以阳明的致良知，不是说不需要知识，致良知这个行动要实践活动下去，必须汲取要用到的知识与理论，不要误认为良知学是反知识的，就好像误认为商人就是不忠诚的，事实上阳明学并不反对知识，而商人也讲忠诚。阳明之学到最后可以通宇宙造化之源，经由人的实践，关联到不可分的整体。能够如其本然，成就自己，成就事物。心学强调宇宙内事即己分内事，己分内事就是宇宙内事。这个世界的事都是咱们中国人的事，当然也是英国人的事，也是日本人的事，也是美国人的事，也是全世界人的事，而全世界的人，是一个不可分的整体。所以在两千多年前孔夫子说：“人不独亲其亲，不独子其子，使老有所终，壮有所用，幼有所长，鳏寡孤独废疾者皆有所养。”“大道之行也，天下为公。”阳明也说良知学到一体之仁，强权没有理由欺负弱者，没有哪一个强国有权利要求其他的国度一定要怎么样，要尊重他国的想法，让其好好生长，别国有其轨道，有其次序，有其生长，其文明理应受到保护。孔老夫子提到“老者安之，朋友信之，少者怀之”，《论语》最后一篇的《尧曰》讲到要“兴灭国，继绝世，举逸民”。已经灭的小国还要把它扶起来，继续它的继世传统。政权可以变化，但是文化、教养、人伦的传续不能断绝。夏朝灭了以后，杞国作为夏之后，继续延续整个宗族，周朝灭了商，为之继于宋。中国的传统即是兴灭国，继绝世。所以良知不是空口说白话，它是要落实。生长了，就慢慢变化了。举逸民，逸民居住在很远很远的地方，所以我们要主动去找优秀的贤者，当然不是一定用选举的方式，比如诸葛亮就是由刘备三顾茅庐请出来的。

参选出现的野心家，如希特勒是被一票一票选出来的，所以大家不要误认为民主就一定是好的，民主制需要民族有良善的文化及教养，才有可能实现。政治要有道德，政治是要有诗性的、诗意的诗人，诗是温柔敦厚，《论语·为政》第一章就提到，“为政以德，譬如北辰，居其所，而众星拱之”。后来还提到：“诗三百，一言以蔽之，曰：‘思无邪’。”孔老夫子寓意深意，我们要深入探究、体会啊。

阳明的学问是依据着四书五经而生长出来，不是自己生长出来。它是在传统的氛围与传统中生长出来的。六祖慧能不识一字，却能解经、说法，他的知识是听来的。他徒弟问《法华经》，他说老师看不懂字，要不你念给我听，我帮你解吧。他虽然不识字，但明白意义。不要误认为慧能不识字就没有知识，他只是不懂文字而已。为什么看不懂？穷嘛，没钱买书。但慧能极有悟性，听人家诵《金刚经》提到“应无所住而生其心”，当下大悟。我讲这些，其实别有用心，现代人压力很大，容易出现一种反智哲学，告诉你知识并非必需品，但是生命无知则无以获得解脱，解脱是要用功、用力的。当然儒家更强调的是成就，不是佛家或道家的解脱，儒家要将知识一代人传一代人，生生不息，朝向一个更高的善努力。

前面提到儒商观念与公共知识分子，时代的发展必须即势以理，以理导势。从启蒙解放到现代性的意义危机里面，我们必须要去面临新的问题。成为现代性的强盛国家，强国富民，中国人无不向往。面对现代化的过程，我们不只是要启蒙救亡图存，我们要更进一步地参与世界。参与世界要有底气，从人文共同体的建立到政治社会共同体的确立，到文化教养共同体的确立都需要底气，当然它不能违背天地自然共同体。这就是儒家所说的“天地君亲师”，儒家最注重共同体这个概念，我们把这个做好了，就能参与世界。而共同体的每一个步骤都需要致良知于事事物物之上，都需要知行合一。唯有如此才可以进一步走下去。走得好的话，民族的文化生命才能够真正地发出潜德之幽光，从文化自信进到与其他文明交谈。

这样才能够做到真正的“世界大同”“天下为公”。这一步一步的生长中，有一个非常重要也非常可贵的，就是人必须放到共同体中才能真正生长，没有参与共同体的人的生长，不能生长出真正的“成人”，所以人离不开共同体。在整个人类文明与现代性发展中，进一步转折意味着什么？意味着文明的殖民时代结束，新的文明对话年代开启。文明殖民时代是霸权主义，霸权主义该散场了，当然像美国这样的还不愿谢幕，所以它还会出乱子。新的通天地人的王道主义才开启，对原先国际上权力的独霸者而言很难适应，文明没有冲突，在王道主义下，文明该当对话。在这个过程中霸权主义者需要适应，之后才有可能（对话），所以我们自己必须清除整个未来的理念方向，如何大道之行也，天下为公，如何缔造一个恰当的新的国际理论框架。必须有一个真切具体可行的实践方针才行。凡事预则立，不预则废。中国必将迎来文明的全面复兴，当然，同时还必须接受挑战，外有强敌，这挑战正在严峻之中。要文化自信、道路自信，才能够迈向全世界。

讲到儒商，其实第一代儒商就是子贡，子贡非常了不起，在孔老夫子的学生里面，颜回、子路、子贡、曾子都很了不起，但是大家常常忽略子贡，其实孔老夫子周游列国就是靠子贡。毕竟周游列国要花很多钱的，而子贡是一个经商高手，也是一个捐款能手，不然孔老夫子怎么有钱周游列国呢？子贡可以说是孔老夫子的财务大臣，并且兼任外交大臣。子贡的胸襟非常宽广。孔老夫子问子贡，说你跟你的老同学颜回比起来，谁比较强呢？子贡说，老师你也称赞我，我也不错，不过我只不过闻一知二，我的老同学颜回是闻一知十，我不如他。孔子赞道：是啊，你真的很了解自己，你果真是不如他。每次读到这一段，我都非常赞佩。你看这个老师跟弟子之间何等坦诚，相互之间完全没有隐蔽的。“吾与汝，弗如也”，我赞成你，你确实是不如他。当然有的解释说孔子的意思是，我跟你一样，一样不如他。这不对的，孔老夫子的性格不会这样忽悠学生。“闻一知十”跟“闻一知二”是两个不同思维方式，闻一知二叫对比性的思维方式，而闻一知十叫整体性的思维方式，二者有层次上的区别。

我写过一篇关于《论语》的本体诠释学的文章，其中提到这个思维方式。闻一知十是整体性思考，即“一以贯之”，“一言以蔽之”，“举一隅不以三隅反，则不复也”。这些都是脉络性的思考，或称为概括性思考、总体性思考、通贯式思考，而“闻一知二”是对比性的思考。子贡会对比性思考，可以说很聪明。但子贡的思考方式很难上升去到宇宙造化之源，他思考方式的实用性虽然很强，却很难达到默契道妙的境界。所以子贡说，“夫子之文章可得而闻也；夫子之言性与天道，不可得闻也。”老师讲的以文教化、典章制度各方面我能听懂，至于老师讲的很奥秘的性命天道，我就听不懂了。司马迁《史记》中提到“子贡一出，存鲁、乱齐、破吴、强晋而霸越”。子贡一死，十年之中，五国各有变，可见子贡有多强。子贡是很厉害的外交家、财务专家、大商人。他原计划跟着孔老夫子学三五个月，结果一去，发现夫子的学问不得了，学三五年还不够，就继续学到孔老夫子去世。孔子去世后弟子们守孝三年，而三年之后，子贡独自又守了三年。有人曾称赞子贡已经超越了孔子，子贡对转告他的人说：“譬之宫墙，赐之墙也及肩，窥见室家之好。夫子之墙数仞，不得其门而入，不见宗庙之美，百官之富。”我家的墙就像肩膀一样，我的好处一览无遗。而我们老师的好，你没进门就不知道。子贡如此尊敬夫子，了不得。

到了孟子，他对孔子的称赞就更厉害了，说“夫子贤于尧舜远矣”，讲仲尼先生贤比尧舜。当然这个推尊是有道理的，孔老夫子彰显了整个华人最伟大的“大道之行也，天下为公”的思想。而孟子继续发明，点出了人性本善。人性本善的意义是什么呢？人性有善的基础点，从这个基础点出发，去追求一个最高善。性本善不是说人生下来就是善了，而是人有觉性要追求最高的善。其实荀子的性恶论跟孟子的性善论并不冲突，只不过他们对人性有不同的论述点，而最后都要达到最高的善。儒家的文明就肯定这个世界是世界的，人们要多参与，要让它更好，日日新，苟日新，又日新，最后止于至善。要回到经典，好好读，然后解读才有意义。你不学经典，就没有致良知。所以致良知于学者的根据在于经典，致良知需要典籍的佐证、历史的考证、科学的验证、心性的体证、逻辑的辩证，如此才能成就好学问。你没有典籍的佐证，没有历史的考证，你胡言乱语可以吗？不行的。没有读过《说文解字》，望文生义地以为“儒”，就是“需”

和“人”，那么需要人就是儒嘛。请问儒如果可以这么解释的话，那“佛”一个人一个弗，岂不是可以解为不是人？“仙”是不是可以解为躲在山里头的人了？如果这种解释还有市场，只能说明接受者的不学无术。

中国要成为世界文明最重要的对话者之一，我们一定要生于经典，一定要好好地在生活中体认，将它认定为生命的意义，才有机会。而这个机会是整个人类文明要迈向和平的过程中最重要的。所以你看，子贡这么有力量的人依然这么谦虚，这就代表着儒者的情怀，他能致良知。这也是夫子能够直接点明他不如颜回的原因。子贡还需要夫子给他安慰吗？不需要，他自己清楚。所以孔子说“吾与汝，弗如也”。致良知于事事物物之上，心即理，知行合一，这些话阳明的纲目底下都讲了，阳明学可贵之处在于能。所以阳明的学生有农夫，有矿工，有渔夫，有种田的，有卖菜的，各种人都有。阳明心学启动的是每个人的内在主体动能，在当代来讲，是造就一体之仁，从政治社会共同点合理性，到国际上，我们要求的是国跟国之间的合理性，这个合理性就是尊重文化，尊重传统，等等，这样才能够达到共生、共长、共存、共融。

杜
保
瑞

杜保瑞，1961 年生人。著名学者。现任上海交通大学哲学系特聘教授。曾任台湾大学哲学系教授、学务长、佛学研究中心主任，台湾华梵大学哲学系主任、文学院院长。代表作有《刘蕺山的功夫理论与形上思想》《论王船山易学与气论并重的形上学进路》《牟宗三儒学平议》《中国哲学方法论》等。

《菜根谭》之洞察世事与福德培植

各位朋友大家晚上好，很荣幸受邀到两岸国学中心来做《菜根谭》的专题演讲报告。我一直在进行中国哲学的研究和教学，我在台湾大学取得哲学博士的学位后在台湾华梵大学任教十年，之后在母校台湾大学任教十五年，现在是在上海交通大学任教的第二年。在我过去所做的中国哲学的研究中，一直在注意儒家、道家、佛教三大学派理论融通的问题。面对这个问题，曾有许多学者构建了很多复杂的理论，彼此争论不休，但是在现实生活中，传统的中国知识分子似乎早就能够将其融会贯通、灵活运用。而我认为《菜根谭》就是中国知识分子的职场实战演练心法，其中包含了孔孟、老庄、周易的人生智慧，除了没有讲佛教的因果、轮回、业报的观念以外，可以说主要就是儒道两家智慧的精华。

这样的一套思想智慧，是什么样的人写出来的，要给什么样的人来阅读、学习？我认为它原本是明朝的官员对职场生活的深刻体会，作者对经典深入阅读之后的心得，因此书中常常强调立身处世、服务社会的道理。所以作者首先是有理想的人，如果读者没有理想，《菜根谭》里很多的内容就无法与你产生共鸣，也无法了解、认同其立身处世的方法。《菜根谭》说了许多在人与人互动之间掌握到的智慧、技巧，将其纯熟地运用，你才能够把事情办好。

这不是说只要手握资源就能够把事情办好，而是要有能力。我说的能力并非指身居高位，而是指能够把事情做好的能力。一个人做事是为了更多的人，为了社会的进步，就是一个格局很大的人。有人位阶高、资源多、权力大，结果却苦心钻营自己的利益，其格局何其小哉！《菜根谭》是写给有理想、有格局、有能力、在高位、掌握资源、能把事情做好的人，可以说，此书的预设读者应该是有智慧的人。

《菜根谭》有三百多条句子，过去很长的一段时间里我每天都在为其注解，也在很多不同的地方讲过《菜根谭》。因材料之多，我将其分成了八类，我将向大家作逐一的介绍，讨论它们所涉及的人生智慧，并细说其中四类。

首先，要立志，尤其对于年轻人来说。“伏久者飞必高，开先者谢独早。知此，可以免蹭蹬之忧，可以消躁急之念。”人一定要立大志，但如果没本事，就做不了大事；若有本事，一定要肯学习，耐得住寂寞，这就是所谓“砥砺志节”。

第二，分辨善恶。最重要的一点，为善不要急于为人所知，“为善而急人知，善处即是恶根”，为了利益而去为善的非真善，“为恶而畏人知，恶中尤有善路”，知耻还算有救，第二段有很多内容，深刻地分析了什么是善，什么是恶。

第三，人情练达。“遇故旧之交，意气要愈新；处隐微之事，心迹宜愈显”。在与人家相处时，如何让别人感觉舒服，你让别人感觉舒服，他就乐于亲近你，愿意跟你合作，你才能做大事。人为什么乐于亲近你？因为你懂得跟人相处的时候，一个动作一句话就能够温暖别人的心，此谓人情练达。广交朋友的同时莫忘人心险恶，要去分辨人性中恶的一面。

第四，透视人性。透视人性是让我们不天真，切记社会人心的险恶，不要因为过于天真而受到挫折。

第五，洞察世事。要懂得分辨，见微知著，能够参透任何场合、环境、单位、机构、现象的过去与未来，这是洞察世事的智慧。

第六，品味境界。人性也透视了，世事也洞察了，再回过来心平气和地看身边的人与自己，你就能够很准确地知道每一个人学到了什么样的程度，有什么样的修为，处在什么样的境界。品味境界，教我们怎么观人，如果武功练到这个境界，差不多相当于张无忌练就九阳神功了，可以为天下服务了。之后，则到了培养福德的时候。

第七，培养福德。意思是如何利用你宽厚的胸襟、深刻的智慧、丰富的学养带领众人为大家服务，而且又不得罪人或招致羡慕、嫉妒、忌惮、仇恨，被大家喜欢，愿意团结在你的身边，好好地做对社会有用的事情，这就是福德的培养。

第八，与家人相处。我们每个人来自家庭，最后也是在家人温暖的关爱中离开这个世界。与家人相处的原则不同于职场，人生的出发点在家庭，终结点亦是。

接下来我将与大家一同来品味明朝末年的知识分子洪应明如何整理、重新编写该书，又如何在其中加入他的心血，留给我们一套日常生活中、职场上、实战演练中最直接有效的作战心法。

“衰飒的景象，就在盛满中；发生的机缄，即在零落内。故君子居安宜操一心以虑患，处变当坚百忍以图成。”“衰飒的景象，就在盛满中；发生的机缄，即在零落内。”这句话就教我们洞察事变，观察一个盛大的宴会的种种细节，你就可以猜出大家来此的目的，是为了理想而奔赴还是为了凑热闹而奔赴，为了理想而来的人，宴会结束之后他的忙碌才开始，凑热闹而来的人则在此后开始寻找欢乐；沉迷于肉体的欢乐的人，他的事业必会衰落，所以不要被风光迷惑，而要看风光背后隐藏的讯息。同时，也有很多的事业在慢慢的成长当中，这便是“发生的机缄即在零落内”。在一个没有什么发展的小岛上，有几个有理想的人到了这个地方，他们立定了志向并开始规划蓝图，在没有什么现代建设的环境里，发生转变的机缄已经出现了。这两句话就是告诉我们，处于顺境应“居安宜操一心以虑患”，不要因为懈怠或纵欲而毁了你的大好局面；处于逆境则需明白“发生的机缄，即在零落内”，只要有理想，不管多么困难，一定是有办法创造出美好的未来。

第二，“毁人者不美”，去责骂别人、讥笑别人的，自然不是好事，如果不幸我们是被毁谤的人，毁人者不美，而受人毁者，“遭一番讪谤，便加一番修省，可以释丑而增美”，不用因被人无谓地毁谤、指责而愤怒，这时候应该有则改之，无则加勉，如果别人的讥讪确实有据，就应放下自己因他人毁谤产生的愤慨，认真地面对自觉不足的地方，并去努力改变，就可以变丑为美，改恶为善，利用这个机会奋发向上，追求更高的成长。

“欺人者非福，而受人欺者，遇一番横逆便长一番器宇，可以转祸而为福”。毁谤不过是语言攻击，而欺人者则落在实处，在你做事时找麻烦，或抢走你的资源，碰到这种不公平的情况，说明你实力不如人，所以才被这样欺侮，你不必去找他报仇，或者用暴力的方式把东西抢回来，相反，你可以想想我有没有办法变得更强大，如果可以，那就是“遭一番横逆便长一番器宇”。如何变强大呢？找定目标，努力学习，认真做事，提升能力，这样就转祸为福，下一次这个人就无法欺负我，因为我的量体已经比他大太多了。

一个努力工作、待人宽厚的人一定会是一个越来越有福报的人。一个越来越有福报的人一定是在辛苦的环境中一步一步成长起来的，虽然做事还常常遭受挫折，但他始终不退却，把握住目标，一步一步往前进，老天看在眼里，等气候已成，该服气的人都服气了，想找他麻烦的人都不再找他麻烦了，即将功成名就，这个时候，就会来一个最后的麻烦，“天欲福人，必先以微祸儆之”，而过去所有面对麻烦、克服困难而形成的深厚的胸襟、稳定的气质使得他这一次安稳地渡过劫难，之后他的人生就如同黑暗的舞台突然之间亮灯，打开幕布，荧幕放光，所有人都给他掌声。“天欲福人”，给你一件小小的麻烦事，只要你把它处理好，你就永远不会再有麻烦。“天欲祸人”，“天”为什么会“祸人”呢？这是你自找的，平日损人利己，虽然之前都无事，但总有一次你会踢到铁板，所有被你欺负的人怒气累积，彼此串联交换讯息，以前势单力薄，被你逐个击破，而现在他们已经连成了一片，面对危险你还未有意识，当所有的人看到你又在欺负弱小的时候，所有的怒气同时迸发找你麻烦，遏制你，把你所拥有的一切都推翻、都摧毁，所以叫作“天欲祸人，必先以微福骄之”，之前九十九件事都未惹祸上身，但第一百件事可能就足以毁灭你。所以不当得福的时候不要窃喜，不是无祸，只是时候未到。

接下来这个道理针对高层，很多高层的人努力为社会服务，但是也会有人团结一小股势力，集结资源自己享用，团体之间进行撕裂性的斗争，这叫作“权贵龙骧，英雄虎战”，当然，这不是真英雄，最多只能称得上有地位的流氓，他们的冲突和较劲不是为了百姓谋福利，这时候你就“冷眼视之，如蝇聚膻、如蚁競血”，蚂蚁跟苍蝇在死盯着腐肉，而你不要拿着你的理想主义奔赴前线，加入战局，冷淡视之便是。“是非蜂起，得失猬兴，以冷情当之”，这其中的是非只是私人团体的利害，而不是天下百姓的是非，你不必品评，“以冷情当之，如冶化金，如汤消雪”，私人的利害总会过去，不值得报道、传诵。

生长于富贵丛中，如果不是怀抱理想，越是高高在上，得到的利益越大，就越“嗜欲如猛火，权势似烈焰”，会用权势去争夺资源，伤人的时候手段残酷。历史上，抢夺政权的时候，这种情况常常发生。如果你自己属于这种高层家族的成员，就要懂得适度退开，以清冷气味去替代高昂的情绪，否则“其火焰不至焚人，必将自烁矣”，如果你也跟着搅和，带着情绪把你的体力、精神、智慧投入进去，不过是去伤害另外一群嗜欲之徒，而结果自己也会受到伤害。所以《菜根谭》说在高位的人、有资源的人应该把智慧拿来为社会服务，追求理想，而不是拿来私斗。

“士君子处权门要路”，有一定社会地位的人，“操履要严明，心气要和平”，严明对己，千万不要激烈对人，即使碰到别人的错，你的态度也要柔和，实际就是说要严于律己、宽以待人。严于律己让自己保持正气，自己始终腰杆挺直，就不会愧对自己与天下；宽以待人，对别人要平和，因为别人的修养和福报最终决定于他自己，如果你想要做成大事，各类人你都要合作，无论好人或坏人，对每一个没有道德操守的人都起冲突，你可能只是在借由指责别人的不道德标榜自己罢了。你要的不是把人搞定，而是做事情的时候好人坏人、勤劳懒惰的人、有能力没能力的人都来帮你，别人的道德形象是别人的事情，带着没有道德的小人做对社会有用的事情，说明你有格局、有能力、有智慧。所以做事对自己要严明，对别人要平和，所谓平和就是私底下和颜悦色、口气良好地规劝，他接受最好，不接受就到此为止，不再多言。“毋少随而近腥膻之党，亦毋过激而忘蜂虿之危”，你在有权力的人的身边，不要望着权势与利益亦步亦趋，人家对你就像对苍蝇一样，随便一个拍子就会要了你的命，所以“毋少随而近腥膻之党”。但是也不要恶意冲撞，对付坏蛋权臣说到底是君王的责任和职权，不是靠一介书生就能处理，所以你不必张扬，也不必指责他，这叫作“毋过激而忘蜂虿之危”，蜂虿会反过来叮你。

“处富贵之地，要知贫贱的痛痒”，我们要努力工作，保持资源的流畅，不可铺张浪费。“当少壮之时，须念衰老的辛酸”，年轻的时候作息、饮食要正常，待人处世要宽厚，有权力的时候不要欺负别人，否则衰老了以后心理不愉快、身体不健康，有人找你报仇，甚至还会有人写回忆录骂你，这样不是很难堪吗。

“君子颜如介石而畏其难亲”，正人君子操履严明，小人想要去巴结却发现这个人很难亲近，结果明珠当作了怪物，暗自担心，甚至准备刺他一刀，其实君子根本没有准备害人之心，只不过太难以亲近罢了，结果好人被当成了坏人。“小人甜如蜜”，整天跟你讲好话，引诱你、怂恿你、吹捧你去以旁门左道的行径赚大钱，追到权势、名利、地位的就是小人，“小人滑如脂膏而喜其易合”，小人一定客气待你，满嘴甜言蜜语，请你吃好的喝好的让你舒舒服服的，其实是要引诱你为恶、犯罪、堕落拿不当的利益，本是有毒的螫针，却被你误以为甘饴，“而纵染指之欲”，引起了你的欲望。

当面捅你的人常常是要害你的人，而私下指责你的人可能是爱你的人，我们要懂得分辨其中的不同。我们看别人搞砸了事情，你要想想他做事的初衷，是想要找人家的麻烦，还是他一心一意想把事情做好而没达成理想呢。如果是后者，我们就要待他宽厚，要给他机会，让他可以东山再起。“士当行满功成，要视其末路”，看人家风风光光地把事情办成，我们给他鼓掌，给他赞美，但是对这个人你也不要因此下定论，要再看他成功以后的表现，人往往会在未成功之前谨言慎行、节约简朴，而当他认为他达到了他想达到的位置以后，他可能开始纵欲傲慢了。所以“士当行满功成，要视其末路”，看人要看他成功之后怎样行止进退。这是教我们怎么看人，看世事的演变。

小人找你麻烦，你“休与小人仇雠，小人自有对头”，小人找你麻烦，你应该把他当成提高自己水平的一个刺激的动力，把坏事变好事，你的人生目的是成长然后服务百姓。

人生最重要的就是成长，成长就是能力的成长，能力就是服务的能力，服务的能力成长能让这个社会变得更好，而人类的历史因此才会一步步好起来。为了我们所爱的人在这个社会活得更好，我们要增强能力，不断地学习、成长。如果在成长的道路上有小人找你麻烦，你不要跟他起冲突，起冲突就会变得没完没了，切记这不是你人生的目的。小人不会一辈子猖狂到底，总有比他坏的恶人会让他踢到铁板，那就是他恶贯满盈的时候。什么样的人的职责是对付小人的呢？比如检察单位、司法单位的人等，一个职场里小人太多，那就是人事部门、单位领导的无能，对付小人是他们的职责，不是我们的，我们的职责是把事情做好、努力成长，向更高的位阶上提升就够了。

“休向君子谄媚，君子原无私惠”，谄媚是为了得利，但是如果对方恰恰是个君子，《论语》谓“君子易事而难悦，悦之不以道，不悦也。及其使人也，器之”，你碰到这样有德行、有操守、有理想、一切看你的实力表现的人，巴结他就是自取其辱，所以“休向君子谄媚，君子原无私惠”，君子追求的不是自己个人的私利，谄媚恰恰侮辱了他，反而自取其辱。

“非分之福，无故之获，非造物之钓饵，即人世之机阱”，想要什么东西，靠自己的实力与努力才能实至名归，心安理得，倘若你花的钱不是靠你的努力，而是靠巴结、欺骗、偷盗，不付出努力就得到的，这是一个危险的讯号，“非造物之钓饵，即人世之机阱”，人家要陷害你，所以先给你好处，让你心甘情愿地掉入陷阱。“此处着眼不高，鲜不堕彼术中矣”，所有你要的东西，都靠自己的实力获得，不靠发脾气、骂人，或者是另一些旁门左道，就不会掉入陷阱。如果你竟然平白无故地得到巨大的好处，那就是别人想从你身上得到更大的利益，设一个圈套给你，所以要懂得拒绝没有透过努力得来的荣誉、资源、利益、权势、地位，否则就会陷入陷阱里。

同时也是第十二条“不虞之誉不必喜”，你获得不是由自己的努力得到的荣誉，结果人家不断地恭维你，不停地戴高帽子，完全不必沾沾自喜，因为它没有实际的用处。从另外一个角度来说“求全之毁何须辞”，求全责备，你做得再好还是有人嫉妒你，他不想给你赞誉，而只想给你毁谤，这种情况下你也不必去反驳，因为对方气量狭小，抱着嫉妒之心求全责备，本就不公平。就算是圣人孔子、佛祖也有可能被指责，这就是“求全之毁何须辞”的意思。在职场上很容易受到这样的求全之毁，如果别人已经这样待你了，说明这已经不是你适合待的地方或者值得去合作的团队，更不需要因此生气。“自反有愧，无怨于他人”，如果因我们自己没有达标而被指责，不可以恼羞成怒，要懂得反省，如果你做不好人家指责你，你就恼羞成怒，那你这个人的人生就会停止于此，一个不肯承认错误的人，是不会成长的。“自反无愆，更何嫌众口”，如果你有实力且肯努力把事情做好，结果别人还是嫌你、毁谤你、嘲笑你、指责你，那你必须明白这群人的格局差你很多了，你笑一笑，挥一挥衣袖飘然离去就好了。

在祸福的问题上，做好事，肯付出，宽厚待人肯定会得福，这个“福”说的是所有跟你相处过的人内心对你都有好感，在未来有机会就会回报你的。“贞士无心邀福”，正人君子并非刻意邀福，可是在做事情的过程中，需要资讯就有人愿意提供讯息，需要场地就有人愿意出借场地，需要什么专长的人就有人推荐什么专长的人来加入团队。为什么？因为君子过去做任何事情都善待别人，所以他人感激在心。如果在做事的过程中善待别人、宽厚，自己承担得多，那么就等于为自己今后的人生开了三道门。而很多人做事则相反，为自己人生的未来关掉了三道门，该做的推给别人，在做事时贪得无厌，要求别人做更多，得罪了别人，未来人生道路上就会有三个不喜欢你的人在等你，将来有机会了就找你麻烦。事实上这些福报都是你自己争来的，老天爷仿佛精密的电脑，它将你做的好事累积在那里，等时候到了就把福报给你，奸人小人做事情总是贪多，刻意避免灾难，“天即就着意中夺其魄”，再怎么谨慎小心要避免灾难，灾难还是来了，因为在小人算不到的地方，已经累积了太多未来可能的灾难。

“可见天之机权最神，人之智巧何益”，看得到的叫智巧，看不到的叫机巧，人内心中的真正想法你算得到吗？“渔网之设”，你要捞鱼，结果天上的海鸥竟然钻到渔网里，然而这不是你要的。你想要害人，却害到了自己的人。“螳螂之贪，雀又乘其后”，你抢夺别人的东西，比你厉害的人和你一样起了贪念，他准备好待你获得利益后直接从你手中捞走，如果你没有这个恶念，就没有这个灾祸，“螳螂之贪，雀又乘其后。机里藏机，变外生变，智巧何足恃”，看不见的永远比看得见的多，不知道的永远比知道的多，机关算尽抢夺资源避免灾祸，那么你可能既得不到资源，也避不了灾祸。

“反观自己难全是”，在与别人争辩是非对错的时候，尽找对自己有利的道理来吵架，实际上很多对自己不利的道理没有吐露，诚恳地反思我也有不对的地方，“细论人家未尽非”，你公开地跟别人指责吵架，指责别人的不是，别人也有他把握得住的原则、守得住的底线，别人未尽非也，一味地指责别人是不对的。这句话告诉我们，不要做人身攻击，不要吵架，不要争辩，心平气和，和气待人，不要进入吵架、冲突的状态中。做事情时刻意讨好别人，让别人高兴，这是做人际关系工作的基本原则，但是同时“不若直节而使人忌”，与其白花了力气做了一些无谓的人际关系工作，不如好好做人，好好做事。如果有小人通过旁门左道进入你的关系网，因为你的严格把关，遏止了小人为恶，他因而忌惮你甚至嫉恨你，对这样的人，“曲意而使人喜”没有意义。所以不是让人家快乐、舒服就是你对社会有贡献，不是让人家不快乐不舒服就是你对社会没有贡献，重点是让人家快乐的事情有没有建设性效果，让人家不快乐的事情是不是正好防止了灾难，所以是非对错要看清楚，不是单单一个喜怒喜忌的问题。

“无善而致人誉，不若无恶而致人毁”，没有做什么好事，只是因为今天发布升了主任，别人就称赞你是个帅哥，是个有道德的人，因为位阶而起的荣誉没必要受。“不若无恶而致人毁”，有些人没有跟着为恶，反而会被毁谤，而顺着别人为恶，反而没事，但既然是坏事，肯定有人受到损害，公家的资源受到损害，社会正义的底线受到破坏，更多人为恶，社会就更可能趋近于崩溃，社会一旦崩溃，就需要有圣人杀身成仁、舍生取义，就需要我们的下一代牺牲小我，这都不是我们乐见的。所以在任何时刻，要维护住社会不崩溃的底线，不要参与小人的为恶，表面上看你们都没事，但是社会已经因此付出代价了。不为恶而致人毁，也是有意义的，没有做什么好事而被人家称赞，那就没有意义。《菜根谭》的句子相互辩证，要经过几番深思才能参透背后的意思。

做大事的目的是什么呢？是为了社会与大家好，为了你所爱的家人、所爱的邻居、所爱的同胞、所爱的人类族群好，而不是通过做事来标榜自己。当你标榜自己很厉害时就凌驾于他人之上，有可能会践踏别人的尊严，别人心中对你还会有敬意吗？要知道，再大的功劳可能会被骄傲毁掉。不仅如此，因其傲慢而产生的恶念，损人利己、破坏社会公共秩序，面对别人的指责以文饰之，那便标志着此人的堕落，从此正人君子不屑与其为伍，只有小人为伴，人生就会从此渐渐陷入低谷。但是如果勇于承认错误，愿意承担罪过的代价，人生就会从谷底开始反弹、上升，开始有明确的道路，有尊严，有自信心，从前的人生就回来了。

“标节义者，必以节义受谤”，节义就是做对社会公益有益的事，做就好，不要标榜自己有节义，指责别人没有节义，别人必定指责你的节义是虚伪的。因为标榜自身的节义，好胜者就会随之毁谤，所做的节义之事因标榜而受到损害。“榜道学者，常因道学招尤”，道学学问也是一样，不要标榜道学，我们平常讲求道，自己学习，带领众人，建设社会，美化环境，这便是求道。若标榜道学然后做事，好像未标榜道学的人是在为恶一样，别人心中不满，就会有指责。“故君子不近恶事”，不近恶事是当然，“亦不立善名”，为善不立善名。“只有浑然和气，才是居身之珍”，一团和气地做事，别人心中自会感激你，看到你散步的时候愿意走到你身边跟你聊两句，看到你在餐厅吃饭，愿意坐过来或者帮你埋单，这便是“居身之宝”。

世事洞察就说到这里，来看境界品位。

“了心”就是心里没有负担，没有亏欠。把本来该做的事情先做好，你就了心了。把心关起来，不去做该做的事情，而潜意识还在对抗自己的懒惰，这便不是真正的了心。“出世”是什么？在世间做一切的服务奉献，却不执着人间世给你的荣誉、地位、财富的回报，那便说明这个人出世了，这样的人不向世间索取，反而努力给予。而不做事、不奉献、不服务、不努力、不学习、不成长都是逃避，没有真正了心，因而算不得出世。“得意处论地谈天，俱是水底捞月”，事情做成功，而嘴巴紧闭。“拂意时吞冰啮雪，才为火内栽莲”，事情不顺，但是不气馁，持续地拼搏，火内的莲花更加灿烂，成就也就更加斐然。

有社会地位的人一定要懂得利人济物的道理，建设社会、创造资源，给百姓享用，做这些事不是为了得其名，而是为了服务苍生。得其名则德损，如果自我标榜，则德损，位阶越高的人越要谦虚，越不要沾名，而从实事的角度出发，把事情做好是最重要的。“士大夫忧国忧民，当有其心，不当有其语”，所谓忧国忧民，从个人角度讲，在自己的岗位上认真做事就好。“不当有其语”，有其心就是努力去做，不当有其语就是不说，否则毁谤又来了。什么叫作名流？认真做自己认为重要的事，走出一条独属于自己的道路，渐渐也就成了名流。反之，虽然你亦步亦趋地跟随在他人背后，但是没有任何一点特殊性，就不是名流。“为学”就是学做人，要做你日常生活该做的事情，而不要为利益去做。减除物累和物质欲望的束缚，做的事情就是对的。点点滴滴地积累，便入圣境。

人在高位，如果潇洒、自在、放松，表示你做的都是对的事情。就算放假的时候，也不可以完全不理世事，保持一颗关注的心，了解天下大事，因为你随时会回到岗位上，没有懈怠一刻，这就是有理想的知识分子的生活写照。世上有三种荣誉，第一种产生于最真实的道德，因为为别人服务而得到的荣誉，它就像种在山中的花，每年都开，而且不断地扩散，最后漫山遍野。这种荣誉从你做事的成效而来，并非源于无意义的赞誉。虽然岗位不时变动，但成效就像山花一样遍布四处。另外一种荣耀就是你没有做任何事情，但因人在高位，别人自然来吹捧你，这就好像插在花瓶里的花，一天两天就谢了，人家只是在这个场合讨好你一下而已，心中对你没有真正的实质的由衷的敬佩。你得到的荣誉不长久，得不到也没什么关系，得到了也不当一回事儿。我们给别人帮助、施恩，不觉得自己是在帮助别人，只不过是努力服务社会，把资源用在该用的地方，然后继续积累资源，去做公益，完了就走，也不必觉得自己帮助别人有多了不起。“斗粟可当万金之惠”，很多时候我们接受别人的帮助，接受得很累，很辛苦，因为我得磕头谢恩，准备十倍的金银财宝还给他这份恩情，那到底是得还是失呢。我们给别人的东西，哪怕再珍贵，我们自己觉得越不值钱，别人才能真正受用。反之，别人拿我们这一点点东西拿得很辛苦，就等于没有得到。利物也是一样。

怎么样叫作“出奇”？能脱俗便是奇，一群人一窝蜂叫作俗，你不人云亦云就说明自己有特殊的品味，这当然不是指刻意为奇。在操场裸奔一圈可能一下子就被人家认识了，这个叫作“作意尚奇者”，虽是特立独行，却谈不上品味与特殊性。“不合瘀便是清，矫情求清者不为清而为激”，不要跟人家一起为恶就好了，你刻意说别人为恶，那你是激发别人、惹怒别人，只会为自己带来灾难。有建功立业的决心的人，一定是和气好相处的人，自己规矩太多、要求太多，就成了骄傲，事情就不容易成功。做事情该结束就结束，该结束还不结束是拖泥带水，拖泥带水的毛病叫作“痴”，这个毛病把我们自己绑在一件琐碎的事情上。不让大事结束的人没有自信心，有自信心的人事情该结束就结束，绝不拖泥带水，在小事情上执着意味着害怕事情完成之后要承担更大的责任。“随方就圆之妙”，做一件事情跟很多人合作，耐心地等待，“随方就圆”完成了事情，跟圆融之士的道理完全一样，要有耐心。

第十二条，“轻富贵”，追求我们自己的理想，要是你整天批评有钱人，瞧不起有钱人，不愿意跟富贵的人在一起，那说明你这个人就是心里很自卑，这并不是轻富贵，反而是把富贵看得太重，自己不富贵的这件事情如阴影般地缠绕，无法挥去。“重名义”，就是做事不要不规矩，你不断地标榜自己重名义，就太好名了。

给人恩情，要别人感谢自己，不如去报答曾经帮助过自己的人，别人惹怒我，去报仇，不如把这股怨气忍下来，追求成长，做一些实实在在的好事。为了美名，刻意地扭曲自己去符合大众的品味，不如规规矩矩做一件对的事情，让坏人没有办法乱来。

第十五条，话语中暗含着人的欲望。如果有人自称不慕虚荣，淡薄弃名，结果却对到一个不发达的地方工作表现出明显的厌恶，说明人的欲望不是话语中主张的，说得太多，就是在泄露自己的欲望。

第十八条，勤劳是美德，但是勤劳要有效率，而不是让自己和别人过得很痛苦，这样没有一种愉悦之情，事情不见得能做得好。淡泊是一种清高的气节，但是淡泊是对自己的利益淡泊，不是对被我们服务的对象淡泊，今天请客人来，没有茶也没有水，那这就是对别人淡泊。对别人要丰厚，否则无以济人利物。

第二十二条，一个真正聪明的人，让大家一起合作做大事情，他懂得给大家留足够的空间及信任，不必事事过问。“大聪明的人，小事必朦胧”“大懵懂的人，小事必伺察”，统领三军的领袖若过分在意器械、枪炮保养得好不好，在这件事情上用了百分之九十的力气，小事管得很严，而不去思考作战的策略、战术、战略等大事，往往是在掩饰他做大事的无能。小事伺察，大事懵懂；小事懵懂，大事聪明。“富贵”的标准应该是大方，结果你对别人非常小气，这是贫贱者的行为。“聪明”就是让你去教会大家，如果耻笑别人不会，那就是聪明的人在做愚笨的行为。所谓“福德”意味着你要给自己累积很多的福报，你对人慈祥就能累积福报，而想让人家觉得自己是万应公、大善人的念头都是多余的，赠予别人利益就是给自己真正的福报，一个成就很多事情的人，当他的道德形象圆满的时候，很可能正处在危险中。切记不要让自己在群众中成了唯一的圣人，要将荣耀分给他人，懂得韬光养德之道，欲成大事者要忍得、舍得被别人毁谤，这样前进的道路才会更加顺遂，因为毁谤是虚的，美名也是虚的，对事物不要好恶太分明，对人亦不要看得太透，就算看透也不要说破，让别人在你面前抬得起头来，只有人家愿意亲近你，才会有更多的人来帮助你。如果人家刚与你相处时得到好处，但是相处越久越觉得你这个人俗气，何必呢？不必施小恩小惠，而是要做实实在在的事，才能与人长久地相处。

第十条，所谓福报，不见得立刻会来，但是你善待别人，别人对你的好感持续长久地累积，总有一天福气会来。“祸不可避”，不会招人忌的是庸才，庸才没有能力，自然没有人找你麻烦，只要你有能力，总有人找你麻烦。遇到麻烦不必急于报复，因为你去报复，对方就会再加码，如此往复，至死方休。有能者被人嫉妒的祸不可避，但只要你不去报复，这事便会到此了结。“去杀机远祸之方”，我们可以被人家伤害，千万不要再去害人，因为这样事情就会在因果之间不断流转，没完没了。遇到小人犯错不要批评他，别人过去犯的错误不要再揭露，你揭露别人的隐私，就是眼前不打算跟别人公平竞争，才拿别人的旧事来打击他。所以养德、远害，这是待人的技巧。

“老来疾病，都是壮时做的；衰时罪孽，都是盛时招的。”年轻时作息不正常，饮食不正常，等到年老的时候就容易得病；仗着自己有权有势，欺负别人，为非作歹，等到衰败的时候麻烦就来了。别人之所以隐忍不发，像没发生过一样，就是暂时不愿撕破脸，事情过了你才可以看清对方的品德，当下又不必花力气与对方起冲突，有智慧的人不跟人家撕破脸，以后也不会再受到别人的伤害。

“爵位不宜太盛”，不要太高，越高越危，除非你是国君。在高位者很容易遭受忌惮、伤害，你做事确实有能力、有才华，但也要让别人有机会表现，不要一个人把所有的事情都包揽了，人际关系要顾好，你的成功才会有人来护守。若一人成之，百人守之，那么成功就可以持续一百年；若一人成之，百人毁之，那么成功不出一天就毁了。

高山上没有水没有树木，而溪谷里水和树木都很多，水流湍急的地方没有鱼，而缓慢的地方鱼很多，这意味着什么？高山、急水好比自诩为天才者，能力很强却睥睨群雄，看不起别人，越有能力的人越要谦虚，越能够跟三教九流的人相处，越有可能做成大的事业。

人来自家庭，家人和自己关系亲密，在家里，走路踩到爸爸的脚不必道歉，但是在街上踩到别人的脚一定要说抱歉。家人如自己，要做到“父慈子孝，兄友弟恭”“合当如是”，不要有感激的念头，也不要有要求感激的念头，否则你们只是外人，不是家人。家人有过，一定很受伤，但是要找时间好好地讲开，家人关系破裂是一辈子的伤痛。假如你不喜欢大学同学，等到考研究所之后就说再见了，也不会特别难过，然而兄弟姐妹如果关系不好，就算你离家了，心里头还是有一个疙瘩。所以和家人相处尽量不要起冲突，家人关系不完美不圆满会很麻烦，家庭和睦是一生的功课。有的人在职场很顺，但在家庭却不是很顺，这在提醒你人生不会永远一帆风顺。“家庭有位真佛，日常有种真道，人能识心和气，愉色婉言”，在家庭中各自的情绪都是非常直接的，不高兴就直接骂，有话就直接说，有需求就直接伸手要，如果在这种情况下你还游刃有余，那么说明你在家里练的武功比你在职场上练的武功的水平要高。与其在外上课，不如与家人处好，把夫妻、兄弟姐妹、子孙、爷爷奶奶外公外婆之间的关系处理好，其中的功夫更为讲究。所以家里武功高强的人在职场上肯定是武功高强的人，在职场上武功不高强的人，可能是无法把握家庭关系的人。

第十三条，“怨因德彰，故使人德我，不若德怨两忘”，这是什么意思呢？不要以为对他人施恩，别人就得感恩戴德，这种回报的压力有时候甚至会反过来产生怨怼，这叫作“怨因德彰”，有时你帮助他就等于他不如你，你越有帮助他的高姿态，他越有不如你的自卑感，当人们在自卑感上受尽了凌辱之后，就会反击，所以“不若德怨两忘”。如果你想帮助别人，就要做出毫不在意的姿态，这样他会欣然接受你的帮助。“仇因恩立，故使人知恩，不若恩仇俱泯”，和前面的话意思是一样的。

第十六条，“仕人心地宽舒，便福厚而优长，事事成个宽舒气象”，宽舒的意思是善待别人、容忍别人，这样谁都不会讨厌你，谁都不会嫉恨你，谁都不会对你不礼貌，因为你善待了所有人，承担了所有辛苦的事情，别人自然不会找你麻烦，事事成个宽舒气象。“鄙夫念头迫促，便福薄而泽短，事事成个迫促规模”，目光短浅的人只顾眼前，命人仓促成事，结果事情做得不够好，别人因为受到了指责，更加不愿意把事情做好，就福薄而泽短。所以待人要宽厚，不要计较。什么样的人叫作有福报的人呢？有福报的人有一个指标，讲话有人听，做事有人帮，因为平常就善待别人，帮别人把事情做好，而自己承担比较多的辛苦，叫作“宠利毋居人前，德业毋落人后”，当你要做大事的时候，别人就愿意来帮你。立志做大事的人尤其要学会宽厚待人，学会容忍他人的小毛病之后，他就全力投入，配合你了。

“争先的径路窄，退后一步自宽平一步”，争一定是争私利，不是争公益，做公益的事情不用争，当然要抢时间讲效率，但是不要跟同事、伙伴争，争先就是争荣誉或者争成功以后的功劳、利益，当你争的时候，别人就会来扯你的后腿，结果公家的事情不会越做越大，只会越做越小。所以属于私人利益的事情应退后一步，那么公家的事情就会前进一步，最后因为你私人利益的退让，使得公家的事情做得更好。

“浓艳的滋味短，清淡一分自悠久一分”，浓艳指的是自己的外在形象，它是短暂的，而你的能力才是长久的永恒的，人要追求能力的成长，而不是短暂的外在形象、名声，你看得清、看得淡，把力气用在能力的成长上，你在这个高度的山上装饰，不如你爬到更高的山峰上去看更多的东西。清淡一分眼前的东西，悠久一分永恒的东西。

第四条，“春至时和，花尚铺一段好色，鸟犹啭几句好音”，春日降临，花开鸟鸣，它们能够展现它们应有的姿态，美艳美声就好像“士君子幸列头角”，士人考上了科举得到了功名，做了官，等等，“复遇温饱”，基本生活的条件完全能够顾好了，这个时候应该要思考立德立言行好事。因为有能力的人已经处在一定的位置上，就要展现他们的能力，建设事业，让这个社会变得更好。所以，这段话就是告诉我们，当自己成功以后，就要想着回报社会，而不是一味索取，如果是这样，就仿佛不断考试考第一，想要得到好学生的荣誉，老师、父母赞美的小学生。当我们幸列头角，复遇温饱，要从学生的角色转变成老师的角色，我们要做一个“给”的人，不要再做“要”的人，特别是年过四十岁以后，地球上比你年龄轻的人的人数已经多于比你年纪大的人，作为长辈，要想着用自己的能力回馈社会，要“给”，不要继续蝇营狗苟，想着自己的长官是不是继续给我升官，是不是继续给我加薪，是不是能得到更多的利益，要懂得“给”，这才是算是“成人”，否则“虽是在世百年，恰似未生一日”，心智上还是个小学生，因为你还在“要”，你还不懂得“给”。

躯壳的“我”要看得破。什么是“躯壳的我”？外在的东西，比如车子、房子、衣服都是躯壳，拥有就行，不要过度追求。当你有能力了以后，你要追求另外的理想，为社会服务。学会看破“万有皆空而其心常虚”，不会为了更好的房子更好的车子更多的金钱更高的地位而跟别人争斗，而是想着该怎么样把事情做得更好，这就是“义理来居”。“性命的我要认得真”，“躯壳的我要看得破”，这句话与孟子所讲的“耳目口鼻，性也有命焉”，“君子不谓性，仁义礼智，命也有性焉，君子不谓命”有异曲同工之妙。耳目口鼻就是躯壳的欲望，而不是来自内在的“性”。“性也由命焉，君子不谓性”，命里有天生的使命，所以你不把躯壳的我对欲望的需求当作自我的本性，重要的是让这个社会更好的使命。就是第二句“性命的我要认得真”，性命的我即所谓仁义礼智，“命也有性焉，君子不为命”，仁义礼智不是强加在人身上的外在束缚，实际上人的本性中就有仁义礼智，孟子所谓“恻隐”“羞恶”“辞让”“是非”就潜藏于内心中，所以要认得本性的我，“万理皆备而其心常实”，仁义礼智的道理用直觉就能体会到，“实则物欲不如”，物欲就是为了自己的私利损人利己，这完全是孟子论耳目口鼻与仁义礼智的另外一个翻版。

“恻隐、羞恶、辞让、是非”，孟子说我们每个人都有“恻隐之心”，看到别人受苦受难便有下意识的不忍心，那说明有恻隐之心的存在；看到别人做坏事，我们不好意思跟着做坏事，羞于为恶，那么就是有“羞恶之心”，大着胆子跟随他人做坏事的是懦弱的人，羞于跟随他人做坏事的才是勇敢的人。所谓“辞让之心”，意味着当与别人有同样的需要时，你觉得别人更需要，故愿意让，因为你懂得你还可以在别的场合拥有，并不是非要不可。比如你和一个五岁小孩面对一个冰淇凌，你肯定会让给小孩。“是非之心”，懂得看大家的是非对错，《菜根谭》常常讲是非、利害，是非就是公是公非，利害就是私人利害，公是公非一定是要承担的，私人利害则不要太在意，因为如果没人承担公是公非，社会就会不正义，以至于宵小匪类横行，总有一天会崩溃，到时候离战祸也就不远了。当然要承担公是公非也没有那么容易，要有实力、有能力、有人脉、有财力，让自己更强大更茁壮，才能够承担这些公是公非。

“交市人不如友山翁”，我们去结交名人，自己好像也很光荣，其实有时不如踏青，去找一件对自己而言特殊的事情，不跟着别人一窝蜂，那你就是名流，有自己的品味。“谒朱门不如亲白屋”，谒朱门拍马屁不如到平民百姓家里做客，至少能受到别人的盛情款待，让你的角色有所发挥。“听街谈巷语，不如闻牧唱樵歌”，街谈巷语不过是空穴来风的流言蜚语，与其听着搅乱自己的内心，不如闻牧唱樵歌，心平气和，没有杂想与妄念。“谈今人失德过差，不如述古人嘉言懿行”，理学家程颐的弟子好品评他人，程颐告诉他只看人的优点就好，人家的优点你没有达到，而一味挑刺，不过在宣泄自己技不如人的不平衡，反而显得自己很可悲。所以对“古人嘉言懿行”，我们做不到，然心向往之，取法乎上，努力追求。

“藜口苋肠者多冰清玉洁”，虽然粗衣淡饭，但是我行得正坐得直，内心有德。“衮衣玉食者甘婢膝奴颜”，为了得到不当得的而婢膝奴颜，像个没有尊严的奴才。虽然在外人看来锦衣玉食，可自己内心了解这都是用奴颜媚骨换得的，所以“盖志以淡泊明，而节从肥甘丧也”，淡泊以明志，淡泊私人的利益，你就可以做你理想中想做的事情，节从肥甘丧，而为了得到不当的利益答应人家替别人干坏事就会丧失节操。

第十四条，“富贵是无情之物”，因富贵很无情，所以你不要对它动情，将它看得越重，它对你的危害越大。“贫穷是耐久之交”，这里的贫穷是相对于富贵而言，其实已是温饱以上，“耐久之交”，已经温饱了，“处得它好，它益你越深”，当不当利益来诱惑你时，你不为所动，就不会走错路、走弯路。当你在做重大决策的时候，这个决策只跟大众的权益有关，而无关私利，那就是跟自己的贫穷、温饱相处得很好。做大事而未获大利，能够让你能力提升、事业更大、福报更大。生命的意义就在于能力的提升，就在于促进社会的进步。与贫穷相处得宜，把力气用在服务、学习与成长的事情上，不要重眼前之利，把事情做好才重要。聪明的人的算盘从来不是在算位阶，或者算钞票是不是越来越多，有智慧的人从不在这些事上消磨自己的智慧，他们算的是算社会有没有更好，道理有没有讲得更透，个人的品格及修养有没有一天一天上升。“贪图商旅而恋金谷者，终被一时之显祸”，总想要满足躯壳的我的耳目口鼻的欲望，贪名逐利，结果招致他人之嫉，终被一时之显祸。“乐箪瓢而甘蔽蕴者，永享千载之令名”，这句话是说在郊外荒岛过生活，能享千载之令名吗？并非如此。它的意思是说人就算在胡同小巷里过着普通人的生活，只要是朝廷重要的官员，不把力气、精神、注意力、能量用在抢夺私利上，你就没有个人的灾难。对比你向社会索取的和你带给社会的，永享千载之令名。这样的官员在历朝历代、海峡两岸都有，聪明的人的算盘与一般人不同。

第十一条，“求见知于人世易”，把你的本事显现出来，让别人知道你的厉害，容易；“求真知于自己难”，你真正的理想是什么，你真正的兴趣是什么，你为社会大众所做的事情里放了多少自己的私利，你为社会大众做的事情呈现在世人眼前，别人给你的赞美你可以得到，但你自己的算计你自己会觉得好意思吗？求真知于你自己难，有很多行为在无意之间显露出自己内在的好胜心，而且自己很容易将内在的欲望合理化，别人也不见得看得破，所以获得别人的赞美是很容易的，但是要求得自己的心安理得是不容易的。“求粉饰于耳目易，无愧于隐微难”，外在的行为人家易见，内心的想法难猜，无愧于内心的隐微难。所以儒家讲慎独，佛家讲要在念头上修行，说的都是自我要求绝对比别人对你的评价要重要得多，你可以通过伪装来获得别人对你的好评，但是你是不是真的有那么好，则决定于你自己的念头和慎独的功夫。因此，自我要求重于社会对你的评价，所以我们要自己给自己打分数，而不是满足于别人打的分数。

我做一个《菜根谭》的总结，以及我自己做中国哲学研究的总结。

实际上，中国哲学有很多学派，儒家就像一个有理想有抱负，要为社会服务的青年，青年人首先要做一个儒者，要立志为他人、社会服务，儒家所谓“仁义礼智”中的“仁”就是关心他人，关心社会，对所有人无私地关爱，做一个有用的人。成为儒者以后，我们还要意识到一件事情，我们在社会做各种事情的过程中会碰到困难，有些可以克服，有些没有办法克服，有些是以后可以克服的，有些是永远也无法克服的，对于那些永远无法克服或者现在没有办法克服的事情，要懂得放下，要潇洒一点。因为人心都是好胜的，上台就要想着你什么时候要下台。见不得人好的人，在我们身边有不少，甚至很多时候自我修养不行的时候也是这样对别人的。所以任何一个有智慧的人，当他把事情做成功了以后，他一定要想着这件事情下一次要做的时候别人会不会想来做，如果别人想做我要不要让，道家就会告诉我们这个时候要懂得让，让了，这件事情还是可以做好的，只不过功劳变成别人的。要考虑清楚是功劳重要还是把事做好重要，当你不让巴着自己做的时候，过去帮助你的人可能变成扯后腿的人，这件事情就不圆满了。这种把功劳、名位之心放下的智慧，就是道家的智慧。道家有两个重要的学派，一个是庄子，他提议完全潇洒地退出，一个是老子，他提议让名让利了以后，还是要把事情做好，所以当你看到事不可为的时候，要有庄子的潇洒，说退出就退出，你可以保住自己的安全。所以每一个儒者心中都要住着一位庄子，事态混乱的时候就潇洒地离去，保住你的平安。孔子去鲁，孟子去齐，就是潇洒地离去，只不过作为一个儒者，当有机会的时候我还是要回来。而老子强调，“生而不有，为而不恃，长而不宰”。得到荣誉得到权力得到位置，把事情做好，受领导重用，《菜根谭》就是把孔孟老庄的智慧，圆融、通透凝聚而成的。

我今天就借由我过去读的孔孟老庄的思想，借由《菜根谭》的这些句子来跟大家作以上的分享，谢谢大家。

释本性

释本性，1965 年生人。中国佛教协会常务理事、福建省佛教协会常务副会长、福建佛学院院长、福州开元寺方丈，为中国禅门临济正宗第 42 代、曹洞正宗第 48 代法脉传人之一。

新时代两岸禅学交流的新境界

非常尊敬的各位，以及各位网友，非常感谢两岸国学中心的诚挚邀请。有谓“国民之魂，文以化之，文以铸之”，今天我要讲的主题是：“文化融合、心灵契合，新时代两岸禅学交流的新境界”。

第二轴心文明

大家知道，在2500到2000年之前，世界文明出现了一次非常大的突破，也就是在中国出现了儒家、道家乃至诸子百家，在印度出现了婆罗门教，也就是后来的印度教，还有耆那教、佛教。在希腊，出现了像荷马、苏格拉底、柏拉图这样一些知名的思想家。在以色列，出现了犹太教。犹太教分出基督教，接着又分出东正教、天主教和伊斯兰教，天主教又分出基督新教。史学家把这样一个时期文明的突破现象用一个词来表达，叫作“轴心时代”。这是个什么轴心？历史的轴心、思想的轴心、时代的轴心。在这个时代出现了什么人？我们刚才讲的儒家的像孔子，道家的像老子，印度的像佛家的释迦牟尼，犹太教的诸如摩西等一系列的先知。那史学家把这个时期的文明以一个词来表达，叫作轴心文明。轴心文明决定了什么？决定了我们今天这个世界文明的格局跟形态，我们看一下会知道，比如中印文明，我们亚洲基本上受这影响。西方文明，也就是当时的希腊那些区域产生的文明，现在影响的是欧洲，尤其是欧美这一线。从刚才的图我们会发现，中东就是伊斯兰文明，还有就是犹太教，后来分出天主教、基督教，同样影响整个欧美文明。今天西方人有一个观点，他们老认为西方是整个世界的轴心，因为他们认为他们有轴心文明，也就是西方文明，提倡博爱、自由、平等，但是我们如果站在我们的角度看，也会发现我们的亚洲文明尤其是中印文明，也是当时的四大文明也就是轴心文明之一。所以，我们也有理由非常自信地说我们也是世界的轴心。而且西方的文明历史上有断过，我们中华文明一直没有断，延续到今天，所以我们国家现在提倡要文化自信，如果从历史的观点来看，它是有理由的。

近现代，中国人比如说闻一多，就提倡轴心文明这种说法。还有像汤一介教授、杜维明教授也提倡这种说法，而且，他们把我们今天的文明称作第二轴心文明，或者说新轴心文明。为什么会这样提？因为他们说我们今天是全球化、科技化、网络化的时代。受这几化影响之后，我们这个时代新的文明正在产生。那么我们新的轴心文明正在产生，我们国家在这块能够做什么，我们在座的各位能够做什么？我想这也是我们要思考的问题。

儒释道三家融合

刚才说了，我们中印文明是其中重要的组成部分，那中印文明里面，印度最典型的就是佛教。中国最典型的就是儒家跟道家，所以前面谈轴心时代跟轴心文明以后，我们接下来要谈第二个问题，就是我们的儒释道。大家都认为我们国学的核心内涵就是儒释道。历史上有很多的名家，他们说儒是拿来做什么的？治世的。它倡导什么？仁义、道德、中庸，强调“和为贵”，强调“温故而知新”。其主要人物大家知道是孔子以及他的七十二弟子等。那我们佛家的主要功能是什么？归结为治心。我们的心要治。强调慈悲、智慧，强调诸法唯心、万法唯识，说诸行无常、诸法无我等。它的创立者大家都知道，就是印度的释迦牟尼跟他主要的十大弟子。那道家是干什么的？道家是治身的，特别侧重于这一块。讲自然，所以才会有道生万物、天人合一这样一些观点产生，主要的代表人物是老子、庄子。

从儒释道我们就联想到第三个问题，就是历史上国学的核心儒释道三家，一直以来都是三教融合。这是我们中国文化大融合的一件非常典型的事情。这种融合它是什么过程，我把它总结一下叫相逢。什么叫相逢？比如说印度的佛教进到中国，跟中国的儒家、道家碰面了，碰面了以后怎样？肯定是误解的。为什么误解？比如说佛教，头发剃光光。我们儒家说头发是来自父母的，不能随便剃除之，所以有矛盾。我们儒家说，不孝有三，无后为大，但是佛教出家了以后不能结婚，就无后，所以它有误解。那么误解以后会怎么样？那肯定就是产生矛盾，矛盾的结果就是冲突。但是要特别强调的是中国的这种文化冲突跟某一些国家的文化冲突有非常大的不同，这就是，中国文化的冲突都是在可控的范围，从来没有因为文化的冲突而导致战争或者是某些非常残暴的行为发生，都没有。那冲突以后怎么办？它就要互动，通过互动大家慢慢地理解，就开始吸纳对方的优点。这就是我们今天所强调的交流互鉴，互鉴以后融合共生。

儒释道三家融合共生，可以举一些例子。比如说佛教的五戒，杀盗淫妄酒，我们儒家是仁义礼智信，所以儒家和佛教把二者对应比较一下，两家强调的内容意思是一样的。因为，你如果不杀那就是仁嘛，不偷那就是义啊，如果不邪淫就是礼，不饮酒就是智，不妄语就是信，名称不同，但实际上意思是一样的。道教的五戒和佛教的五戒基本上是相同的。所以在三教融合的例子上，汉末的时候有一个人叫牟子，他作了一本书叫《牟子理惑论》，书中谈了许多三教融合的。你看尤其是魏晋时期还出现了《老子化胡经》。这是什么意思呢？意思是说老子出关去了，到哪里？到印度去了。到印度去干嘛？去度印度的人。怎么度？他化身为释迦牟尼佛。这个《老子化胡经》意在说明一点，我道家是比你佛教早先优先的，因为我老子化身为释迦牟尼在印度度你们。还有南朝的梁武帝是一个非常信仰佛教的人，他特别强调“三教同源说”。还有很多很多例子都能说明这一点，比如说很多的寺庙你一走进去，里面供着观音、马祖、关公。关公是儒的，对不对？马祖虽然是民间的信仰，但是也是道的。观音是佛的。总之，这个儒释道相融，所以才会出现“三一教”，这个三一教就是把儒释道的教义糅合在一起，就产生了，所以全真教的创教祖师王重阳有一句话非常典型地说明了这一点：“儒门释户道相通，三教从来一祖风。”

中国佛教的特色在禅

接着我们谈第四个问题。刚才谈到儒释道，释就是佛教。佛教总的特点是什么，或者说它的特质是什么？我们太虚大师有一句话叫“佛教的特质在禅”，在禅宗。如果我们统计一下会发现，中国的寺庙，很多都是禅寺，流行最广的也是禅宗，禅僧特别多。那我们接着要谈的是什么？禅是怎么来的？大家知道佛教产生于印度，首先禅的发现也是在印度，但是后来传到中国，变成了什么？前面是印度的禅，后面变成了中国的禅，这里面有一个中国化的过程。为什么要谈中国化的过程？这个，等下大家会慢慢地发现这个内容的重要性。所谓印度禅就是释迦牟尼佛坐在菩提树下，日夜坐禅，终于在月明星稀时开悟了，发现了禅法的奥妙，后来，他把禅法传给了上首弟子叫迦叶的。再后来，印度有个叫达摩的禅师，到中国来，把这个禅法传到中国。但是达摩的禅跟我们今天的禅，尤其是我们提的中华禅，修行方法是有区别的。为什么有区别？因为它已经中国化了。中国化的重要人物是谁？就是慧能禅师，这个人大家知道，很传奇，他的祖庭是在广东南华寺，肉身到今天还未坏，他是佛教中国化的代表性人物，就是把中国的儒家、道家思想结合到佛教里面去，使印度佛教变成中国佛教，尤其是印度式的佛教理论变成中国式的佛教理论。所以人家说慧能是在理论上将印度的佛教变成了中国的佛教。印度佛教变成中国佛教如果只是理论上进行中国化，那它会出一些问题的，因为没有配套相应的组织与制度。怎样解决这个问题呢？因缘不可思议，接着又出现了一个人，就是福建人叫百丈怀海，他在马祖建丛林的基础上，在佛教组织和制度上进行中国式的改造。这个组织和制度怎么变？我们后面会强调到这一点。

印度的这个禅法叫什么禅？叫如来禅。到了中国这一边，这个禅，祖师们根据时空根机不同，在方法上，有所改变，我们叫祖师禅。我们中国更多的是学这中国化的祖师禅法，这一点日本、韩国跟我们是基本相同的。那这个祖师禅它有什么特点？首先，有五个宗派，即沩仰宗、曹洞宗、临济宗、云门宗，法眼宗。而禅法流传较广的有四种：即默照禅、话头禅、念佛禅、止观禅。很有意思的是这五个宗派的创立，基本上都是跟福建有关系，也就是它的产生都跟福建人有关系。大家看资料看得出来，比如说我们沩仰宗是霞浦人灵佑创建的，福州希运的弟子义玄创了临济正宗，南安人雪峰义存创立了云门宗和法眼宗，莆田人本寂与弟子良价创立了曹洞宗。我们佛教叫“一花开五叶”，这个五叶就是中国人创立的五大禅门宗派。

刚才说的四种禅法默照禅、话头禅、念佛禅、止观禅的特点是什么？默照禅就是要守静默，深观照。观照什么？观照我们过去、现在、未来，观照佛教里面讲的十二因缘，我们要观身体之不净，观感受是苦，观心是无常的，观世间所有的东西都是无我的。这个方法也不是我们今天要讲的重点，因为我们今天要讲的重点在后面，所以就点到为止。那话头禅是什么？就是用话头来参。什么叫话头？比如说“父母未生我之前，什么是我的本来面目”，比如说“万法归一,一归何处”，就是这些公案让你好好地去参，参话头，起疑情，参不是让你去思考，不是让你按逻辑去推，只是让你去参出它们的本质来，参出自性来，这个叫话头禅，这都是中国人创立的禅宗。什么叫念佛禅？就是把坐禅和念佛结合起来，因为佛教认为你不断地念佛念佛，去除杂念，一心不乱，一念不生，你心照样会静下来，静下来跟你坐在那里参禅的效果是一样的，所以禅宗里面或者是净土宗里面，把它叫作禅净等持，或者叫禅净双修，以使心佛相应。还有一个是止观禅，就是天台宗的智者大师推动跟创立的。要点是止观双运，寂照并进，这个宗派后来影响到日本，在日本成了日本的天台宗，影响也很大。

两岸佛教的关系

我们今天讲的重点现在开始说，就是两岸，大陆跟台湾，它的禅源是什么样的。我们佛教有一个词叫“同根同源，法乳一脉”。为什么说大陆的佛教和禅宗跟台湾是“同根同源，法乳一脉”呢？

首先第一，祖师是相同的，我们刚才从上面一直分析下来，从印度禅一直到中国禅，台湾的禅法跟大陆禅法，一模一样的，没有区别。祖师都是从哪里产生的？基本上都是在福建这里产生的，同一个祖师。台湾那边，佛教禅宗的祖庭很少，因为，佛教历史比较短。大陆这边的寺庙，一算历史，很多是上千年的，比如说福州开元寺，1500年，所以祖庭都是在大陆这边。

那我们举个例子，大家来看，台湾佛教界历史上有四大山头之称，即大岗山、观音山、大湖山、月眉山。其中，大岗山派的法脉，是我们厦门的南普陀寺会泉法师，经常在那里讲课讲经，传过去的。还有观音山派，其大本山台北凌云寺是福州的鼓山涌泉寺一个出家人叫理明法师创建的。也就是说台湾的观音山派是福建的僧人创立的。还有大湖山派的大本山苗栗法云寺，是由福州鼓山涌泉寺僧人觉力法师到了那边创建的。还有月眉山派的大本山，在基隆的灵泉寺，是由福州鼓山涌泉寺两个僧人叫善智与妙密法师创建的。台湾早期的佛教影响最大的就是这四大山头。这四大山头都是福建法脉传承过去的。

我们看新的四大山头，或许用山头不好听，说四大门派吧，比如说现在的佛光山在高雄，这个大家都知道，创办人是著名的星云大师，法鼓山创办人是圣严法师，中台山创办人是惟觉和尚，慈济功德会创办人是证严上人，这四位中，前面三位是长老，后面的一位是长老尼。佛光山星云大师刚到台湾时，没有个落脚点，是福建籍僧人慈航法师帮助他，带着他。慈航法师是福建建宁人，出家于泰宁庆云寺，曾经追随太虚大师，在闽南佛学院学习，后来，接法圆瑛法师，他中年从南洋到宝岛台湾，在那里创办了台湾佛学院。星云大师就是在台湾佛学院读书，追随慈航法师的。当然也包括在这前后时期。也就是说佛光山的创办人星云大师，他早期到台湾结缘的最亲近僧人，便是福建人。法鼓山圣严法师，他的师承是白圣长老，在上海静安寺佛学院，白圣长老是圣严法师的老师，白圣长老还是圣严法师的授戒三师之一，白圣长老的师父是福建籍的法师，叫圆瑛法师，圆瑛法师祖籍宁德古田，曾经做过中国佛教会的会长，后来又做过中国佛教协会的会长，前后做了 7 任会长，白圣长老就是他的徒弟，所以说法鼓山的传承也还是福建这边的学脉。那中台山的惟觉老和尚，师承虚云和尚，也可以算是福建的法脉。为什么这样说？因为虚云老和尚曾经做过福州鼓山涌泉寺的方丈，也是福建人。中台禅寺，很多大陆的人去过，这个寺庙建得非常有特色，是传统跟现代融合成功的例子，而且在台湾推动禅法的修行也很成功，跟法鼓山一样，也是推动禅法。还有第四个慈济功德会的创始人，证严上人，是印顺法师的徒弟，印顺法师也是我们闽南佛学院读出来的，学脉源于厦门。这么说来，台湾以前的四大山头完全是从福建传承过去的，现在的四大山头基本上可以说也是从福建的法脉学脉传承过去的。

现在的四大门派以外，还有一个就是中国佛教会系统，我们大陆叫中国佛教协会，台湾叫“中国佛教会”。在新中国成立前，圆瑛大师担任中国佛教会的第一任会长，1949 年前夕，有人叫圆瑛大师到南洋去，大师说我不到外面去，我要留在大陆迎接解放，后来他就留下来。他有一个优秀的弟子，叫白圣长老，在台湾，把中国佛教会继承办下去，他被推为第一任会长。“中国佛教会”底下有各县市分会，这些分会基本上都是认同这个系统的理念的，所以在前几年，两岸关系特别紧张的时候，两岸的佛教交流得最多的就是大陆的“中国佛教协会”跟台湾的“中国佛教会”。为什么？两个前面都有“中国”两个字，而且本来就是兄弟会，民国时期就是圆瑛法师做会长的。至今，台湾的“中国佛教会”跟大陆的“中国佛教协会”

关系还是比较密切的。我们有经常来往，包括“中国佛教会”的各县市佛教会。前几年福建省佛教协会有一个闽台佛教的交流平台，叫闽台佛教文化交流周，每年办一次，台湾参与最踊跃的就是“中国佛教会”跟它的地方分会。

谈到这里不得不再强调下圆瑛法师，他有四大弟子很有名，在台湾的两位，有一位是白圣长老，还有一位就是办台湾佛学院的慈航法师。所以说圆瑛法师有两位杰出的弟子在台湾，白圣、慈航。在大陆也有两位很杰出的弟子，一位是明旸法师，还有一位是赵朴初居士。这四大弟子有人戏称为“四大天王”，也有人说是“四大金刚”。可见，两岸禅缘真的是同根同脉。

接着我们讲这两岸禅学的理论体系也是一样的。如果我们将它总结起来，这个禅学的理论体系是什么？第一，要常养六心。什么叫常养六心？就是说首先要有无主宰的自由心。什么叫无主宰的自由心？人的命运是要由自己来创造的。因为你造什么因，就有什么果。所以命运是自己造的，因是你自己造的，所以你是自由的。你做坏人那你自然得坏结果，你要得坏结果很容易，你去做坏人；我想得到好结果，我就去做好人。第二，是无分别的平等心。什么叫无分别的平等心？每个人都有佛性，都将成佛，每个人生来以后都会死，平等，本质上来讲它平等。第三，要有护生命的慈悲心。为什么？因为佛教讲人世间所有的东西它是一种因果，既然是因果就是联系的。既然是联系的，那么人就是这个世间里面一个网的一个点。别人把这个网拎起来了，你就是跟着被拉起来，所以命运是个共同体，我把这个毒放到河水里去，下游的人吃了，他也是要受到伤害的，不是说我放这个地方不影响到那里。我们平潭这个地方，污染的空气向天而去，并不是说只是我们这里人受影响，福州也受影响，因为它从这个地方向天而去，然后在大气层转几圈就转到福州去了。所以所有人构成命运共同体，所以我们要慈悲，对别人好就是对自己好。第四，是厌娑婆的出离心。这个人间虽然完美，但是还是有很多缺陷的。有很多的苦在，哪怕是乐，也是乐为苦因。最终还是苦。所以说要有出离之心。什么叫出离之心？就是最终要有解脱之心，有解脱之心，你才会去修行或者提升自己的道德、伦理。第五，是度众生的菩提心。因为人是可以成佛的，按佛教来讲，我们要去帮助人，这是有功德的。还有佛教讲因果讲轮回，每一个人以前都可能是亲戚或者是朋友，甚至是亲人，谁知道上一世你是不是我的父母或者是兄弟姐妹。所以从这个角度去看你要度众生，帮助别人就是帮助亲人帮助自己。第六，是见证圣道的清净心。人最终都是要走向生命的终结的，在生命结束之前，我们要怎样让自己"诸恶莫作，众善奉行"，尤其是"自净其意"，让自己的身心灵干净，给自己一个交代，也给世界一个交代，这个对宗教来讲是一个很重要的追求。

包括印度佛教也是这样的，把人生分成四期。第一期是成长期，读书期。第二期是你的婚姻期，享受家庭。第三期是事业的奋斗期。第四期就是修行期。前面三个期因为某种原因你可能做过很多的错事，需要忏悔的事，需要反省的事，你到退休后，跟人家的纷争相对比较少了，这个时候你就要静下心来忏悔过错，如果以前伦理感、道德感不够，这个时候是你树立道德感、伦理感大旗的时候，以便有一个美好的未来，甚至惠及子孙。

总之，在禅学的理论上，两岸是一样的。

又比如说六根，我们讲六根清净。相对于六根的眼耳鼻舌身意，对应的叫色声香味触法六境，骂人六根不净，也包括了六境的不净。修禅的人需要六根清净。佛教讲闭关不是要闭在一个小房间里面，而是要把眼耳鼻舌身意都要闭起来，这个就叫六根清净。当然下面还有闻思修、信愿行、戒定慧、空有中，今天没有时间做更多的解释，但是这些理念两岸都是通的。上面这几句话，简单总结一下意思，就是一个人的提升，首先要通过闻，比如说今天讲课这就是闻，闻法听经，欣闻真理。闻完以后就要思考，要思虑，某些事情到底是正确的还是错误的，是有价值的还是没价值的，是真理还是谬误，自己要闻思后弄明白。然后根据这个去修。怎么修？就是信愿行，信就是对自己，对真理有信心，比如说对国学我们要有信心，你有了这个信之后，要发愿，我要把这个国学事业弘扬好，或者是佛教里面说的，我要“诸恶莫作，众善奉行”。我要发愿，就是设定崇高的理想。中国人说如果理想很高，你会得到中间点，如果理想是中间点，你只能得到地面的，如果你理想是地面，那你就只能钻到地下或者在地面趴着爬了。所以这个愿要发大。理想出来了，不能空有理想，要有实际的行动。要怎样行动呢？就是要戒定慧，自己不好的言行，你要去戒，作为社会上的人来讲，每个行业有每个行业的规则，要戒，戒了以后才能定，才有定力，否则定力从哪里来，大家有了定力以后才有智慧。智慧在佛教里面指的是什么？其中之一，即空有中，这是佛教非常重要的智慧。什么叫“空”？佛教说世间所有的东西最后的本质都是要奔向灭亡，本质是空的。房子最终要空掉，人最终要空掉，乃至地球在多少亿年以后也是要空掉，这个“空”佛教用一个词叫“真空”，因为所有东西是绝对的空，为此说有时候该放下的时候你要放下。什么叫有？你什么都放下，什么都空，我们人还活着干吗？反正都会死，那不如我们现在就去跳河、自杀算了。但不是，佛教说除了空以外还有“有”。什么叫“有”？佛教有一个词叫“妙有”，这是一种微妙的有，比如说这个桌子一百年后它会空掉，但是现在它是有的，这个楼一百年后可能没了，但是现在它是有的，我们人 120 年后会死，但是今年是会有的，这个有是妙有。因为有，所以你要珍惜现在，珍惜当下，你要把握现在的有，让现在这个有创造更多的事情，比如说生命，你多活一天就多一天希望，因为你可以利用这一天做很多好的事情，所以说，因为有，佛教说要珍惜，要把握，要精进，要提起，如果只真空、只妙有，会走向两个极端。有的人拼命说空，有的人拼命说有，这两者综合起来，变成中道，中道就是我们讲的辩证，因为辩证你就能圆融，跟一条鱼一样，既能浮出水面，又可潜到水底，这才是真正的佛教。

要从空有中这三点去看。两岸佛教的理论体系是相同的，修行方法也是一样的。我们刚才讲的里面有一条，信愿行，如何行？即戒定慧。戒定慧实际上就是佛教的修行模式，也就是实践模式。这个实践模式是什么？戒刚才说了，戒杀、戒盗、戒邪淫、戒妄、戒酒，这是对信徒来讲的，它的精神就是有戒，人生是需要有戒的，不是什么都能干的。那么如何获得定？它有很多的获得方法，比如，它有调身体的方法，觉呼吸的方法，有守静默的方法，有深观照的方法，还有参话头的方法，还有起疑情的方法，还有持秘咒的方法，还有念佛号的方法，无论是哪种方法，两岸都是一样的。

我们再说两岸这种法乳一脉、同根同源的其他内容，比如说寺庙的功能和建筑风格，在这块两岸也是几乎完全一样的，印度的佛教寺庙，南亚的佛教寺庙跟我们是不一样的，我们是中国化的佛教寺庙建筑，有个和尚叫马祖，他建了很多的寺庙，包括福建的佛迹岭，他建的很多的寺庙，多参照我们中国的宫殿模式而来，有规模，成规范，出家人聚在里面，集体生活学修，可以说，今天寺院的格式，是从马祖这边开始的，所以我们有一个词叫“马祖建丛林”。因为寺庙具规模，能聚很多人，它的功能也够用，所以僧团稳定起来，经济基础也起来了，这对中国佛教的发展起到很大作用。印度出家人到处托钵，居无定所，经济基础是没有的，佛教的根基也不牢。

佛教的中国化制度是由百丈怀海开始的，“马祖建丛林”之后，有一个“百丈立清规”。百丈原来的寺庙在哪里？在长乐的沙京龙泉寺。百丈怀海这个人参照中国朝廷官僚的制度，建立寺院制度。朝廷制度，比如说上面有皇帝，然后旁边有左宰相、右宰相，百丈怀海也参照这个系统，设立了方丈，接着有当家，有知客。当家、知客这一条线是有点像我们的工作班子一样的，如果方丈是董事长，当家的就像总经理。他还设立了另外一条线，叫首座、堂主。这个作什么用？是顾问委员会。把德高望重的人放到首座、堂主位上，让其指导刚出家的人或年轻出家人或持戒不严的人进行戒律修行，让当家、知客这个班子集中精力干日常管理工作。不仅仅是这个，百丈怀海还为寺庙设立了很多制度。比如，一日不作一日不食，农禅并重。很多企业家都把百丈怀海的制度拿去参照，从中吸取营养来管理企业，比如说海航集团的陈峰，就是以百丈怀海的“丛林要则二十条”的精神来管理企业。

印度佛教变成中国佛教有没有走样？没有，它的核心精神都在，只是形式做了改变。在印度，在斯里兰卡，在老挝、缅甸、泰国，出家人吃肉的，但是中国化的佛教徒是吃素的。因为佛教讲慈悲就不能杀生，要吃肉就得杀生，杀生你就不慈悲，既然要慈悲就要彻底慈悲，所以不吃肉，只吃素，我们僧团的着装也是汉化的，我们穿的是唐装，不是印度的那种偏袒右肩的服装，我们两岸都是一样的。

接着我们讲这几年两岸佛教文化的交流融合、佛教四众的心灵契合的一些例子。

两岸佛教文化交流的意义

第一个例子，2002 年，陕西法门寺的佛指舍利赴台巡礼的活动。这个活动我全程参与，当时这个活动结束以后，中央电视台的第四套节目还请我到北京做了一个专访。我印象很深刻的就是这个活动当时规模很大，是由当时的中央领导人批准同意办的。当时某位领导批示了四句话：“星云牵头，联合迎请，共同供奉，绝对安全。”台湾佛教界，各自的系统比较明确，各山来往不是太多，但是因为舍利赴台，所以他们联合起来迎请。

为此，宝岛台湾成立了一个台湾佛教界恭迎佛指舍利委员会，让台湾的四大山头、九大门派、五大团体联合起来，一同到西安来奉请佛指舍利过去。一个佛指舍利让本来来往不是太密切的台湾佛教界关系变密切了。佛指舍利到台湾以后，第一星期就有超过一百多万人去瞻礼，从高雄机场到佛光山，行进的是 840 辆车的车队，路两边有十四万人的迎接队伍，而且我们还发现很多人是跪着的，非常感人。我还看到好几个感人的例子。有一个眼睛瞎的人，别人扶着他去拜佛指舍利，这种完全是心灵的相应感召，因为他眼睛看不见，但他要去拜。当时台湾的报纸报道很有意思，因为佛指舍利是种非常珍贵的国宝，到台湾去，安全有没有问题，大家不知道。黑道人物会不会来捣乱？对此质疑，黑道人物声明说，只敢拜佛，不敢惊佛。惊就是惊扰的惊。当然还有许多有意思的故事，比如说运送佛指舍利，因为当时两岸没有直航，飞机必须从大陆飞香港，再从香港转到台湾去。舍利从西安飞到香港降下去的时候，因为飞机降落俯冲的原因，放在舍利塔里面原本立正的舍利斜了，这下大家担心死了，因为舍利塔是完全密封死的，这出于安全考虑，在外面打不开，要回来才有办法打开。那怎么办？舍利歪着怎么办？有意思的是，等飞机从香港起飞，一飞起来的时候，这个舍利又正过来了，报纸开玩笑说，肯定是因为佛陀、舍利对两岸不能直通有意见，你看这么狭的海峡，一飞直通，一会儿就过去了，但是，还要从西安飞香港从香港转台湾，佛陀、舍利不满意呀，所以才有这一出戏，先斜再正，提醒某些人呀。佛指舍利不仅仅是去宝岛台湾这个地方，后来还到过其他的地方，也是非常隆重。

第二个例子就是台湾地区的慈航菩萨的分身圣像从台湾请到大陆的福建。慈航法师去世之前跟徒弟讲，他去世以后不要火化掉，就放他在缸里面，放到后山，等三年后打开，拿一些金箔往他身上一贴就可以了。到时候把像供在大殿，这个破庙就能修起来了。慈航法师去世以后，他徒弟也就照着师父的话做了。三年以后，徒弟还不敢开。为什么不敢开？当然有因缘，但市井传说也很有意思，传说，他们想师父有没有那么厉害，说肉身不坏真不坏。过了五年了，舆论的压力很大，徒弟们一合计，拖也不是办法，开吧！一开，真的是肉身不坏。台湾第一尊肉身舍利，从此诞生了。人称慈航菩萨，星云大师都是他的学生。

慈航大师有一愿望，因为他去世时海峡两岸尚且隔绝，作为福建人，他希望可以落叶归根，有朝一日可以回到出家祖庭与出生故乡，培养僧才。但是，此愿他生前不能完成，2007 年，因为殊胜缘分，当时福建佛教界希望圆满慈航菩萨生前这个愿望，为此，跟台湾佛教界洽谈此事，争取将他的分身从台湾请过来，安座祖庭。商洽顺利，台湾还派了数百位僧俗护送过来，慈航法师在国外的法脉传人也组织了一百多人，合起来 500 多人从台湾护送到福建泰宁庆云寺，而活动参加者，加上福建的，那就更多了。分身圣像从台湾那边要护送回来大陆之前，则先在台湾巡礼以前他住过的寺庙，这样就花了一周的时间。然后从台湾本岛到金门巡礼，接着从金门到厦门巡礼，然后到福州开元寺，于开元寺举办了两岸和平发展祈福大法会，做完以后再到泰宁庆云寺，就是他出家的地方，把他的圣像安座在那里。

那个活动很隆重，其间有一些特别感人的事情发生。慈航法师有一个学生叫清霖长老，年纪非常大了，走路十分不方便，但是他一定要来参加法会。医生说你这么老了不能去，后来他没有去。这个活动结束以后，我们到台湾去拜访他，他跟我们讲了一句让我一辈子永远不忘的话，他说我的恩师现在已经回家乡回祖庭回去了，他的愿了了，我的愿也了了，我的愿了了我也要走了。真的还不出一个月，他就走了，就往生了。这个是真真实实的事情，很让我感动，我经常与人谈到这个。这种生死师生情，为我崇仰。慈航菩萨的分身圣像回归祖庭以后，我就想写一本慈航大师的传记，但一直拖到现在。今年第五届世界佛教论坛于福建召开之前，我才把这个传记写出来，由国家宗教局的宗教文化出版社出版，题目叫作“两岸慈航”。我认为“两岸慈航”这个名字最能体现他的一生。

第三个例子，前几年我们办了一个21世纪海丝佛教论坛，有几十个国家的人来参与，包括两岸四地的，在福州奥体中心举办，贵宾有八百人，信徒参与的有八千人，应邀来参加的长老如“中国佛教会”名誉理事长净良长老，法鼓山方丈果东法师。净良长老的讲话很感人，他说福建办这么大的法会，这是国家兴旺的象征。他说他作为福建籍在台湾的中国人，看到这场面，非常欢喜，他是福建福安人，当过“中国佛教会”的理事长，现在是名誉理事长，他也是圆瑛法师的法脉，因为圆瑛法师传承明旸法师，他接的是明旸法师的法。

还有一个是大家知道的例子，今年第五届世界佛教论坛在莆田召开，这个论坛第一届是2006年在杭州举办的，当时的主题叫作“和谐世界，从心开始”。这一次论坛在莆田召开，有六十多个国家的人来参与，里面有一个分论坛叫海峡两岸暨港澳分论坛，台湾来人非常踊跃，刚才讲的四大山头，包括台湾“中国佛教会”系统，全部派重量级的法师来参与。大家都有一个强烈的愿望，就是要加强两岸佛教的交流，甚至是合作。他们说不能单单停留在交流上，还要合作，不单合作，两岸还要联合起来，把汉传佛教推向全世界。

刚才举的四个例子，我想能够给我们一个启示，站在宗教的角度，信仰共鸣，就能心灵契合，站在文化的角度，如果说文化认同，文化融合，那么心灵也会契合，所以我们两岸国学中心，在这块儿所做的事情，按照佛教的话来讲就是功德无量。关于两岸国学中心，我很期待，发挥这一独特的平台作用，加强两岸文化融合，促进两岸的心灵契合，打造儒释道文化的交流基地。

那么，在这里可以做什么？比如说儒这块，儒有操作性的东西，除了理论的实践外，便是礼与乐。如果弘扬礼和乐这块儿，让人体验这块儿，那礼乐的真善美自然会被感受到。我们佛教这块儿，服务人们去体验禅修和禅医，还是很有操作性。因为禅修有一整套的次第系统，而禅医虽是一个宽泛的概念，但核心就是健康。它对净化与提升身心灵品质肯定是有帮助的，因为全国各地与全世界各地在这方面的实践已经证明了这一点。

举个例子，苹果的创始人乔布斯，他就是一个最典型的禅宗的崇拜者，不仅仅是自己跑到印度去修行禅宗，结婚的时候还用佛教化的婚礼。每一次的苹果手机设计出来以后，几个款式，选哪个呢？他说我就把蒲团放禅堂里面，自己去坐禅，手机放旁边，坐禅出定以后感觉应该拿哪一个就选哪一个。这些故事大家可以去网络上查一查。现在这个禅修，不仅仅热在东方，还热传西方，不仅仅是体力劳动者感兴趣，脑力劳动者更感兴趣。如果你到美国硅谷，你会发现有很多的日本禅师、韩国禅师在那个地方专门教硅谷里面的精英分子禅修。为什么？因为他们太忙了，压力太大了，他们需要这个。道教这块儿，有太极。禅是静的，太极是动的，静动一结合就很好，而且《周易》这块儿也是很有特质的，如果将它弘扬，可以和谐天地人。总之，弘儒可以弘扬真善美，弘释可以净化身心灵，弘道可以和谐天地人。

当然，最后要强调的一点是，因为我们也经常走两岸，包括从媒体上，我们也了解一些宝岛台湾的现况，可以发现，台湾现在有一些人在两岸的关系上，反文化融合，搞“去中国化”，这些作为，我想，从我们刚才介绍的历史来看，它是违背历史的，违背历史的东西违反了客观规律，终究会被历史淘汰，我们对这一点是非常坚信的。历史与事实，终将证明。

感谢大家的耐心聆听。祝福大家日日是好日，月月是好月，年年是好年。祝福平潭综合实验区能够区泰民安，兴旺发展。当然还有我们两岸国学中心的国学事业能够百尺竿头，更进一步。谢谢大家！

梁
涛

梁涛,1965 年生人。中国人民大学国学院副院长、教授、博士生导师，教育部“长江学者”特聘教授，山东省“泰山学者”特聘教授，教育部文化素质教育指导委员会委员。社会兼职有：两岸国学中心主任，孟子学会副会长兼秘书长，荀子研究学会副会长兼秘书长，中国孟子研究院秘书长，荀子与赵文化研究中心主任。主要研究领域为中国哲学史、儒学思想史、经学思想史、出土简帛研究，出版著作有《郭店竹简与思孟学派》《儒家道统说新探》《“亲亲相隐”与二重证据法》等。其中《郭店竹简与思孟学派》获多项人文社科类图书奖。

统合孟荀　创新儒学

尊敬的各位领导，嘉宾，来自媒体的朋友，还有海外的朋友，大家早上好！很荣幸能来参加我们两岸国学中心的活动，来之前我接到主办方的通知，希望我来讲一下儒学。我觉得在我们平潭讲儒学有特殊的意义。我们平潭是大陆距离台湾地区最近的一个地区，同时也将会成为大陆和台湾经济文化交流的一个枢纽。而在儒学近半个世纪的发展中，应该说台湾和大陆分别承担了非常重要的角色。

我们知道 1949 年以后，由于某些原因，我们大陆的国学研究，尤其是儒学的传播，一度中止了。这个时候是台湾地区和香港地区的学者接过了这个文化的接力棒，出现了像牟宗三、徐复观等一大批知名的儒家学者，甚至出现了“港台新儒家”这样一个群体。今天我们大陆的儒学研究和传播出现了复兴之势，甚至我们还提出要有“大陆新儒家”的出现。但是像我这个年龄段的学者，其实都是受益于台湾的学者，在研读他们的著作中逐渐成长起来的。现在也许是由于台湾当局推行“去中国化”，我们台湾地区的儒学研究反而不像以前那么兴盛，这不是我的判断，是很多台湾学者对我讲的他们的感受。

内圣与外王的关系

所以今天大陆地区又要重新接过这个文化的接力棒。说到这个，学术界目前有一个说法，说港台新儒家注重的是心性儒学，大陆新儒家和港台新儒家应该有所不同，大陆新儒家强调的是政治，应该是政治儒学。这个说法我是不太认同的。因为儒学它一定是有心性这一面，有政治那一面，既重内圣又重外王，是内圣外王的一种贯通。所以说，如果真的有一个大陆新儒学出现的话，它一定是很好地解决了心性和政治、内圣和外王关系的一个儒学。一定是心性与政治、内圣和外王并重，是重新处理了二者关系的新的学术形态。所以不应把心性和政治割裂、对立起来，而应探讨二者是一种什么样的关系、历史上的儒者做了哪些思考、存在哪些问题，以及我们今天又该如何对这一两千年来困扰了无数儒者的问题做出新的回应和解答。

为什么说儒学一定是心性与政治或内圣与外王并重的？这与儒学的创立与儒学的基本问题有关。孔子创立儒学，提出两个重要概念：仁和礼。夫子一方面以仁释礼，试图唤起人的道德自觉，认为“人而不仁，如礼何？”另一方面又以礼落实仁，提出“克己复礼为仁”。这样，仁与礼的关系便成为儒学的基本问题，以后的儒家学者其实都是在回应这个问题，并表现为不同的理论形式或形而上学建构。的确，在一个礼崩乐坏的时代，如果重建价值秩序，到底是要唤起人们的道德自觉，还是要靠礼乐刑政？是相信良知，还是依靠制度？恐怕不好做出非此即彼的回答，因为二者本身就是相互联系，纠缠在一起的。如果相信良知，那么发明良知，还是要落实到制度；如果相信制度，那么制度建构也需要对公平、正义的追求，需要一定的道德意识，否则人们可能遵循的是丛林法则，信奉的是赤裸裸的暴力。从这一点看，仁与礼、道德自觉与制度建构是联系在一起的，是不好截然分开的。但在对仁、礼的关系上又存在着何者为先的问题，存在着不同的思想进路，故而又会有不同的理解和认识。孔子之后，儒学内部出现主内派与主外派的分化，便是这种分歧的表现。进一步发展，便出现了孟学和荀学两种不同的思想体系。

孟荀思想的分化

所以我今天想从孟荀的角度来切入。为什么要从孟荀角度切入？因为从 1998 年到 2008 年十年，我在利用地下出土的材料这一类新文献来研究思孟学派。在这个研究的过程中，我有一个新的个人心得。心得是什么呢？就是打破了我们传统的一个固定认识。儒家里面有一个道统说，从尧、舜、禹、汤、文、武、周公，一脉相传。然后传给谁呢？传给孔子、曾子、子思、孟子。根据韩愈的说法，“轲之死，道不传焉”，孟子死了以后，道统就中断了。其实我们知道，孟子之后也有荀子，而汉代儒学确定了儒学的正统地位，“罢黜百家，独尊儒术”。而荀子、董仲舒、汉唐儒学都被排除到了这个传统的道统之外。

那么按照这个道统说的话，先秦儒学能代表儒家思想的就是孔子、曾子、子思、孟子，他们四个人的作品就成了四书，《论语》《大学》《中庸》《孟子》，只有这四书了。我们在学术研究中发现，其实子思的思想不仅影响了孟子，同时也影响到了荀子。思想史上虽然不存在一个思荀学派，但从思想的发展来看，子思、荀子之间同样存在着联系。

从孔子经过子思，再到孟子、荀子的这个发展过程，实际上是儒学内部的一个分化的过程。那么这个分化有没有它的好处呢？当然有，那就是深化。由于孟子提出了性善说、良知说、民本说、仁政说等，孟子把仁落实在心，提出“仁，人心也”，又即心言性，提出性善论，发展了孔子的仁学。荀子则提出了传统认为的性恶说、隆礼重法说、化性起伪说等，认为“礼有三本”，发展了孔子的礼学，把儒学另一方面深化了。

但是有没有不好的地方？当然有。分化的不利之处就是窄化。孔子的思想本来包含了仁、礼两个方面，是内外兼备、仁礼并重的。到了孟子、荀子这里，各取一端，片面发展了某一方面，孟子发展了仁学，荀子继承了礼学。那这样的话，就使一个丰富的传统变得狭窄了。如果我们立足儒学的根源，以仁、礼为道统的主要内容，以内圣外王的贯通为儒学的根本特征的话，我们就不得不说，孟子是有所失，荀子是有所偏。孟子继承发展孔子的仁学，他对礼学有所忽略，所以他是有所失；荀子对孔子的礼学有重大贡献，但是仁学上有所不足，所以是有所偏。

何谓“新四书”

所以说我们就不应该在孟子、荀子谁是儒家的正统问题上争来争去，而应该统合孟荀，重新建构完备的儒家思想体系，这是我的一个基本想法。那么这样一来，代表先秦儒家道统谱系的就不应该只是孔子、曾子、子思、孟子四人，而应是孔子、七十二子及其后学，孟子、荀子。那么代表先秦儒学的核心经典，也不应该是传统的四书，而应该是《论语》《礼记》《孟子》《荀子》，称为“新四书”。

《论语》是孔子思想的一个记载和反映，《礼记》是七十二子及其后学的思想反映，尤其是通论的部分，《大学》《中庸》本来就是出自《礼记》，现在可以将其返回。孟子和荀子分别是战国时期的两个大儒，《孟子》《荀子》分别反映孟子、荀子的思想。所以说以这个新道统为纲领，以新四书为基本经典，“六经注我”“我注六经”，以完成当代儒学的返本与开新，重新建构我们今天的大陆新儒学，就成为我们当前面临的一个重要而紧迫的工作。

我的“新四书”提出来以后，受到学术界的关注，但也受到一些质疑，最核心的质疑就是在孟荀的关系上，尤其集中在他们的人性论上。因为孟子讲性善，荀子讲性恶。所以说有人问我说，你统合孟荀，一个善一个恶，你怎么把它们搞到一起了？一个南辕，一个北辙，你怎么能统一在一起？关于这个问题，我就展开我的研究。我的看法是，首先我们要理解孟子的性善论到底表达什么，怎么去理解。

性善与性恶

我们读《三字经》“人之初，性本善”，好像人生下来的性格，本然就是善的，只是后天受到了污染，有所恶。这个说法显然不符合孟子思想，所以我把孟子的思想概括为“以善为性论”。孟子性善论的核心并不在于人的性为什么是善的，而在于我们的性中是否有善，以及我们为什么要把善看作自己真正的性。孟子对这些问题做出论证和回答，他的性善论也就成立了。

首先，孟子并不认为我们的人性中只有善。孟子这么大一个思想家，他不会这么简单。孟子说：“口之于味也，目之于色也，耳之于声也，鼻之于臭也，四肢之于安佚也，性也。有命焉，君子不谓性也。”这是不是性？也是性。所以我们嘴巴想吃好吃的，眼睛想看美女帅哥，耳朵想听这个 pop-music，这是不是性？这个也是性。但是呢，它“有命焉”，你不一定能得到，它是有命运的限制的。你想去吃好吃的，没钱，吃不上；你喜欢美女帅哥，人家不喜欢你，你还是没办法实现。所以他说“君子不谓性也”，一个有更高精神追求的人——君子，不把这个看成是真正的性。前面这个“性”也指事实判断，但是“君子不谓性也”这是价值判断。他要讲的是像仁、义、礼、智这些道德禀赋是我们身上所具有的，尽管它们也会受到一定的限定，但是最后能不能成为一个善人要取决于你自己，所以说，“君子不谓命也”。总体上来讲，孟子的性善论可概括为“以善为性论”。所以说，不要和人讨论人性为什么善，孟子实际证明了我们人性中有没有善，也回答了我们为什么要把这个善的部分看成真正的性，而不把那部分看成真正的性。孟子是要回答这样一个问题，他的性善论也就成立了。实际上孟子是从这个思路打开的，所以我们所认为的“性善论”应该是“以善为性论”。

孟子又说：“仁之于父子也，义之于君臣也，礼之于宾主也……命也。有性焉，君子不谓命也。”所以在孟子看来，人性至少包含了两部分内容，一是“口之于味，目之于色”等感性欲望，二是仁、义、礼、智等道德禀赋。对于前一部分内容，孟子认为它们事实上也是性，“性也”是一个事实判断；但作为价值选择和判断，又认为不应将其看作性。那我们要问了，一般的百姓可以不可以把其看成“我”的性，我们可以不可以把我们的食、色，把我们的感情欲望看成真正的性？孟子其实没有正面回答问题。但是我们仔细地去琢磨一下，孟子显然认为是可以的。孟子说“君子不谓性也”，并没有说“人不谓性也”。他是有更高的要求，是对君子的要求，并不是对普通老百姓的要求。

正是因为这样，孟子才讲了“无恒产而有恒心者，惟士为能”。对于君子，我们没有固定财产，但是我们有固定的志向，有固定的精神追求，这个是少数人，是君子能做到的。对百姓，不是这样子，孟子反复强调“制民之产”，所以讲“(民之）所欲与之聚之，所恶勿施尔也”，与《大学》所讲的“民之所好好之，民之所恶恶之”是一样的。怎么能否认民之欲望的合理性呢？对老百姓不要提出太高的要求，是吧？他们喜欢的，就满足他们；他们不喜欢的，不要强加给他们。但是在这里孟子没有回答，假如说百姓都把我们的《史记》《论语》拿去看，会产生什么样的问题，会导致什么结果。从这一点看，他的理论实际存在着一个缺环。

我认为正是在孟子止步的地方，荀子开始了他的探讨。荀子回到“生之谓性”的传统，明确肯定生理欲望就是性，也就是一般百姓都可以将其视为性。但这样一来又会导致什么样的结果，出现什么样的问题呢？《荀子·礼论》一开始就讲了：“人生而有欲，欲而不得则不能无求，求而无度量分界，则不能不争；争则乱，乱则穷。”他说假如我们每个人都把我们的感情欲望，把我们的食、色看作我们本性的话，那么我一定想办法去满足我的欲望。满足了我的欲望，我就要向外去追求。向外追求的话，我们彼此就争夺，发生冲突。那么在这个时候，“先王恶其乱也”，这应该讲的是“前礼义”的一种状态。这个时候应该还没有“先王”，“先王”是后世的说法。就是有一个很聪明的人出来说：“我们不要争了，我们确定一个度量分界，也就是礼义法度，作为一个准则，我们彼此遵守这样一个礼义法度，这个准则。”这样的话，结果是什么？反而是“养人之欲，给人之求”，反而满足了我们的欲望，反而满足了我们的追求。表面上看我们接受了这个礼义法度，我们限制了我们的欲望，但是结果是更好地满足了我们的欲望和追求，这就是礼义的产生。

所以荀子在思考人生的问题上，一开始是这样的情况，和孟子是不太一样的。关于荀子的人性论，我们一般就说性恶。《荀子》里有一篇文字叫《性恶》，但《性恶》只是篇名，不能代表他的思想。在《性恶》篇中，荀子一共表达了八次，八次都是说：“人之性恶，其善者伪也。”它列举了我们性里什么是恶，我们生下来有好利之心，我们有好声色之心，有嫉妒憎恶之心，甚至你不加节制地让它发展，导致彼此争夺，那就是恶。但是它后面还有一句话——“其善者伪也”，他还告诉我们，善是从哪儿来的，善是从“伪”来的。但我们在解读荀子的人性论的时候，只记住前面一句话——“人之性恶”。我们在理解的时候，只记住了第一句话，把第二句话忘掉了。

性恶与善伪

那么为什么造成这个情况？也是有原因的，一是因为“性恶”是篇名，二是“善伪”不好理解。其实在20世纪七十年代的时候，唐君毅先生的学生唐端正曾发表过一篇文章，说“通观《荀子》全书，它所能证明及所要证明的，不在性恶，而在善伪”，“我们与其说荀子是性恶论者，不如说他是善伪论者”。这个说法其实很有见地，但是仍然没有得到学者的重视，因为你说“善伪”，不是“伪善”，还是不好理解是什么意思，对吧？到20世纪九十年代的时候，在郭店竹简中出现了一个“憑”字，上面一个“为”，下面一个“心”字。郭店竹简中也有“为”字，为人民服务的“为”，那是一般的行为。但是现在这个新的“憑”，又不是一般的行为，是“心”的，不是行为，而是“心为”，心的思维活动，是心的一个价值判断。当时庞朴先生有这样的推测，他说可能荀子说的“其善者伪”，原来是这个“憑”，即心中的有以为，后来就丢掉了。抄书人不明白，就当作虚伪的这个“伪”。我觉得这个解释非常好，我认为这点破了这个“其善者伪”的问题核心所在。因为荀子下过这么一个定义：“心虑而能为之动，谓之伪。”什么是“憑”？我的心经过了思虑，然后引发了一种行为、行动。

所以荀子的伪并非一般人们所理解的作为，而首先是指心的思虑活动，心的价值判断，荀子的心也不是以往学者所认为的认知心，而是可以好善、知善、为善，具有道德判断的能力。荀子讲“人之所以为人者……以其有辨也”，又说“人有气、有生、有知，亦且有义，故最为天下贵也”，这里虽然没有明确提出心，但“辨”“义”显然是就心而言的，是心的功能和作用。所以“人之性恶，其善者伪”实际说到了善与恶两个方面，按照这个说法的话，其实荀子的人性论应该概括为“性恶心善论”。恶是来自我们的性，伪是来自什么？来自我们心的思维活动，我们心的一种价值判断。所以，我把荀子的人性论简单概括为“性恶心善论”。他不仅讲性恶，同时还讲心善。善来自什么？我们心的思维活动。那么根据这个来讲，实际上荀子的人性论既揭示了以性为代表的向下堕失的力量，同时他也阐明了以心为代表向上的提升的力量。他是从这种紧张和对立中对人性做出一番考察的。

在荀子看来，“今人之性，生而有好利焉”，“生而有疾（注：同“嫉”）恶焉”，“生而有耳目之欲有（注：当为“又”）好声色焉”。人生而具有各种欲望，其中包含着恶端，如嫉妒憎恶、好声色等，如果不加节制，而是“顺是”，就会产生争夺、残贼、淫乱，也就是恶。那么，善又是从哪里来的呢？对此问题，荀子有两个说明。一是经验的说明，认为我们的善是师长教导的，通过学习礼义获得的，“必将有师法之化，礼义之道（注：通“导”），然后出于辞让，合于文理，而归于治”，“归于治”也就是归于善。

性恶心善论

但师长的善又是从哪里来的？礼义又是如何形成的？这样荀子又需追

根究底，做出哲学的说明。为回答这一问题，荀子设定了一个前礼义的状态。在这一状态下，由于没有“度量分界”、礼义法度，一方面人们听从自己的欲望向外求索、争夺，结果陷入混乱，另一方面“心虑而能为之动”，心开始发挥思虑的作用，“圣人积思虑，习伪故，以生礼义而起法度”。前礼义的时代还没有“圣王”，故这里“圣王”是后设的说法，实际上是先知先觉者。“积思虑”的“思虑”也不只是“圣王”一人的思虑，而是众人的“思虑”，所以说“积思虑”；“伪故”是自发形成的礼义规则，所以要“习”，并在此基础上形成礼义法度，也就是善。

如果说“性恶”是人生中的一段逆流的话，我们都有好声色的心理，我们都有不断追求利益的心理、天性，那么“心善”则是人生中的一座灯塔，引领人生的航船到达善之彼岸。但同时呢，我们人还有另外一方面，追求礼义，追求善的能量。所以荀子的人性论我们不能简单地理解为性恶，应该从性恶心善论中来概括。只有这样，荀子的这篇《性恶》才能读得通。否则的话，我们是读不太通的。

例如《性恶》说：“人之欲为善者，为性恶也”。我们为什么追求善呢？那是因为我们性恶。这句话从近代以来很多人都引用，但好多人没有搞清楚含义。荀子讲性恶心善，他是从人性的张力和紧张出发的。当我们遇上堕失时，我们的心就会有警醒，提醒我们要追求“善”。就像我们学生时代一样，我这学期谈恋爱了，打游戏了，成绩下滑了很多，那就提醒自己要刻苦了，要努力了，要追求善了。所以如果大家有兴趣来读的话，他前半部分强调的是性恶，下半部分转向了心善。前半段他举的例子是“枸木”，即不直的木，和“钝金”，比喻性恶，不好的本性。后面是良马、良弓、良箭。这比喻什么呢？比喻我们的心，“人有性质美而心辩知”。所以说，荀子的人性论不能理解为性恶论了，而是性恶心善论。

又如《性恶》说：“今人之性，固无礼义，故强学而求有之也；性不知礼义，故思虑而求知之也。”既然性无礼义，为何又会“强学而求有之”，二者是什么逻辑？岂不是荀子又在自说自话？其实荀子立论的根据就在“人之性恶，其善者伪”，性“无礼义”、“不知礼义”，是因为性恶；而“强学而求有之”、“思虑而求有之”，是因为心善。“学”和“思虑”都属于心的活动，因为心好善、知善、行善，虽然性“无礼义”“不知礼义”，心却可以通过学、思虑掌握、了解礼义，甚至发展出新的礼义。这同样已蕴含在“人之性恶，其善者伪”的命题中了，只是由于人们将荀子人性论片面理解为性恶，反而责怪荀子的论述自相矛盾了。凡此种种，都是因为不了解荀子人性论实际是性恶心善而造成的。

心善与性善

但这里有一个问题，假如说荀子是心善，那么孟子讲性善，实际上性善就是心善，他是即心言性，根据心来考虑性，那这不是一样了吗？孟子也讲心善，荀子也讲心善，你把两种完全不一样的东西讲成一样的东西，这个说法能不能成立？

有人向我质疑这个问题。我说这两个还是不一样。虽然都讲心善，但二者还是不一样的。为什么呢？孟子的心是实心，它有具体的内容，是四端之心，有恻隐之心、羞恶之心、辞让之心、是非之心。我遇到具体事物的话，我可以由内而外地表现为外证的行为，“扩而充之”，表现、显现出来，表现为自觉的道德行为。“由仁义行，非行仁义也”，它是有内容的。而荀子的这个心，虽然他也讲心善，但没有那么具体，它是虚心，它是一种潜能，荀子说“人之所以为人者”，“以其有辨也”，说“人有气、有生、有知，亦且有义”，这里的“辨”和“义”作为心的能力，是要在后天中得以实现和完成的。

好比我们语言的能力。我们生下来都有学习语言的能力，但是你生下来并不会语言，你要后天去学习。你继承语言学习的能力，然后进一步去完善。环境不同，学习的语言不同。生长在福建，说的是福建话。像我是陕西人，我说的是陕西话，说的是秦音。中国人说中国话，如果中国人生长在美国，母语可能就是英语。而语言是从哪里来的？语言来自我们人会使用语言的能力，我们一代一代的人不断创造出来的。这是语言逻辑的想法，和孟子这个心善是不一样。所以即使承认孟子、荀子都讲心善，也并不表示他们所讲的心是没有差别的，关键就在于孟子讲的是实心，道德本心、良心，荀子讲的是虚心，道德智虑心、理智心。

那么接下来，又产生出一个问题。有人问我了，那你讲孟子的是心善，荀子的也是心善，而这两者的心善又不一样，一个是实心，一个是虚心，你更接受哪一种说法呢？怎么说呢，它适用的范围是不一样的。孟子的心善更适用于道德的领域，更适合解释人的道德活动，适合对儒家的仁做出理论论证。比如说同情心，孟子举了个例子，“乍见孺子将入于井”，小孩子快掉到井里去了，我一刹那之间就会有一个恻隐之心的流露。那这个流露，不是有功利的考虑，不是说我想讨好他的父母，也不是要我的邻居给我送个锦旗来表扬我，都没有，这就是一个内在的呈现。而且这个怜悯之心，我既可以表现给我身边的人，又可以表现给毫无相关的人，我可以兼济天下。因为孟子他推得很广，而这个推广在孟子看来也不需要太多的努力，这样其实也很好理解，因为他是同情心嘛。我们对一个非洲的孤苦伶仃的孩子一刹那间也会产生同情心，甚至会援之以手。这与后天的学习、知识没有关系，关键在于觉与不觉，在于良知的呈现。所以孟子的心善对人的道德实践活动，如独立人格的塑造，大丈夫精神的养成，尽心、知性、知天，终极关怀的实现等，都有积极的意义。但如将其扩展到政治领域，用来解释、说明制度的设置、礼义的安排就不恰当了。

但是荀子这个心善呢，更适合于讲政治的问题，适用于政治领域，解释人的政治活动，适合对儒家的礼做出解释说明。荀子的心善强调的是，心有好善的价值欲求，能够通过学习、了解前人创造的善而认知善并实践善，甚至“知通统类”发展出新的善。特别是在政治领域，比如说我们来到平潭，来到这个开发区，我们怎么管理好这个开发区？你说我有良知，我要扩充我的良知行不行？当然必要，但光靠这个并不能把事情做好。即便说我要立志做好，行不行？肯定还是做不到。一定要什么呢？我要了解这个开发区的现状，了解它的历史沿革，了解各种各样的制度，哪些制度是好的，可以延续，哪些制度是不完善的，我去发展，这就是荀子的角度，知通统类。荀子的说法无疑更符合生活经验，我们的善都是用心学来的，是父母、师长教导的，而不仅仅是靠良知提供的。

所以孟子的心善，更能够解决我们的内在的心性问题，树立我们的道德人格。但是我们处理具体经验世界的行为，具体的规章制度、礼仪法规、社会管理，荀子这个想法更为适应。既然人的活动包含道德和政治两个不同领域，这正好说明孟子、荀子的心善是可以互补的，也应该互补的。用孟子的话说，“徒善不足以为政，徒法不足以自行”。这里的“善”指“仁心仁闻”，是良知之善;“法”指礼义法度，是制度之善。只讲良知之善，即孟子的心善，无法治国理政，无法处理政治问题;只讲制度之善，有一套设定制度的方法，即荀子的心善，但如果没有君子、好人去执行，礼义法度依然无法发挥作用。

故最好的选择是将孟子的心善与荀子的心善相结合，善、法合，然后天下治。就孟子而言，虽然讲性善，但并不认为性中只有善，对于孟子而言，恶乃善的流失，是失其本心。当良心、本心不发挥作用时，那么性中剩下的自然就是“口之于味，目之于色”的感官欲望，欲望的过度表达就是恶。所以在孟子那里，实际也蕴含着一个性恶心善的结构，只是不够明确而已。从这一点看，孟、荀的人性论不仅不是截然对立的，在逻辑结构上反而是一致的。

如何统合孟、荀

如何统合孟、荀？融合两种不同的人性论，当然需要选择或创造第三种，我觉得孟子后学的性善修习说不失为一个好的选择。我们知道《孟子》“外书”中本来有《性善》一篇，应出自孟子后学之手。今虽已失传，但基本观点被荀子所引用而保留在《荀子·性恶》篇中。据《性恶》，“孟子曰：人之学者，其性善”。杨倞注：“孟子言人之有学，适所以成其天性之善，非矫也。”按照“孟子曰”，孟子后学虽然承认性善，但又主张通过学来加以实现和完成。较之孟子增加了学的内涵，而不仅仅是意志的扩充，同时又认为学的目的是成就、完成善。又，“孟子曰：今人之性善，将皆失丧其性故也”。将，则也。性故，性的本来状态。这句是说，假如人做到了性善，那么就丧失了本来的性了。也就是说，完成、实现了的善性与作为原初禀赋的善性是有所不同的，因为已增加了所学的内容。

这是孟子后学对孟子性善论的发展，与前一观点也是一致的。孟子后学的这一观点在其他文献中也有反映。《韩诗外传》卷五：“茧之性为丝，弗得女工燔以沸汤，抽其统理，不成为丝。卵之性为雏，不得良鸡覆伏孚育，积日累久，则不成为雏。夫人性善，非得明王圣主扶携，内之以道，则不成为君子。”《韩诗外传》是杂采先秦诸子各家的著述而成，在人性问题上持性善说，故主要受到孟子学派的影响，以上文字可能就是来自孟子后学，或是对其思想的阐发。在《韩诗》看来，茧的性是可以抽成丝，卵的性是可以孵出鸡，但这之间都需经过一个加工、孵育的过程。而茧抽成的丝，显然已不同于茧，卵孵出的鸡，显然也不同于卵，正好形象地说明

"皆失丧其性故也"。由此可见，孟子后学的性善（心善）说，一方面承认心的道德直觉，良知、良能，故即心言性，主张性善，另一方面又对良知、良能做了限定，否认其可以对一切是非善恶做出判断，还需要智性的补充和完善，其心实际是道德本心与道德智虑心的统一，是德性与智性的融合。较之孟子，孟子后学的心善说突出了智性，不再过分夸大良知的作用，是一个发展。对于荀子而言，也应肯定、承认良知、良能，在强调智性的基础上补充德性，以完善、发展其心善说。这样，孟子的心善与荀子的心善正好借助孟子后学的人性论范式而得到统一。

但遗憾的是，我们把荀子排出这个主流之外。那么什么是儒学正统呢？凡统合孟、荀者，皆为儒学之正统。从孔子之后，儒学发展出孟子、荀子两大宗，他们在深化儒学基础之上，产生了一种分歧。我们以后，或选孟，或选荀，都是对完整的儒学体系片面化的展望。

汉代以后的儒学实际存在着从孟子来理解孔子、儒学，从荀子来理解孔子、儒学，和以孟、荀来理解孔子、儒学的不同进路。凡统合孟、荀以理解孔子、儒学者，为儒学之大宗，董仲舒、朱熹、戴震、王夫之，皆属于此。以孟子或以荀子来理解孔子、儒学者，皆别子为宗。前者如陆王心学，后者如汉代的陆贾、贾谊，宋代的李觏，清代主张以礼代理的学者等。虽然宋代以后，随着道统说的确立，孟子地位的提升，出现了荀学的隐形化，但荀学并没有真正退出儒学的舞台，一些大儒依然自觉不自觉地将荀学作为重要的思想资源，吸收到自己的思想中来。故荀学代表了儒学一个必要的面向，失去这个面向的儒学是不完整的。荀学兴，则儒学兴；荀学衰，则儒学衰。

不过虽然我们强调荀学的重要性，但也应注意到，历史上的荀学只是一个古典版本，其中的一些理论预设，如对尊贵等级的过分强调，对平等的忽略等，都有待于现代转化。就人性论而言，荀子虽然提出了性恶心善说，但似乎并没有将其理论贯彻到底。既然性恶心善，那么人到底是趋恶还是向善，应是个人选择的结果。但荀子似乎认为某些人（圣人）是必然趋向善的，而另一些人（常人）没有师长、圣人的教化，是很难获得善的，似乎又预设了圣人与凡人的差异。这样在其一般人性论主张与圣凡差异间，便存在着紧张和矛盾。荀子思想的价值在于其普遍的人性理论，而不在于他在战国后期针对特殊历史情境问题得出的具体结论。这样荀子的人性论及具体结论都需要做出一定调整，而荀学的自我转化很大程度上又影响到儒学的自我更新和发展。

那我们今天想要做什么呢？统合孟、荀，把荀学重新纳入儒学的主流思想中来。所以我们说，荀学兴，则儒学兴；荀学衰，则儒学衰。当然，荀学也可改造、完善儒学体系。假如说今天大陆有新儒学重新建立的话，不应该只是简单地回到传统的道德论，回到传统的四书上去，而应该以新道统为纲领，以新四书《论语》《礼记》《孟子》《荀子》为基本的经典，“六经注我”“我注六经”，对儒学进行新的理论创造，成为我们这个时代一个重大的课题。如果说当年的宋明儒者是以回到早期儒学，回到孔子为目标，都是借鉴、学习佛老的形上思维和理论成果，出入佛老数十载，然后返之于六经，通过对四书创造性的诠释，完成了一次儒学伟大复兴的话，近几年，借助新的出土文献对我们的启示，我们要学习宋儒的做法，重新出入西学数十载，然后返之于六经，以新道统说为统领，以新四书为基本经典，“六经注我”“我注六经”，以完成当代儒学的开新和重建。

什么是“六经注我”？“六经”的价值意义注入我的生命中，滋润了“我”，养育了“我”，是谓“六经注我”。什么是“我注六经”？我的时代感受，我的生命关怀，我的问题意识又被带入“六经”中，是谓“我注六经”。正是在这种意义上，我们可以说“六经皆史”，“六经”是一部民族成长发展的历史，是精神的历史、自由的历史，此精神自由之历史才是儒家道统之所在，也是孔、曾、游、思、孟、荀精神之所在，这也是我们提出“统合孟荀，创新儒学”的用心和用意所在。谢谢大家!

王
颂

王颂，1971 年生人。北京大学哲学系宗教学系教授、博导，兼任北京大学佛教研究中心主任、中国宗教学会理事、中华日本哲学会常务理事。出版专著《宋代华严思想研究》《华严法界观门校释研究》《日本佛教：从佛教传入至公元 20 世纪》等，主编著作多种，在《哲学研究》《世界宗教研究》《中国哲学史》《文史》等海内外学术刊物发表有中、日、英文论文五十余篇。

三教融合的精神气质

非常高兴今天能有机会到平潭来，参加我们的国学大讲堂，分享一点儿我自己学习传统文化的心得。我今天讲座的题目是："三教融合的精神气质"。我希望能通过这样一个话题来展示或者说探讨一下中国文化的品格和特性，即儒释道三教是如何相互影响、汇通为一，作为我们的文化传统延续下来的，它们的特质是什么，对我们今天的意义又是什么。

三教是教化之教

首先，让我们看一看什么是"三教"。这里首先要说明的一点是，中国古代的"教"与西方的"宗教"（Religion）是不一样的。中国的"教"是教化之"教"，不是宗教的"教"。这里我想用一个简单的例子来说明，便于大家理解。

1893年，在美国的芝加哥曾经召开了一次世界宗教大会，在这次大会上，中国的清政府也派遣了参会的代表，他是一位清朝的外交官，名字叫彭光誉。在这次大会之后，他把他的发言整理成了一本书叫《说教》，这本书提出了几个观点来说明中国“教”的特点，我摘录其中几条跟大家分享。第一，中国的“教”不是西方人讲的“Religion”，“中国‘教’即‘政’，‘政’即‘教’也，政教皆从天子出。帝教、师教皆礼教也。礼教之外，别无立一教会号召天下者”。这是说明中国古代的政治形态是政教一体，王权之外没有独立的神权。第二，他说西方人的“教”，比如基督宗教强调的是“顺神、拜神、爱神”，这种“教”中国古代也有过，就是上古时代的巫史传统，但其后中国的主流不是这个，是教化的“教”。

这样一个说法应该讲是从清末到民国的主流看法，近代很多重要人物都指出了这一点，比如大家熟悉的梁启超，他在《保教所以尊孔论》中说：“西人所谓宗教者，专指迷信宗仰而言，其权利范围乃在躯壳界之外，以灵魂为根据，以礼拜为仪式，以脱离尘世为目的，以涅槃天国为究竟，以来世祸福为法门。孔子专在世界国家之事，伦理道德之原，无迷信，无礼拜，不禁怀疑，不仇外道，其立教之根柢，全与西方教主不同”。再比如冯友兰先生，他在《中国哲学简史》当中说，中国人“不大关心宗教，是因为他们极其关心哲学。他们不是宗教的，因为他们都是哲学的。他们在哲学里满足了他们对于超乎现世的追求。他们也在哲学里表达了、欣赏了超道德价值，而按照哲学去生活，也就体验了这些超道德价值”。一句话，中国文化的特色不是宗教的而是哲学的，因为哲学已经满足了他们超现实的追求，只要按照哲学去生活就可以了。

类似的说法还有很多，因时间关系主要以梁先生和冯先生的说法为例，其他的就不举了。概括而言，这里讲的“三教融合”不是现在经常提的“宗教调和”或者“宗教对话”。我们这里使用的是“教”这个字在中国古代的用法和含义，即“教化”。其实在古代文化传统中，“儒释道”三家自己谈论自己的时候也是从教化的角度出发的，没有宗教那个意思，或者说对于教化和宗教的区分是模糊的。将佛教或者道教看作一种宗教，这是近代以来西方人的视角，中国人也接受了。因此，这实际上是一种较新的看法，在更长的历史维度上，中国人讲的“三教”就是“教化”之“教”。

第二，再强调一下，中国传统文化的主流是以人为本的，从人的视角出发去思考万物和世界。所以，中国人不需要凭借一个外在的权威，如宗教所谈的神、造物主来实现对现实的超越。这一点也是我们要注意的，下面会反复提到。

三教是一团和气

这两个前提说明了，那么就让我们来看一下，中国文化的主流是什么，三教教化的共通点是什么。我这里用“一团和气”来形容，因为中国古代真就有个《一团和气图》。首先让我们看《虎溪三笑图》。“虎溪三笑”是个典故，讲了三个历史人物，分别代表了儒释道三教。佛教是庐山慧远，道教是陆修静，代表儒家的是陶渊明。庐山慧远是东晋时代的高僧，传说中他送客有一个习惯，无论多么尊贵的客人他都送到虎溪边上为止，从来不越过虎溪半步。有一次因为三位老友在一起畅谈，大家边走边谈，兴致很浓，不知不觉间就越过了虎溪，当大家发现以后，相视大笑，感到非常的愉快，这样一个故事其实象征性地体现了三家融合的特色。真实的历史并不是这样的，三个人不是同时代人。所以这个故事可以演化出不同的版本。比如到宋代，代表三教的人物被换成了苏东坡、佛印禅师、黄庭坚。虽然人物不同，但反映的主旨是一样的，就是说三教是一种其乐融融的关系。

到了明代有一位皇帝明宪宗创作了《一团和气图》，这个图在历史上非常知名，有很多模仿的画作，可以说把三教融合的一面进行了淋漓尽致的表现。据说这幅画是皇帝亲自画的，是否属实我不清楚，但图像大家一看就明白了，画面中间的人物像是一尊佛，其实他是三个人物合起来的，三人合成一人，非常巧妙地展现了三教你中有我、我中有你、相互融合的关系。

明宪宗不但创作了这幅画，还写了说明，古代叫“图赞”。其中交代了他创作这幅画的目的：“世人之有生，并戴天而履地。既均禀以同赋，何彼殊而此异？唯凿智以自私，外形骸而相忌。虽近在于一门，乃远同于四裔。”也就是说人生在天地之间，都是阴阳二气形成我们的肉体，彼此间原本没有差异的。那为什么会产生争执呢？一家子人和异邦人一样，就是因为大家有私见。在明宪宗看来，大家应该向三教的达人学习，“和三人以为一，答一心之无二”，只有这样才能“和以招和”，“同事事必成，建功功必备”。所以明宪宗是从统治者的角度出发，强调三教融合，和谐、统一，有助于政治开明、社会稳定。

三教融合在中国受到历代统治者的支持和倡导，这个是历史事实。求同存异是中国人的一种处世哲学，也是一种政治智慧，长期以来是朝野共同认可的主旋律。不过我们也要看到，这一立场的形成，也不能说全部有赖于外部力量，比如说政治力量的推动，它是有着深厚的思想文化背景的，是一种自觉达成的共识。

三教是相辅相成的辩证关系

“三教”平等、相互转化的辩证思想，在佛教传入中国之前，乃至儒释道三教形成三足鼎立的局面之前就有了，只不过“三教”不是指的“儒释道”而已。比如说《白虎通义》有《三教篇》，指的是“忠、敬、文”，其中说：“王者设三教者何？承衰救弊，欲民反正道也。三正之有失，故立三教以相指受。夏人之王，教以忠，其失野；救野之失，莫如敬。殷人之王，教以敬，其失鬼；救鬼之失，莫如文。周人之王，教以文，其失薄；救薄之失，莫如忠。”夏朝的统治者宣传“忠”，忠就是忠诚、忠厚。这样的一种态度，失之于野，就是有粗鄙的一面，便于大家理解，大家可以想象一下张飞和李逵。所以后来的统治者，商朝的统治者强调“敬”，“敬”就是敬畏，仪式感很强，以此来弥补“忠”的不足，但也会导致一种宗教的、迷信的倾向，神神鬼鬼了。所以周朝的统治者用“文”来加以纠正。不过“文”仍然会有它的缺点，就是“薄”。我们现在说浅薄、刻薄，就有类似的意思，流于形式、表面化，严重一些就是阳奉阴违了，所以还是要用“忠”来纠正它。看起来从忠到敬、从敬到文，又从文到忠，好像转了一大圈又回到起点了，其实这个循环是非常有意义的，不是简单地重复。“忠、敬、文”构成了三种教化之间相辅相成的关系，不是一种教化或者说价值至高无上，也不是一种教化可以彻底地替代另一种教化，它们之间是相互弥补、相互纠正的关系，最终达到殊途同归的目的。所以，我们现在考察“三教融合”的时候，要知道中国古代，至少在两汉的时候就已经有了这样一种相辅相成、殊途同归的思维模式，这是中国人思维方式的一大特点。

当然，我们说儒释道三教融合是中国文化的主流，三教融合的思想是中国固有的思想，但在现实当中，这个局面也不是一蹴而就的。如果我们看历史上特别是佛教传入以后初期的阶段，三教之间的争论、对立乃至冲突也是常见的。在南北朝的时候，这样的例子很多。所以南北朝的时候，梁代的高僧僧佑就编辑过《弘明集》，唐代高僧道宣编辑过《广弘明集》，这都是文集，把当时一些重要的文章汇集起来，其中很多是有关三教争论的。其中一些争论还很尖锐，例如“夷夏之辨”。因为在佛教传入中国之前，中国就已经是一个有着完整文化传统的文明古国了，我们将中国以外的都称为“夷”，只有我们是“华夏”。佛教传入中国，中国人才意识到世界上还存在着其他的重要的文明传统，甚至有的佛教徒以印度文明为正统，这对当时的人来说冲击性是很大的。这些都是历史事实，我们不能无视。但我们从思想史的逻辑来看，三教最终被归结为三种教化，三种教化是相辅相成的，就是《易传》讲的，“天下同归而殊途，一致而百虑”，这是中国文化传统的主流。

三教融合精神气质的四个面向

明确了这一点，我们就要进一步追问，“三教融合”的思想特点是什么呢？这是我们今天要讲的重点，也就是三教如何构成一个有机和谐的整体，作为一种文化气质、文化性格传承下来，影响至今。我进行了几方面的概括，称之为“三教融合的精神气质”。概略而言：第一，俯仰天地的宇宙观。第二，安然旷达的生命观。第三，民胞物与的群分观。第四，立身行道的价值观。

这里面有一些内容大家可能比较熟悉了，我就简略些，有一些我再多解释几句。所谓四点是从四个方面去说，但并不是割裂的四个方面，而是相互贯通的有机整体。四个方面是不可或缺的，相互之间有逻辑关系，集中体现了我们中国文化的根本特征。我们中国文化是以人为基点，但又不是以人为绝对者，是从人的视角出发来认识人与人、人与天地、人与世间万物的相互关系。

俯仰天地的宇宙观

先看第一点，俯仰天地的宇宙观。“俯仰天地”这个词取自《易传》，上面说："古者包牺氏之王天下也，仰则观象于天，俯则观法于地，观鸟兽之文与地之宜，近取诸身，远取诸物，于是始作八卦，以通神明之德，以类万物之情。""俯仰天地"通俗地说就是仰观天、俯视地，整段话是说，抽象的、辩证的、高明的哲学思想，是我们先民从触手可及的生活世界中提炼出来的。

《易传》上还说："观乎天文，以查时变；观乎人文，以化成天下。"我们现在说的人文精神的"人文"一词就是从这里来，但是和从西方翻译过来的人文（Humanism）含义并不相同。"文"通"纹"，就是纹理，就是规律。所以这句话和上面那句话的意思是一致的。抽象的道理从朴素的经验中来，我们生活的这个世界，既熟悉又陌生，我们对它既要有一种敬畏感，又要有一种亲近感，认识到人是天地万物的一种，要以天地为榜样。

"宇宙"一词也用的是古代的含义，即上下四方和古往今来的时空关系，不是我们现代自然科学所讲的那个外在的客观对象、物理对象。那个对象性的东西是外在于我们的、冰冷的，这和我们古人理解的宇宙是不一样的。我们中国传统所谈的宇宙，是我们当下或者我们生生世世活泼泼地在其中的东西，它也是活泼泼的，与我们的生命发生相互的呼应。所以我们讲的宇宙也是有生命的，也可以说是从人的角度出发的，不是自然科学讲的外在的、作为客观对象的宇宙。

在这样一种认识前提下，我们很容易就得出一种与天地互参的思想，所以《易传》说："大人者，与天地合其德，与日月合其明，与四时合其序，与鬼神合其吉凶，先天而天弗违，后天而奉天时"。人类的美德、品格，与宇宙是相互呼应的关系，"先天而天弗违，后天而奉天时"，无论先天还是后天，都是与天不违背的，用老百姓的话说就是符合天意的。

"与天地合其德"，那么天地有哪些大德？古人讲了很多，我觉得最具有代表性的是两点：第一，“天行健”，“健”，生生不息。我们现在说健康，也是借用了这种生机勃勃、充满活力的意思。第二，“诚”。《中庸》说：“诚者，天之道”。又说：“天地之道，可一言而尽也。其为物不贰，则其生物不测。”“不贰”就是说“诚”的。人要效仿这种天地之“诚”，所以《中庸》又说：“唯天下至诚，为能尽其性；能尽其性，则能尽人之性；能尽人之性，则能尽物之性；能尽物之性，则可以赞天地之化育；可以赞天地之化育，则可以与天地参矣。”唯有至诚的人，才能尽己之性、尽人之性、尽万物之性。尽万物之性，这个了不得啊，这样的人就可以“赞天地之化育”“与天地参”了。我们现在说外交官中有一个职务叫参赞，就是协助、辅助的意思。道教有本书叫《参同契》，字面上用的也是这个意思。效法天地，辅助天地，这样的人就是圣人的境界了。

道家也讲类似的话。《老子》说：“人法地，地法天，天法道，道法自然。”这个“自然”一定要在中国古代思想的文脉下考虑，与现代科学的自然不一样，我们刚才已经讲过了，不是那个外在性的对象，也不单纯指的是物理规律、化学规律，是自然而然，虽然也可以解释为规律、法则，但与上述这些科学的规律不是一个意思。它与上面讲的“健”啊、“诚”啊这些东西是一致的，带有人文气质，充满感情色彩。《庄子》不讲“诚”，也不谈“自然”，他强调“逍遥”，即自由，“独与天地精神往来”。自由还是一种与“天地精神”互动的关系。

佛教传入了中国，中国的佛教徒也逐渐做类似的解释。宋代的佛教徒说：“夫儒典之述诚明，犹释教之谈寂照焉。彼以圣人自诚而明，类妙觉即寂而照矣；贤者自明而诚，比等觉即照而寂与。斯皆为教不同，而同归乎善者也。”儒者以“诚”为体，以“明”为用，自“诚”而“明”；释子以“寂”为体，以“照”为用，自“寂”而“照”。儒家的“诚”与佛教的涅槃无为的境界一样，都具有本体的意义。

安然旷达的生命观

第二，安然旷达的生命观。《庄子》中有一句话："知其不可奈何，而安之若命，德之至也。"人生总是会被一些条件所限制所束缚，没有人可以完全摆脱外在的制约，这个我们就称之为"命"。儒释道三教的共同态度就是，"安之若命"。孔子说："不知命，无以为君子。"孔子的一生就是"安之若命"的典范，这个大家都熟悉，不用多说了。

佛教也是强调认命的。当然这个"认命"可不是消极的意思。现在我们常说"佛系"，好像"佛系"已经成了消极无为的代名词了，这完全是对佛教的误解。佛教主张"因上努力，果上随缘"。因为我们的生命经过无数次的流转轮回，积累的业报是复杂的，已得的果我们改变不了的，但未来的因我们一定要积极努力。而且，即便我们付出努力了，我们对未来的果也要"安之若命"、随缘，万一结果不如意，也不必沮丧颓唐。种因，即努力的过程是最重要的，结果如何倒不是我们应该关注的了，因为关注了就会有执着、生烦恼，结果反而会导致不好的果。所以说要"因上努力，果上随缘"。

生死事大

为了说明"安之若命"，我想以面对死亡的态度来举例，因为死亡无疑是我们每个人生命中都要面对的最大的挑战，"生死事大"，我们从这里举例来看儒释道三教的共同特点。

还是要强调一遍，我们说的四个精神气质是互通的，如果你认可了"天人合一、万物一体"的道理，自然就可以获得一种"安之若命"的态度了。比如我们看《庄子》里的一则寓言故事。两个高士云游四方，一个叫支离叔，一个叫滑介叔，突然间滑介叔生了恶疾，支离叔就问他："子恶之乎?"意思是你感到沮丧和厌烦吗？滑介叔回答说："亡，子何恶！生者，假借也；假之而生生者，尘垢也。死生为昼夜。且吾与子观化而化及我，我又何恶焉!"人身就像尘埃，死生就像昼夜交替，我们的生命不过是天地万物生生不已运行不息中的昙花一现而已，你我作为高士，每天都去观察、去领悟宇宙万物生生不息变化的这一过程，如今这个过程显现到我们身上了，我们有什么可厌烦的，有什么可沮丧的呢？这就是"观化"一词的由来。

所以《庄子·知北游》明确地说："人之生，气之聚也。聚则为生，散则为死。"这种思想影响很大，宋儒对待生死大部分也是持这种看法。《朱子大全》中说："气聚则升，气散则死。"又说："死生一理也，死而为鬼，犹生而为人也，但有去来幽显之异耳，如一昼一夜，晦明虽异，而天理未尝变也。"

《二程遗书》中记载了这样一件真实有趣的事情。理学家邵雍要死了，临终时神态自若，还开玩笑。其他几位理学家对他的表现就要评判一番了，这个拿圣人的标准去衡量可以打几分呢？理学家也真是认真可爱。程颐是最较真的，他看邵雍已经奄奄一息了，就跑到床头去提醒他："尧夫（邵雍的字）平日所学，今日无事否?"意思是说，马上到站了，圣人的话平时学习了那么多，今天应该用上了吧。邵雍都奄奄一息了，还怎么回答啊？但他头脑可是清晰的，心里还惦记着这个事儿。第二天，程颐又来看他，邵雍拼足了力气，那也是气若悬丝了，对程颐说："你道生姜树上生，我亦只得依你说。"生姜明明是土里长出来的，有的杠头偏偏要说是树上生的，你就是这么说，我也不和你计较。

这话耐人寻味了。邵雍这个境界，面对生死的这种态度，高明还是不高明呢？各人看法不同，看来是有争论的。所以后来的刘克庄写了一首诗：“道是生姜树上生，不应一世也随声。暮年受用尧夫语，莫与张程几个争。”刘氏的意思大概是说，生死不是个理论问题，你们瞎嘚嘚什么啊，邵雍这个境界高不高明不重要，年轻的时候我不懂，到了晚年，我才体会到邵雍的这句话很受用啊。说白了，放下执念就是一种对待生死的洒脱态度。

邵雍戏谑，程颐严肃，这都是个人风格，基本态度是一致的。程颐临终的时候，瞑目而卧。他的一个学生叫郭忠孝的跑去探望他，一看到这幅场景，不由得赞叹道：“夫子平生所学，正要此时用。”没想到马屁拍到马腿上，程颐训斥他说：“道着用，便不是。”还没等郭忠孝灰溜溜地出门，程子就辞世了。他临终这句告诫，倒是颇有点儿禅师风范。

我们来看看佛教的故事。《景德传灯录》上有一则公案，说大梅法常有一天突然对他的弟子们说：“来莫可抑，往莫可追。”已经过去的无可挽回了，将要来的也阻挡不了啊。这就是明白地告诉徒弟们自己要往生了。大家可以想象这样一种画面，当时的弟子们肯定是很哀戚的，大家都被突如其来的悲哀气氛笼罩了，这个时候也是巧了，突然间就听见有老鼠的叫声。因为大家都很哀戚，现场肯定是很安静的，地上掉根针都听得清，老鼠的叫声就显得格外的刺耳，而且，肯定就有定力不深的小和尚一听老鼠叫就走神了。这个时候，大梅突然精神头儿来了，说：“即此物，非他物！汝等诸人善护持之。”就是这个，不是别的！说完他就坐化了。这则公案历代很多人去参。我理解大梅的意思是说，抓住这一转念很重要，我们凡夫时时刻刻心猿意马，从那么凝重的状态，瞬间心思就可能转向别处，后念追前念，延续不断，所以捕捉这一转念，截住念头很重要，我们把当下这个念头抓住了，瞬间即永恒，朝闻道夕死可矣，何必在乎什么生死?!

这是我体会的意思，但不要绝对化，大家可以有自己的体会，自己受用才有意义，绝对化了就没意义了，适得其反了。所以禅又用另一则公案来否定这则公案，你天天想着老鼠叫那还了得？宋代高僧契嵩临终时，安坐微笑，做了一首偈子：“后夜月初明，余将独自行。”意思是终于要海阔天空任我飞了。“不学大梅老，犹贪鼯鼠声。”我可不要像大梅，临终还想着接引几个徒弟，找几个不被人惑的，婆婆妈妈的，何必呢？契嵩为什么这么说呢？禅宗讲究悬崖撒手，师父领进门修行在个人，要让徒弟发挥自己的主观能动性，最终那一下子只能靠自己，靠不得别人。所以契嵩临终还调侃了大梅一把。当然，我们可以说大梅和契嵩是两种禅风，或者说契嵩表面上是批评、调侃大梅，实际上是批评那些执着于大梅公案的人。禅师都是这种以楔出楔的手段，大家不要做字面上的理解。就放下生死这一点而言，他们二者是没有区别的。

再看一个例子。有一天道悟禅师知道自己时辰到了，就把群僧召集起来，大家自然也是很哀戚的。道悟把典座就是寺庙里负责后勤工作的人叫过来。注意，这个时候他叫的不是首座啊、维那啊，这些义理好的、修持好的人，而是干日常杂事的。然后他对典座说：“明白了吗？”未等典座回答，道悟把枕头往地上一扔，就往生了。这个更简单了，连偈颂都不做了。大家可以自己去体会这样一种对于生命的态度。

我说的这几个故事虽然呈现了儒释道三教各自人物的不同表现，但我们可以看到，互通的地方是很多的。这就回到我们一开始讲的那个“三教”之间的辩证关系。历史上的儒释道三教就是一个你中有我、我中有你、相互影响的关系，比如“观化”、比如“言语道断”，这些东西三教都讲，相互吸收。

民胞物与的群分观

再看第三，民胞物与的群分观。“民胞物与”这个词大家可能比较熟悉，

“群分”要特别说明一下来自《荀子》。近代的时候也有用“群分”来翻译西方人讲的社会 society 的。不过二者还是有区别的。“社会”一词按照经典的用法，或者我们现代大多数人的理解，强调的是物质性的关系层面。社会关系就是一种物质性的关系，是政治、经济的地位决定的，而群分关系我们这里更强调精神的一面，主要侧重人对待他人的态度。

《荀子》说，人和牛马比起来，人的气力不如牛马，但是人能驱使牛马，因为人能群，就是组成一个群体。牛马也能聚在一起，但不是真正意义的群。人何以能群？因为人有分，“分”就是各自的位置。所以我们现在还讲做人要守本分，就是这个“分”的意思。儒家讲建立“分”的最好办法就是礼教。孔子说：“道之以政，齐之以刑，民免而无耻；道之以德，齐之以礼，有耻且格。”运用暴力性的国家机器的做法终究不是德政，不能让社会朝着健康的方向发展，所以要强调礼教的作用。不过礼教仍然是一种外在约束的形式，要想形成健康的群分观，还要进一步强调内在的自觉，所以儒家就提出了“民胞物与”的思想。

“民胞物与”的思想又是与“天人合一”的思想紧密联系在一起的。《庄子》讲：“天地与我并生，万物与我为一。”这样的思想资源儒道两家都有。宋代的张载把它概括起来，在其《西铭》中予以集中体现，他说：“乾称父，坤称母；予兹藐焉，乃混然中处。故天地之塞，吾其体；天地之帅，吾其性。民，吾同胞；物，吾与也。”乾坤指的天地，天是我的父亲，地是我的母亲。我虽然渺小，但也是混然处于天地之间的。这就点到了中国传统文化的伟大之处，我们每一个个体的力量是渺小的，生命是短暂的，但是我们的精神可以是超限的，是可以与天地参的。但对人格的独立、精神力量的认同与肯定，不意味着傲慢与自我中心，我们应该与天地万物，与他人处于一种和谐的状态。

《西铭》还说：“知化则善述其事，穷神则善继其志。”这个“其”指的就是天地之大德，整体的生生不息的规律。这个“化”与“观化”中的“化”一样的，这个“神”就是“阴阳不测之谓神”中的“神”。如果我们能做到“知化穷神”，就可以成就参赞天地大德的事业。而最后的结论可以与刚才讲的“安之若命”联系在一起。“富贵福泽，将厚吾之生也”，如果今生比较幸运，能够享有荣华富贵，我认为这是老天爷对我的恩赐；“贫贱忧戚，庸玉汝于成也”，如果不是很顺利，“贫贱忧戚”也是上天对我的一种勉励，如同玉器一样，不琢不器，就是“天将降大任于斯人也”的意思。无论是荣华富贵还是贫贱忧戚，我都顺理成章地安之若命，都以一种平静的心态来接受。所以，“存，吾顺事”，生命是顺应天地万物之理；“没，吾宁也”，死了又与自然合为一体，获得安宁。就像庄子说的，如同离乡多年的少年重返故里一般。

这就是“民胞物与”的思想。所以我们看到跟前面讲的天地一体、安之若命是联系在一起的。实际上这样一种思想的产生恐怕也是三教融合的结果，不单纯是儒家的。有先秦墨家的影响，也有佛教的影子，所以二程兄弟也很推崇《西铭》，程颐评价说其“扩前圣所未发”，也承认张载的讲法已经超出了先秦儒家的范围，对夫子之道是有贡献的。

我们再看佛教，讲自我与他人的关系，可以从佛经的偈颂说起。《华严经》讲：“心如工画师，画种种五阴”。心好比一个巧妙的画师一样，这个画师不是一般的画师，画种种五阴，就是五种最基本的要素，色受想行识。我们这个人好像有一个自我，有肉体、有思想，佛教认为这个是假的，自我不过是五阴构成的虚假幻相。那么谁把这些要素拼接在一起构成这一虚假幻相的呢？心。“三界唯心造”。所以说：“如心佛亦尔，如佛众生然，心佛及众生，是三无差别。”从这个意义上来讲，自我与他人，彼此的界限是不存在的。众生与我们追求的似乎在遥远的彼岸世界的佛并没有差别。《坛经》说：“三世诸佛十二部经，在人性中，本自具有。”所以说佛并不在彼岸，“人圆佛即成”，中国佛教也强调以人为本。《坛经》认为，识众生就是见佛。“一念不觉，佛即众生，一念悟时，众生是佛。”不识众生，怎么修行都是枉然。从这个意义上来讲，儒释道三教都强调自我与他人的和谐共处，追求一种共生依存的状态，而不是竞争、斗争。

立身行道的价值观

我们从“俯仰天地的宇宙观”一直讲到现在，大家已经可以看出，天地一体、天人合一的思想是前提、是基础，从这个基础出发，推己及人，先讲自己，如何做到安身立命，就可以推出“安然旷达的生命观”。在这样一种生命观的指引下，如何对待他人、影响他人，就可以推出“民胞物与的群分观”。最后，我们的最终追求是什么，生命的意义是什么？就是我们要说的第四点：“立身行道的价值观”。用你有限的一生，为社会作出应有的贡献。中国文化的传统，儒释道三教都告诉你说，生命的价值和意义就在于立身行道。

关于这个问题，我想儒家的思想大家比较容易理解，儒家讲“三立”，立言、立德、立功，大家对此不会有任何的疑义。限于时间关系，我们重点来看看佛教。因为佛教在很多人看来很消极，它与立身行道有没有关系？

有这样一个故事，东晋时代的军阀桓玄去见庐山慧远，他对佛教的抵触情绪很大，想要借机当面责难一下当时的佛教领袖慧远，杀杀佛教的威风。所以他一见面就劈头盖脸地问：“不敢毁伤，何以剪削？”儒家推崇孝道，小孩子受教育从小都要读《孝经》。《孝经》第一句话就说：“身体发肤，受之父母，不敢毁伤，孝之始也。”一个人要培养孝的精神，首先要从爱惜自己的身体发肤开始，因为它来自父母所赐，爱惜它就是感念父母的恩德。所以曾子是孔子的好学生，他临终的时候，都是老头儿了，还“启予手、启予足”，让弟子们检查他的手和脚，意思是你看我终生恪守夫子的教导，爱护自己的身体发肤。所以桓玄的这个问题是很尖刻的。毁伤都不应该，你出家人把头发全剃光了，成何体统？剃头发还只是个象征，实际上是攻击佛教不婚配、不生养后代，从根本上违背儒家的孝道。

慧远的回答很巧妙，只有四个字，他说：“立身行道。”桓玄听了以后，就不由得称善，把他事先预备的其他的刁钻问题都咽到肚子里去了。为什么呢？因为《孝经》最后说：“立身行道，扬名于后世，以显父母，孝之终也。”爱护自己的身体发肤是手段，是培养孝心用的，不是目的。目的是成为一个对真理有追求、对社会有担当的人，让父母都能感到荣耀，这才是最大的孝，这就是中国人的追求。所以佛教讲出家是大丈夫事，出家不是逃避，是“佛法无量誓愿学、众生无边誓愿度、佛道无上誓愿成”，这就是一种立身行道。

最后总结一下，儒释道三教具有共通的精神气质，它们都鼓励我们以天地精神为榜样，自强不息。它们都鞭策我们珍惜当下、时不我待，儒家讲“仁远乎哉？我欲仁，斯仁至矣”，佛家讲“道远乎哉，触事即真；圣远乎哉，体之即神”。它们还提示我们要与时俱进，将古老的智慧运用于现代的生活，实现创造性的转化，“苟日新、日日新、又日新！”谢谢大家！

责任编辑：罗少强
特约编辑：赵　新
装帧设计：张　胜

图书在版编目（CIP）数据

明本固根：两岸国学名家十五讲 / 王颂　主编．— 北京：人民出版社，2021.4
ISBN 978－7－01－023199－0

Ⅰ. ①明…　Ⅱ. ①王…　Ⅲ. ①国学－文集　Ⅳ. ① Z126-53

中国版本图书馆 CIP 数据核字（2021）第 034349 号

明本固根
MINGBEN GUGEN
——两岸国学名家十五讲
王　颂　主编

人民出版社 出版发行
（100706　北京市东城区隆福寺街 99 号）

环球东方（北京）印务有限公司印刷　新华书店经销

2021 年 4 月第 1 版　2021 年 4 月北京第 1 次印刷
开本：710 毫米 ×1000 毫米 1/16　印张：16.5
字数：220 千字

ISBN 978－7－01－023199－0　定价：78.80 元

邮购地址 100706　北京市东城区隆福寺街 99 号
人民东方图书销售中心　电话（010）65250042　65289539